좋은 사회로 가는 길

종교 · 시민사회 · 공공성

좋은 사회로 가는 길: 종교 · 시민사회 · 공공성

This Edition was published by Jipmoondang in 2018, Seoul, Korea.

좋은 사회로 가는 길

종교 · 시민사회 · 공공성

전 명 수

집문당

전명수(全明秀)

고려대학교 대학원에서 사회학 박사학위를 취득하고, 현재 고려대학교 공공사회·통일외교학부 공공사회학전공 부교수로 재직 중이다. 미국 남가주대학교(University of Southern California) 박사후 연구원, 고려대학교 한국사회연구소 선임연구원을 역임했고, 서울대학교 · 고려대학교 · 경찰대학교에 출강했다. 전공 분야는 종교사회학, 문화사회학, 공공사회학 등으로, 좋은 사회의 구현을 평생의 화두로 삼고 이를 성취하기 위해 복지, 경제, 시민사회단체 등 다양한 분야에서 종교의 사회적 역할을 중점적으로 고찰하고 있다. 고려대학교에서 석탑강의상과 석탑연구상을 수상한 바 있다. 주요 저서로는 『뉴에이지 운동과 한국의 대중문화』, 『한국의 종교와 사회운동』(공저), 『21세기 종교사회학』(공저), 『화합사회를 위한 복지』(공저), 『종교와 사회진보』(공저), 『민주주의, 종교성, 그리고 공화적 공존』(공저), 『한국 사회와 종교학』(공저) 등이 있다.

좋은 사회로 가는 길
종교 · 시민사회 · 공공성

2018년 12월 20일 1판 1쇄
2025년 9월 20일 1판 2쇄

저자 | 전명수
발행인 | 임동규
발행처 | **(주)집문당**
등록 | 1971. 3. 23. 제2012-000069호
주소 | 03134 서울시 종로구 돈화문로 82, 5층
전화 | +82-1811-7567
이메일 | sale@jipmoon.com
홈페이지 | www.jipmoon.com

ISBN 978-89-303-1800-6 93300

가격 16,000원

(주)집문당 이순신돋움체B (저작권자 아산시, 무료글꼴)

머리말: 좋은 사회를 향한 사회학자의 꿈

이 책은 필자가 대학의 사회학과에 입학하고(1995) 사회학 박사학위를 받은(2007) 이후 지금까지 학문적 목표가 되어 온 '좋은 사회'에 대한 사회학 연구자로서의 꿈과 그 여정의 기록이다. 동시에 이 책은 종교사회학 전공자로서 심도 있는 토론과 비판 중심의 '종교사회학 공론장'을 확립하고, 이제 사회학 영역에서 꿈을 키우는 젊은 학도들에게 아직까지 친숙하지 않은 주제들에 대해서 우선 화두를 던짐으로써 종교사회학의 범위와 지평을 넓히려는 시도이기도 하다.

좋은 사회란 과연 어떤 사회일까? 이것은 필자나 사회학을 전공하는 연구자들뿐만 아니라 이 사회 구성원 모두가 항시 가지고 있는 문제의식일 것이다. 한 사회가 존재하기 위해서는 그 안에 행위 주체인 사람, 사회집단과 사회조직, 그리고 사회제도 등이 있어야 되고, 따라서 단순하게 생각하면 이들 구성요소들이 상호조화를 이루는 사회가 바로 좋은 사회가 될 것이다. 그렇다면 문제는 좋은 사회가 '어떻게' 가능할 것인지에 있을 것이지만, 무엇보다 현대사회란 매우 다차원적이고 복잡한 양상을 띠고 있으며, 정보화와 세계화 같은 급격한 사회변화에 의해 특징지어지므로 그 실체를 정확히 파악하는 것이 어려워서 좋은 사회의 성격을 규정하는 작업부터 그리 쉽지 않을 것으로 보인다.

한 가지 분명한 사실은 한국사회학은 '한국사회를 연구'하는 학문으로서 한국사회가 직면한 문제들에 정면으로 대결함으로써 통합과 발전을 지향함과 동시에 미래를 전망하고 준비하는 학문이 되어야 한다는 것이다. 그것은 적어도 좋은 사회의 지향은 사회학의 본질이라는 의미로, 당대의 사회적 현실을 객관적이고 비판적으로 분석함으로써 바람직한 길을 제시하는 일이야말로 사회학자의 책무라고 할 수 있다. 사회의

병을 치유하기 위한, 다시 말해서 사회문제 해결을 위한 실제적 정책적 대안을 제시하는 것이 사회학에서 요구되는 가장 시급한 과제로, 필자는 이를 종교에서 찾고 있다. 그러나 근래 들어 현대 종교가 과연 이러한 역할을 충분히 수행하고 있는지에 대한 비판과 우려의 목소리가 나오고 있는 것도 사실이다.

이것은 사회의 위험도가 높아가고 이에 따른 불안감 역시 더 커지고 있는 데 비해 오히려 종교의 신뢰도는 떨어지고, 종교와 생활과의 거리는 더 멀어져 가고 있다는 인식에 근거한 것이다. 그러나 기존 종교에 대한 불신과 실망이 크다는 것은 바로 종교가 사회에서 제 역할을 충분히 수행하지 못하고 있음을 의미하는 것일 수 있다. 그럼에도 종교는 점점 심각해지는 사회적 갈등과 대립을 극복하고 통합으로 나아가기 위해 사회적으로 기여할 수 있는 가장 중요한 길이라는 것이 필자의 확신이었고, 이러한 확신은 사회학의 다양한 분야 가운데 종교사회학에 대한 관심으로 이어졌다.

일반적으로 종교사회학은 종교와 사회의 관계를 고찰하는 사회학의 한 분야로, 종교를 사회학적 관점에서 연구하고 이해하려는 학문으로 설명된다. 그러나 종교사회학이 포괄할 수 있는 범위는 종교의 발생과 변동과정, 종교와 사회구조, 종교와 사회통합, 종교 조직, 종교성, 종교와 문화, 종교와 타 사회제도 간의 관계, 그리고 종교와 관련된 각종 사회적 이슈 등 매우 광범위하다. 무엇보다 종교사회학의 핵심 주제는 시대에 따른 변모를 보여주거니와, 고전 종교사회학에서의 연구는 그 대상이 명확하고 비교적 협소한 이슈들에 초점이 맞추어진 데 비해 현대 종교사회학에서는 전세계적으로 다양하게 전개되고 있는 신종교운동과 정보화 · 세계화의 물결에 따른 '종교 변용'을 비롯하여, 종교와 정치(시민사회), 종교와 경제, 종교와 가족 같은 종교와 타 사회제도 간의 관계, 그리고 종교와 TV, 종교와 영화, 종교와 스포츠 같은 종교와 대중문화 간의 상호작용, 종교와 공공성 등을 포함한 다양한 주제가 연구자들의 관심 대상이 되고 있다.

따라서 종교사회학 연구서는 그러한 학문적 요구를 그 내용 안에 충실히 그리고 체계적으로 반영시킬 수 있어야 하고, 이러한 작업의 성공 여부에 따라 21세기 종교사회학의 성패가 달려있는 것으로 판단된다. 이와 같은 문제의식 하에 필자는 '좋은 사회'로 가는 길을 종교 · 시민사회 · 공공성에 초점을 두고 살펴보고자 했으나 이 세 가지 요인들은 개별적이기보다는 상호 긴밀히 연결된 것이다. 종교를 인간의 삶 전체에 대해 궁극적인 의미와 해석을 제공하는 설명체계이고, 이러한 기능을 통해 개인에게 삶의 의미와 올바른 방향을 제시해주는 것으로 규정한다면 종교가 그 본연의 개념을 충실하게 구현시키고 있는지에 관심을 기울일 필요가 있는 것이다. 필자가 미국의 종교사회학자 로버트 벨라(Robert N. Bellah)를 주목한 것은 이 때문으로, 그는 좋은 사회를 위한 종교의 사회적 역할에서 선과 악의 이원론을 극복하고 좋음과 옳음, 돌봄과 정의 간의 균형을 추구한 학자로 평가받고 있다.

여기서 좋음과 옳음, 돌봄과 정의 모두 종교[기독교] 교리의 틀 안에서 접근될 수 있는 이념이고 가치이지만 문제는 좋음과 돌봄, 옳음과 정의를 내세운 단체들이 동일 종교 교리를 배경으로 하면서도 서로를 선과 악으로 비판하고 있다는 것이다. 예로 1970, 80년대 민주화운동에 기여한 단체들과 친군부의 성향을 보인 종교지도자들이나 그들이 참여한 단체들의 갈등에는 그와 같은 특성이 드러나고 있다. 중요한 것은 양측 모두 이와 같이 동일 종교를 배경으로 하고 그들의 이념과 주장이 모두 성서주의에 기반하고 있다는 것으로, 이러한 점에서 그들의 대립은 선과 악의 문제가 아니라 그들이 구현하려는 종교적 가치의 차이일 뿐이다. 우리가 지향하는 사회가 취약계층에 대한 돌봄에 기반을 둔 좋은 사회인지, 정의 구현에 초점을 둔 옳은 사회인지는 신학적 선택의 문제이다. 돌봄은 종교적 긍휼의 표현으로, 기독교의 사랑, 불교의 자비, 원불교의 사은 등 어느 것이나 돌봄의 이념적 배경이다. 그러나 종교지도자들의 민주화운동 참여의 배경이 된 것은 세계교회협의회(WCC)와 제2차 바티칸 공의회의 교회의 사회참여 중시 사상으로, 기독교인들이 추구해야 하는 궁극적인 목표가 정의로운 사회이고, 이를 저해하는 정치세력에 대한 저항과 투쟁이 곧 신앙의 표현이고 책임으로 간주되었다.

이로 보면 그들이 좋음과 옳음, 돌봄과 정의 중 어느 것에 초점을 두느냐의 차이는 있었으나 이를 선과 악의 대립으로 규정하는 것은 문제가 있어 보인다. 그러나 한 가지 확실한 것은 우리나라 시민사회가 나아갈 길이 혹자는 좋음을 혹자는 옳음을 지향하면서 돌봄에 치중하거나 정의구현에 목표를 둘 수는 있지만, 돌봄 단체라도 정의구현을 배제할 수 없고, 반대로 정의구현 단체라도 돌봄 이면의 사회적 부조리를 무시할 수는 없다는 것이 필자의 소신이다. 확실히 좋은 사회란 정의를 위해 돌봄을 포기하거나 돌봄을 위해 정의를 포기하지 않고, 돌봄과 정의를 통합적으로 접근하는 사회일 것이다. 돌봄이란 약자를 돕는 것이고, 약자가 약자된 근본 이유를 찾아 투쟁하는 것이 정의구현이기는 하지만, 정의에 초점을 두면서 돌봄 자체를 배제하거나 혹은 그 반대일 경우 종교적 성향은 약화되거나 왜곡될 수 있는 것이다.

따라서 적어도 종교기반 시민사회단체라면 그 지향이 어떤 것이든지 간에 초점이나 강조의 차이는 있을 수 있으나 일단 이 두 가지를 기반으로 해야 한다는 의미이다. 이것은 종교기반 시민사회단체가 지나치게 정치화하는 위험에서, 아니면 단순히 취약계층에 대한 긍휼만을 종교의 책임으로 보는 종교성의 위기에서 벗어나는 기제가 될 수 있을 것으로 보인다. 이러한 의미에서 종교에서의 사회정의는 언제나 따뜻한 관심과 긍휼에 기반을 둔 돌봄, 약자와 적을 포함한 타인에 대한 관심에서 출발한다는 벨라의 관점을 주목할 필요가 있는 것이다. 종교기반 시민사회단체가 돌봄에 기울어질 경우 교회 · 성당 · 사찰과 같은 종교기관의 활동과 비슷하고, 옳음에 치우칠 경우 비종교 일반시민단체의 활동과 차별화되지 못할 것이다. 이 책에서 고찰된 시민사회단체들 외에도 앞으로 다양한 영역의 적지 않은 각 종교별 또는 교단[종단]별 시민사회단체가 구비해야 할 고유한 활동 영역과 특성을 살펴보면서 그 이상적인 형태를 지속적으로 찾아볼 것이다.

다음 시민사회와 연관해서 함께 부각되고 있는 것은 공공성의 문제이다. 공공성은 국가와 시장을 넘어 시민사회 영역에서 의미 있게 확산되고 있는 새로운 공적 질서로 규정된다. 공공성은 돌봄 위주 시민사회 활동에서도, 정의구현 위주의 시민사회 활동에서도 동일하게 요구되는 것이다. 필자의 시민사회에 대한 관심이 공공성으로 이어지기는 했지만 이것은 특히 공공사회학적 측면에서이다. 공공사회학은 학계 밖의 대중과 사회학적 지식을 공유하는 분야로, 사회학을 넘어서 또는 사회학과 사회학 밖과의 대화를 시도하기 위해 현장 참여를 중시하면서 사회학과 다양한 공중 간의 관계에서 다차원적 비전을 포괄하는 것이 좀 더 나은 공공 참여를 위한 기반을 제공하며, 더 나아가 사회학을 갱신하고 활성화하는 것을 돕는다는 점을 강조한다. 학계 밖에서의 사회 참여가 마주치는 어려움들이 우리나라에서 공공사회학이 아직 학계에 활발하게 받아들여지지 않은 이유일 수도 있거니와, 아마도 이 때문일까, 대학 가운데 오직 고려대학교 세종캠퍼스만이 최초로 사회학과를 공공사회학전공으로 바꾸었는데, 앞으로 공공사회학을 통한 공공성 연구의 심화와 확대에 기여하는 전초기지가 될 것으로 기대된다.

그렇다면 종교는 공공성에서 어떤 역할을 할까. 주목되는 것은 공공성을 핵심으로 하는 공공사회학의 문제점 해결에 종교의 역할이 보인다는 것으로, 시민사회의 자발적 결사체로서 종교기반 시민사회단체들은 돌봄이라는 종교적 가치를 공유하는 종교공동체가 중심이 되고 있어 공공사회학이 부닥치는 문제들을 어느 정도 극복할 수 있다. 하나는 '종교공공사회학'이 시민사회에서의 종교의 위치와 실천에 특별히 초점을 두고 사회학적 지식을 종교를 포함한 공적 중요성의 문제에 대한 표준적 성찰로 통합시키는 헌신을 그 특성으로 한다는 것이다. 다른 하나는 실천적인 측면에서 종교공공사회학은 종교를 포함한 다양한 문제들에 대해 대중을 찾아가 그들과 직접 대화하고 소통하면서 사회 이슈화를 시도한다는 것이다. 따라서 종교공공사회학이 보여주는 종교의 역할은 정의구현이나 정치 개혁과 같은 정치적 이슈보다는 시민사회에서의 공공성에 좀 더 초점을 둔다. 시민사회 활동의 배경이 되고 시민사회의 공공성이 구현되는 좋은 사회를 위한 종교의 역할을 찾는 것, 이것은 종교사회학 연구자로서 필자 필생의 화두가 될 것이다.

이 책은 한국연구재단의 2015-2018년도 신진연구자지원사업과 2012-2015, 2015-2018년도 SSK사업 소·중형단계에 참여해서 이룩한 성과이다. 동시에 필자가 사회학과에 몸담고 있으면서 사회학이론과 사회문제에서 차지하는 종교의 역할이 얼마나 중요한지와 종교사회학 분야에 대한 학계의 진지한 관심을 촉구하는 고민과 노력을 함축하고 있다. 이 책은 종교사회학계의 거목이신 노길명 교수님, 꾸준히 종교사회학회의 연구 프로젝트에 참여하신 존경하는 교수님들, 필자의 학문적 열정의 든든한 버팀목이 되어주신 고려대학교 공공사회학전공 교수님들과 강의 시간 치열한 토론과 문제 제기를 통해 연구 시각을 심화시켜 준 학부와 대학원생들에게 크게 빚지고 있음을 고백하고 싶다. 필자의 첫 번째 저서『뉴에이지 운동과 한국의 대중문화』(2009)와 함께 본서 역시 흔쾌히 출판을 맡아주셔서 필자의 학문적 성장을 지켜보아 주시는 집문당 임동규 사장님과 꼼꼼한 편집으로 책을 빛내 주신 전정아 선생님께 진심으로 고마운 마음을 전한다. 지금까지 저의 안전과 건강을 허락해주신 하나님께 감사를 드리면서, 자식으로서도 학자로서도 여전히 부족한 필자를 늘 옆에서 사랑으로 격려해주시는 고령의 부모님이 만수무강하시기를 기원하며 두 분께 이 책을 바친다.

2018년 11월
고려대학교 세종 연구실에서
전명수

차례

제2부 종교기반 시민사회단체의 활동

제3부 종교와 공공사회학

제4부 종교 · 복지 · 문화의 공공성과 상호관계

제1부 좋은 사회의 구현과 종교의 공적 역할

제1장 좋은 사회를 위한 종교의 역할: 로버트 벨라의 재성찰*

좋은 사회는 자아와 사회적 제도 양편에 대한 옳음과 법의 추구, 그리고 윤리와 공공미덕의 구현이 동시적으로 나아가는 사회이다.

– Giri, 2011: 3

Ⅰ. 문제제기

우리 모두가 희망하는 좋은 사회란 어떠한 사회인가. 그리고 좋은 사회로 가는 길에서 종교는 어떤 역할을 할 수 있을까. 이 글에서는 먼저 종교의 사회적 역할에 대한 『좋은 사회』의 저자 로버트 벨라(Robert N. Bellah)의 논의를 중심으로 '좋은 사회'의 특성과 의미, 그리고 여기서 요구되는 종교의 역할을 살펴보고자 한다. 종교관련 조사보고서에 의하면 종교기관에 대한 대중의 신뢰도가 시민단체나 언론기관보다 낮은 것으로 나타났다.[1] 이것은 한편으로 현대사회에서 종교의 위상이나 영향

* 이 장은 『종교연구』 제75집 4호(2015)에 게재된 내용을 기본틀로 하면서 논의에서 제시된 통계를 새로운 자료로 대체하고, 이에 대한 설명을 첨가하는 등 수정 보완을 거쳤다. 문체와 문맥 역시 새롭게 다듬었다.

1) 기독교윤리실천운동의 2013 한국교회의 사회적 신뢰도 여론조사에 의하면 종교기관에 대한 신뢰도는 시민단체 27.8%, 언론기관 10.6%에 뒤지는 9.2%를 차지했다(기독교윤리실천운동, 2014: 15). 2018년 5월 11일 한국CSR연구소가 한국사회여론연구소(KSOI)에 의뢰해 성인 500명을 대상으로 실시해 발표한 '일반인 신뢰지수'에서도 종교단체(3.09점)는 TV(4.00점), 라디오(3.96점), 신문(3.70점), 시민단체(3.68점)보다 낮았다

력이 감퇴하고 있음을 보여주는 것이기는 하지만 다른 한편 역설적으로 '종교'에 거는 기대치가 아직도 작지 않음을 의미하는 것이기도 하다. 따라서 종교에 대한 불신이, 많은 부분 종교 리더나 신자들의 언행과 행태, 종교제도에 대한 반발에 기인하는 것이지 종교의 본질이나 그 존재 자체에 대한 부정은 아닌 것이어서 그 사회적 역할 역시 다시 고찰해 볼 필요가 있다.

주목되는 것은 좋은 사회를 위한 종교의 역할이 종교의 정치참여로 인식될 우려가 크다는 것으로, 그것은 종교의 정치참여에 관한 대중의 인식이 부정적이기 때문이다.[2] 여기서 정치참여는 종교인들이 집단적으로 정치 관련 이슈에 목소리를 내거나 정권퇴진, 또는 공명선거 캠페인의 일환으로 벌인 낙선운동 등을 의미한다. 종교의 사회적 역할에 대한 이러한 이중적 인식은 종교가 하나의 권력으로 직접적으로 정치에서 그 영향력을 발휘하기보다는 사회문제의 해결에 일정 정도의 역할을 해주기를 바라는 것으로 간주되기는 하지만 그 경계는 여전히 모호해 보인다. 그렇다면 그간 종교는 사회적으로 어떤 역할을 해왔기에 여전히 이에 대한 부정과 불신이 높아지고 있는 것일까. 이 문제는 특히 현대사회와 종교를 다루는 종교사회학 분야 전공 학자들이 관심을 보여주는 영역이어서 종교의 사회적 역할을 다루는 논문은 이미 상당히 많이 축적되었다. 사회학자들이 탐구하는 궁극적 목적이 '공동선'(public good)에 기반을 둔 '좋은 사회'(good society)의 건설에 있는지, 아니면 '정의'(justice)에 기반을 둔 '올바른 사회'(right society)인지에 대해서는 이견이 존재하고, 더 나아가 '좋은'이 함축한 의미 역시 단순하지 않다. 그간 많은 사회학이론가들과 사회사상가들의 논의는 좋은사회론을 중심

(교수신문. 2018. 8. 27).

2) 2012년 대한불교조계종 불교사회연구소의 조사에서 종교계의 정치인 공약 검증 혹은 정책 제안을 부정적(매우 부정 27.8%, 부정적인 편 38.5%)으로 본다는 응답이 66.3%로 긍정(24.2%)보다 훨씬 높았다(대한불교조계종 불교사회연구소, 2012: 39-40).

으로 재구성될 수 있을 정도로 많지만 인도의 마드라스대학 교수인 지리(Ananta Kumar Giri)는 이들 중 마르크스(Karl Marx), 뒤르켐(Emile Durkheim)과 함께 특히 현대 사회학자로 로버트 벨라를 거론했다(Giri, 2011: 1-22). 지리는 벨라의 『마음의 습관』에 대한 서평(1992)을 쓴 이후 그와 직접 대화(2003)와 이메일 인터뷰(2008)를 진행한 바 있다.

로버트 벨라(1927-2013)는 종교사회학자로서 종교의 사회적 역할을 중시하면서 사회학에서 종교에 대한 관심이 크지 않은 데 대해 우려를 나타낸 인물이다. 종교가 교회, 사찰, 성당이나 사원과 교당에 갇혀있기보다는 적극적으로 사회로 나와 문제의 해결에 기여해야 한다는 그의 논리와 관점이나 방식은 오늘날 사회가 요구하는 종교의 역할과 방향을 재정립하기 위해서 반드시 재성찰될 필요가 있다. 1957년에 나온 도쿠가와 종교(Tokugawa religion)에 관한 연구를 시작으로 최근 서거 직전의 짧은 글까지 로버트 벨라의 글들은 사회학자로서 좋은 사회를 정립하기 위한 한결같은 탐구의 여정을 보여주었는데, 무엇보다 그는 언제나 종교와 사회 간의 균형을 추구하는 학자였다. 그는 신앙과 이성 사이에서도, 종교와 정치 사이에서도 창조적 긴장을 추구한 학자라는 점이 종교의 사회적 역할이 감소되고, 사회학에서 종교에 대한 관심이 약화되고 있는 이 시대에 많은 시사점을 준다.

여기서 더 나아가 벨라는 시장에 대한 비판을 좋아하지 않는 우파도, 공동체에 대한 강조를 정당하게 평가하지 않고 있는 좌파도 아니라는 점에서 스스로 '문제적'임을 시인하지만(Giri, 2011: 11), 이것은 역설적으로 그가 균형과 통합을 원하는 학자였음을 말해준다. 이러한 균형과 통합은 후술하겠지만 벨라가 '좋은 사회'와 '시민사회'를 구분하지 않은 데에서도 드러난다. 그럼에도 그의 '좋은 사회'는 이 시대 사회문제의 해결을 위해 시민단체가 그 역할을 수행하는 데에는 문제가 있어 보이거니와, 이 점이 어떻게 드러나는지를 한국의 종교기반 시민사회단체[이하 종교시민단체]를 통해 살펴보고자 한다.

이 고찰은 먼저 『좋은 사회』(*The Good Society*, 1991)를 중심으로 좋은 사회를 위한 종교의 사회적 역할에 대한 벨라의 인식에서 출발한다. 이 저서는 다섯 학자의 공저여서[3] 그 책에 나타난 관점을 로버트 벨라 1인에 한정시켜 논의하는 것은 문제가 있으나 이들 중 특히 로버트 벨라는 그 이후 지속적인 논의를 통해 좋은 사회에 대한 자신의 관점을 해명하고 확장해 나가고 있었다는 점을 간과할 수 없다. 로버트 벨라가 대상으로 한 종교는 기독교와 유태교이지만 그의 논의는 종교일반의 이론으로 확장시킬 기반이 될 수 있다는 점에서 이 글 역시 종교의 사회적 역할을 탐색하는 큰 틀 안에서 시도된다.

II. 좋은 사회란 무엇인가?

'좋은 사회'는 역사적으로 사회사상가들이 되풀이 고찰해왔고, 20세기에 들어온 이후에도 여전히 지속적으로 논의되고 있거니와, 그것은 '좋은 사회'가 시대를 넘어 사회질서를 바로잡는 데 매우 필요한 주제이기 때문일 것이다. 그러나 '좋은' 사회는 사회사상의 영역에 국한되지 않고 학자들의 전공에 따라 정치, 법, 윤리, 경제, 교육 등 여러 측면에서 다각도로 접근된 바 있어 '좋은'의 개념에 대한 다양한 인식이 나타난다.

이에 비해 로버트 벨라는 좋은 사회를 종교적 관점에서 논하고 있는 것이어서 종교・비종교인이 혼재하면서 종교가 옵션인 이 시대에 진정으로 종교가 좋은 사회를 위한 역할을 할 수 있을지에 대한 그의 논점이

---

3) 이 책은 Robert N. Bellah, Richard Madsen, William M. Sullivan, Ann Swidler, Steven M. Tipton의 5인 공저로 이루어졌다.

주목된다. 좋은 사회를 위한 종교의 역할에 대한 이의는 종교가 사적 영역에 남아있어야 한다고 주장하는 이들에게서 제기된다. 좋은 사회를 위한 종교의 역할이란 종교가 바로 공적 일에 참여하는 것을 의미하는 것이어서 종교그룹들이 선에 대한 강력한 비전을 갖고 본질적으로 사적이어야만 하는 문제들을 공적 삶으로 가져옴으로써 민주정치를 붕괴시키는 경향이 있다는 것이다(Bellah et al., 1991: 180). 그러나 벨라는 종교가 대중의 이익에 관한 공동의 토론에 들어가기 때문에 '공적'인 것으로 간주함으로써 종교의 사회적 역할에 대한 확신을 보여준다. 단지 벨라는 교회가 도덕적 비전과 사회적 사명감을 잃은 것으로 규정하고 있거니와, 이것은 종교가 개인적이기도 하고 사회적이기도 한데 종교는 두 측면에서 모두 그 역할을 하지 못했다는 비판이다(Bellah et al., 1991: 192).

여기서 중요한 것은 '좋은'의 의미이다. 먼저 좋은 사회에서 '좋은'의 의미를 둘러싼 다양한 논의를 살펴보자. 하나는 '좋은'을 '옳은'과 대척적인 관점에서 접근한 것으로, 이 사회의 최종목표가 '좋은 사회'이기보다는 '옳은 사회'여야 한다는 것이다. 위르겐 하버마스(Jurgen Habermas)가 좋음보다는 권리의 우위를 말하는 것은(Giri, 2011: 3에서 재인용) 선이라는 도덕성보다 정의의 구현이 더 요구된다는 시각으로 이해된다. 또 하나는 '좋은'을 '시민'과의 관계에서 접근한 것이다. 우리가 궁극적으로 추구하는 사회는 좋은 사회가 아닌 '시민사회'여야 한다는 주장이 제기된 바 있다. 앙드레 베테이유(André Béteille)는 '시민사회'의 개념이 '좋은 사회'보다 받아들일 점이 훨씬 더 많은 것으로 판단한다. 그는 이론적으로도 시민사회에 대한 이해가 좋은 사회에 대한 것보다 훨씬 더 크다는 것으로, 사회학자들은 시민사회의 이해에 기여할 만한 유용한 것이 있는 데 비해 좋은 사회는 책임 있는 시민들이 말할 수 있는 것 이상의 어떤 것을 그들이 말할 수 있는지는 회의적이라고 단정한다. 무엇보다 좋은 사회에 대해 종교 신자와 비신자들이 동일하게 받아들일 수 있는 개념이 없으나, 양측이 시민사회의 기본 특성에 동의하는 것은 가능하다는 것이다. 좋은 사회는 종교적 정권이나 전체주의적 정권 하에서 단일적인 개념을 보여주지만 시민사회는 진보적이고 다원주의적이며 세속적인 정권들 아래에서 키워진 것으로, 시민사회가 국가, 시민권, 대학, 도서관, 출판사, 정당과 같은 열린, 세속적인 제도들을 기본틀로 하고 있다고 본다(Béteille, 2001: 286-307).

그렇다면 벨라에게 '좋은 사회'는 어떤 의미를 지닐까. 지리는 벨라의 좋은 사회란 "자아와 사회 둘 다 부와 권력을 삶의 궁극적 목표로 간주하는 것과 같은 망상으로 고통하지 않고, 그리고 의미의 개화, 성취와 실현의 그들의 잠재력을 구현하기 위해 노력하는 사회"로 간주한다. 다시 말해서 '좋은 사회'를 위한 비전과 추구는 선과 악 사이의 이원론에 얽매이지 않고 "자아와 사회적 번영을 위한 알맞은 제도적 조건들을 창조함으로써 자아와 사회 모두에서의 미덕을 구현하기 위해 노력하는 사회"라는 것이다(Giri, 2011: 2). 여기서 선과 악 사이의 이원론에 얽매이지 않는다는 것은 도덕성에 대한 강조를 함축한 것이기는 하지만[2장 좋은 사회와 정의 이념의 종교적 기반 참조] 그가 자아와 사회적 제도 등을 거론한다는 점에서 벨라가 주목하는 이원론은 좋음과 옳음 모두를 포함하는 것으로 보인다. 이 점은 지리가 좋은 사회는 올바른 사회와 대칭되는 개념이기보다는 자아와 사회적 제도 양편에 대한 옳음과 법의 추구, 그리고 윤리와 공공미덕의 구현이 동시적으로 나아가는 사회로, 사회학은 그러한 공동실현에 기여하는 좋은 사회를 위해 노력하는 다차원적 비전을 가질 수 있다고 규정하면서 벨라 역시 최근의 작업에서 다시금 이러한 견해에 공감하고(sympathetic) 있음을 표명한 데에서도 드러난다(Giri, 2011: 3).

그러면 어떻게 '좋은 사회'를 실현할 수 있을까. 벨라가 희망하는 좋은 사회의 핵심적인 구성 요인은 공동체이다. 후술할 아미타이 에치오니(Amitai Etzioni, 2000) 역시 좋은 사회를 특징짓는 핵심 요인을 공동체로 보았거니와, 벨라는 그보다 앞서 발표된 논문에서 하워드(Laurence Haworth)가 좋은 도시의 두 본질적인 요소로 제시한 '기회'와 '공동체'를 받아들여 이들을 좋은 사회의 구성 요인으로 삼은 바 있다(Bellah, 1997: 387). 이러한 점에서 좋은 사회를 위한 종교의 역할에 대한 로버트 벨라의 관점을 종교성과 공동체로 나누어 접근하고자 한다.

Ⅲ. 좋은 사회를 위한 종교의 역할: 로버트 벨라의 관점

1. 좋은 사회의 종교적 기반

벨라에 의하면 미공화국의 건국자들은 종교 신앙이 민주공화국을 유지할 수 있는 책임 있는 시민의 형성에 본질적으로 기여할 것이라고 믿었다. 그는 상이한 교파와 신학적 배경의 몇 인물들에 대한 질적 연구를 통해 그들의 사회적 활동이 성서적 기반 위에서 이루어진 것임을 보여준다. 예로 벨라가 인터뷰한 대상자 중 하나로 에큐메니칼 신학에 기반해서 사회적 활동을 활발하게 벌인 멜 리즈(Mel Reese)는 돌봄의 중요성을 강조한다. 부모들은 그들의 아이들을 돌보는 것이 필요하고, 사람들은 그들 자신을 지탱하고 공동체를 돌보기 위해 일하는 것을 필요로 하며, 공동체는 사람들이 일하고 서로를 돌보며 대중 속으로 들어가 목소리를 내는 것을 필요로 하는데, 그것은 가난한 이들을 돌보는 것이 바로 정의로운 사회로 가는 길이기 때문이라는 것이다(Bellah et al., 1991: 194).

중요한 것은 이러한 비전이 "하나님과 이웃을 사랑하라는 구약의 예언서와 복음서들의 대계명 안에 가장 분명한 것"이라는 인식이다. 좋은 사회의 기반으로서 종교적 배경의 중요성은 어린이의 돌봄에 대한 성서적 근거를 찾기 위해 그들이 얼마나 노력했는가를 보면 알 수 있다. 리즈와 그의 동역자들은 10개월 동안 그 연구 작업을 하면서 마침내 구약성경 교수에게 자문을 구했고 그 교수는 그들이 이해할 수 있는 방식으로 어떻게 어린이들이 창조의 부분인가를 설명했다. 어린이들은 하나님이 사람들에게 주신 가장 중요한 선물이고 언약이어서, 그들과 하나님 사이의 언약을 수행하기 위해 그 선물을 돌보아야 한다는 것이다(Bellah et al., 1991: 194-195). 성서적 근거를 찾기 위한 이러한 노력은 그들이 해결하고자 하는 사회문제가 성서의 내용과 반드시 일치하지 않거나 찾기 어려운 점이 있음을 의미하는 것이기도 하다.

사회문제 해결을 위한 이러한 성서적 접근은 복음주의자들에게는 더욱 분명하게 드러난다. 역시 인터뷰 대상자 중 하나로 복음주의자인 로버트 쿠퍼(Robert Cooper)는 예수가 우리 생애 전체의 주이시고, 정치는 삶의 부분이기 때문에 교회는 정치적 이슈에 대해 말해야만 한다고 믿으나, 교회는 해방신학이나 페미니즘 또는 심지어 시민권으로 시작하고 끝마치지 않는다는 것을 분명히 한다. 그는 모든 교회가 세속적 지혜에 대한 고려도 필요하지만 세속적 원리와 규칙들에 거스를 때까지도 전통과 성경말씀에 진실한 그들의 양심을 지키는 도덕적 자세를 취해야만 한다고 본다. 예를 들면 쿠퍼는 낙태를 '도덕적인 권리'가 아닌, 본질적으로 '도덕적 비극'으로 보는데, 그것은 우리가 자신의 몸에 대한 권리가 있다는 것을 성서에서 발견할 수 없기 때문이다. 그가 성서에서 발견한 것은 내 몸은 하나님께 속한 것으로, 그것은 은총의 선물이고, 내 몸은 성령의 사원이라는 것이다(Bellah et al., 1991: 201).

리즈와 쿠퍼 두 사람 모두 교회의 사회적 역할의 중요성은 인정하지만 전자는 사회적 역할을 위한 성서적 배경을 찾고 있고, 후자는 성서를 기반으로 사회적 역할을 수행한다는 차이를 보여준다. 그러나 현재 거론되는 정치 사회적 이슈 모두에 대해 그 성서적 기반이나 해석을 찾기 어려운 것이 있고, 쿠퍼 역시 이를 인정하면서도 그것을 지탱하는 성경구절들을 찾을 수 있다고 자신한다. 예컨대 집 없는 사람들, 임신한 십대, 약물 중독자들, 박해받고 거부되는 소수자들, 즉 여성, 흑인, 세계 다른 지역의 빈민들에 대해서 만약 사람들이 진실로 그들의 삶 안에 살고계신 예수를 갖는다면, 그리고 성경구절 안에서 성장하고 그분이 하시는 말씀을 배우는 기독교의 동료애 안에 있다면, 그러면 결국 그러한 어려운 사람들을 걱정하고 관심을 갖게 된다는 것이다(Bellah et al., 1991: 201-202).

이렇게 보면 사회문제와 관련해서 성서의 의미에 대한 포괄적 접근을 시도한다는 점에서 진보운동가와 복음주의자 간의 차이가 크게 드러나지는 않는다. 단지 멜 리즈는 사회질서의 정의, 공적 정책 등에 초점을 두고, 쿠퍼는 사람들의 일상의 삶, 그들의 고통, 사욕과 동기들에 관심을 갖고 있다는 점이 다른 것이다. 이들과 또 달리 주류교회에서 갱신 또는 변형을 추구하는 신학자 메리 해치(Mary Hatch)는 벨라와의 인터뷰에서 라틴 아메리카의 기초 기독교공동체에서 하는 알코올중독자 갱생회(Alcoholics Anonymous)를 하나의 건설적인 모델로 거론한다. 해치는 지역교회나 신학교실의 성인교육 그룹에서 중독자들이나 남편과 불화한 여성들이 자신의 불행을 말하면, 그들은 어떤 성경구절을 함께 읽고, 그리고 그 구절이 그들의 상황에서 의미하는 것을 함께 탐구하면서 그들이 공유하는 의미의 공통의 그라운드를 찾는다는 것이다(Bellah et al., 1991: 208).

종교는 우리의 삶, 우리 공동체, 우리 사회와 분리될 수 없는 역동성을 지닌 것으로, 이들의 인터뷰 내용을 통해 벨라는 종교가 사회문제로 나아가는 근거이고, 배경이며, 해결점임을 보여준다. 미국에서 인종 ·

종교·지역·직업 등을 초월해 일치하고 있는 한 가지 주요 신념은 경제적 성공이나 실패가 각 개인만의 책임이라는 '개인주의'이지만, 그럼에도 다른 사람과의 상호 의존관계의 중요성을 인식하게 된 것은 성서적 그리고 공화주의적 전통에 근거한 것이다. 특히 이 전통은 사람의 권위를 인정하고 존경해야 하는 의무를 확실하게 하면서 건국 초기부터 중요한 정치적 역할을 담당했다는 관점이다. 벨라는 민주공화주의와 성서주의적 종교가 일깨우는 것은 개인이란 다른 사람과의 관계를 회피하도록 하는 것이 아니라는 것, 그리고 진정한 자유는 사회적 본능을 거부하는 데에 있는 것이 아니라 성인으로서 중요한 몫을 하는 충성심으로 그것을 성취시키는 것, 즉 삶에서의 좀 더 넓은 동료애에 공헌하는 공통적 책임에 대한 인식이라고 했다(Bellah et al., 2001: 12-15).

이로 보면 적어도 벨라의 성서주의는 미국의 경우 정치 사회에서의 도덕성의 중요성을 확인시키고, 각 방면의 리더들에게 사고와 의식과 행동의 절제를 어느 정도 가능하게 했다는 점에서 공화주의의 기반이기도 했다. 그러나 이것은 벨라의 인식대로 미국이 성서에 토대를 둔 관습을 갖고 있는 국가여서 종교가 미국인들 대부분에게 익숙한 이른바 제2의 언어로 각 개인이 갖고 태어난 가치에 대해 관심을 기울이는 나라라는 점도 전제해야 될 것이다. 이에 비해 우리나라는 종교인구나 역사로 볼 때 종교가 모두에게 익숙한 제2의 언어가 될 수 있을지는 고려의 여지가 있으나 후술하겠지만(Ⅳ장 2절) 스스로 종교적임을 표명하는 이들의 비율이 미국과 매우 근접하다는 점을 무시할 수 없을 것이다.

2. 종교공동체 형성과 종교의 공론장 참여

1) 종교공동체의 형성과 특성

벨라는 『좋은 사회』 중 공공교회(public church) 장에서 돌봄공동체,

예배공동체 등 교파별 신학별 공동체 중심의 논의를 전개한다. 그는 좋은 사회의 핵심요인으로 기회와 공동체를 들고 있는데, 그가 특히 공동체 외에 기회를 중시하고 있는 것은 미국의 뿌리 깊은 개인주의적 전통에 대한 인식에 근거할 것이다. 그러나 벨라는 기회의 잘못된 사용은 공동체를 어렵게 하는 것으로, 단지 효과적인 제도들과 함께 활력 있는 공동체의 창조만이 우리의 풍성하고 충분히 인간적인 삶으로 나아가는 기회를 창조할 수 있다는 주장이다(Bellah, 1997: 389-392). 이러한 관점은 만일 기회가 공동체에 의해 균형이 잡힌다면 근대사회에서 가능하다고 본 하워드의 시각과 유사하면서도 공동체의 중요성에 대한 더 큰 강조가 드러난다. 따라서 벨라가 좋은 사회의 핵심요인으로 공동체와 기회를 들고 있지만 결국 중심은 공동체에 있는 것으로 볼 수 있다.

벨라는 공동체를 참여자들이 있고, 그 모임이 일정 정도의 기간 동안 지속되어야 하며, 무엇보다 참여자들 간 공유하는 가치와 목적이 있어야 한다는 것을 그 비판적 기준으로 본다. 따라서 좋은 공동체에는 공유된 가치와 목적의 의미에 관해서, 그리고 그것들이 어떻게 매일의 삶에서 실현될 것인지에 관해서 논쟁이나 심지어 갈등이 있게 된다. 다시 말해서 공동체는 여론의 일치가 있지만, 그러나 그 일치가 도전받을 수 있고 그리고 시간이 지남에 따라 자주 점진적으로 때로 과격하게 변화하는 지적이고 사려 깊은 삶의 형태이다(Bellah, 1997: 388). 이러한 주장은 그가 민주주의는 타인에게 관심을 갖는 것을 의미한다고 보면서 타인에 대한 관심이 바로 불교, 기독교 등 동서양을 막론한 종교사상이라고 요약한 그의 관점과 상통하거니와, 관심은 처음에는 개인적인 심리의 문제이지만 이것이 자기개발에서 가족으로, 그리고 우리가 살고 있는 지역공동체, 더 나아가 대도시, 국가 그리고 세계로 확장되는 것이다(Bellah et al., 1991: 255-273). 다시 말해서 관심이란 서로의 필요와 공동체의 건설에 주의를 집중하는 관습으로, 방심과 집착과는 다른,

우리에게 의미를 주는 목적과 관계를 추구하는 것이다(Giri, 2011: 11). 그렇기 때문에 벨라는 개인주의에 대한 우리의 열광이 공동체감을 방해하고 있다는 점을 우려한다. 이 개인주의적 모델에는 다른 사람의 이해 문제를 고려할 여지가 없어서 우리의 대화는 빠르게 너의 의견, 그의 또는 그녀의 의견으로 분해되어 지속가능한 도덕 담론을 형성하는 데에 어려움을 갖게 된다는 것이다. 벨라는 이제 우리의 마음의 습관(habits of the heart)이 공동체의 보다 큰 관점을 잃어버리는 지점에까지 왔다고 비판한다(Nahser, 2013: 19).

벨라의 이러한 관점은 공동체론자로서 주목받는 에치오니(Amitai Etzioni)의 그것과 비교해 보면 그 특성이 좀 더 분명하게 드러난다. 에치오니 역시 좋은 사회의 핵심 개념으로 공동체를 들면서 공동체를 한 그룹의 개인들 간 결속(bonding)과 도덕 문화(moral culture)의 공유라는 두 가지 요인의 조합으로 정의한다. 전자는 공동체 내 상호 관계가 애정의 연대로 서로를 우위에 두면서 단순히 도구적 수단으로 다루지 않는다는 것이고, 후자는 특정문화의 가치, 규범, 의미, 역사와 정체성을 공유한다는 것이다(Etzioni, 2000: 188-189). 먼저 결속에 관한 것이다. 그는 서구적 맥락 안에서 결속은 쇠퇴하는 것으로 믿지만 결속이 과도할 경우도 부정적인 것으로 간주하면서 좋은 사회의 한 가지 속성은 그 강력한 공동의 결속이 유사하게 강력한 자아의 방어에 의해 균형이 잡히는 것으로 본다. 그러한 사회는 사회질서와 자유의 기반 위에서 사회적 연계와 자율성을 굳건하게 지킨 결속과 자아의 보호 사이의 균형이라는 속성이 들어난다는 것이다(Etzioni, 2000: 189).

이에 비해 벨라는 공동체라는 틀 외에 구성원들의 연대에 대해서는 별로 주의를 하지 않는다. 기독교의 경우 남녀 구성원들 간 형제자매로 부르고 있어 이를 에치오니가 말한 정서적 유대와 유사하다고 볼 수는 있으나 그것이 결속일지는 회의적이다. 한국의 종교시민단체인 예수살기(http://www.withjesus.or.kr/)는 이 단체의 운동 및 모임 수칙 첫째가 "우리는 서로에 대하여 깊은 동지적 이해와 사랑을 가진다"이다. 이것은 이 단체가 기독교신자들로 이루어진 시민단체이지만 그 단체의 활동에는 여전히 구성원들 간의 정서적 결속이 요구된다는 점을 말해주는 것이다. 그러나 벨라는 공동체를 결속의 관점에서 접근하지 않는다. 벨라가 인터뷰한 리즈는 자신과 같은 자유자들로 교육 받은 사십대가 점차 교회를 떠나고 교회의 일에 그렇게 열광하지 않는다고 하고, 리즈 자신 역시 그것이 흥미 있거나 내용이 충실하다는 것을 발견하지 못하기 때문에 이전처럼 그렇게 활발하지는 않음을 고백한다. 신앙의 동일성이 특정 사회문제에 대한 결속의 근거가 되기는 어려워 보인다.

에치오니가 내린 공동체 정의의 두 번째 요소는 공동체가 일련의 핵심 가치인 도덕적 문화를 공유한다는 점에 관한 것이다. 에치오니는 훌륭한 시회란 가치에서 유래한 오래된 사회적 관행에 의해 통치되는 사회로, 이들은 세대에서 세대로 전해져 온 전통적인 것이지만 전통만이 가치의 유일한 원천은 아니라고 본다. 이것은 사회적 의미를 획득하는 새로운 가치들이 출현하기 때문인데, 이 가치들은 공동체가 공유하는 문화를 구성하기 위해서 구성원들 간의 '도덕적 대화'(moral dialogue)에 의존한다는 것이다. 이 점은 벨라가 공유하는 가치를 성서적 전통에서 찾는 것과 유사하거니와 단지 종교공동체의 도덕적인 기준은 신앙 또는 교리에 기반한 것이어서 세속적 기준에 따른 도덕성과는 차이가 있을 것이다. 그러나 이 역시 에치오니가 도덕적 목소리란 공동체의 구성원들이 서로에게 행사하는 비공식적 통제로, 자아에 대한 높은 수준의 존경과 자율성, 그리고 이에 따라 좋은 사회와 훨씬 더 잘 공존할 수 있다고 한 주장과 크게 다르지는 않을 것이다(Etzioni, 2000: 191-192).

에치오니와 벨라는 동일하게 공동체를 중시하는 입장이지만 에치오니와 달리 벨라의 관심은 공동체 의식과 이에 대한 책임감에 있다.[4] 에치오니가 지나친 결속이 자율성에 방해되는 것을 염려하는 것과 달리 벨라는 지나친 개인주의가 공동체의 결속을 방해하는 점에 초점을 두고, 에치오니는 결속과 자율 간의 갈등을 언급했으나 벨라는 이를 지역 집회와 파라처치(para church) 기관 사이의 긴장이라는 측면에서 접근한다. 그는 이 긴장의 원인이 되는 신학적 그리고 사회적 이슈들을 토론하기 위해 교파적 라인을 넘어 성직자와 평신도가 함께하는 일련의 중간 제도를 제시한다. 비록 벨라가 도덕성에 기초한 좋은 사회와 옳음에 주목하는 시민사회를 구분하지 않으나 시민세계에서 발생한 이슈들이나 여기서 파생된 긴장들을 여전히 신앙의 측면에서 이해하는 한계를 보여준다.

2) 종교공동체의 공론장 참여

벨라는 역사적으로 성직자들, 종교기관들과 종교협회는 가장 초기의 이주시기부터 미국의 공적 이슈에 관심을 가져왔다고 본다. 구체적으로 교파 대부분에서 성직자는 혁명 자체를 지원했고, 심지어 혁명 이전 노예제도의 철폐를 요구한 사람은 퀘이커교도들이었다는 것이다. 현대에도 자주 정당들이 건드리지 않는 이슈들이 처음 종교그룹들에 의해 제기되고 그리고 단지 공론과 교육의 긴 과정을 거친 이후에야 정당들에 의해 심각하게 취급되었다고 본다(Bellah et al., 1991: 180-181).

이러한 점에서 벨라는 시민사회와 공적 영역 담론이 종교로부터의 목소리에 열려있지 않음을 한탄한다. 공적 영역은 세속적이든 종교적이든 상호 학습과 변형을 위한 공간이어야만 하는데, 이 공적 영역과 공적 담론은 당대 관심에 대한 종교담론을 배제함으로써 허약하게 된다는 것

4) 벨라가 종교의 사회적 역할과 각 교파의 공동체를 논하면서 가장 중시한 것이 책임감이다(Bellah et al., 1991: 180, 194, 205, 207, 215). 그의 1996년도 저작에는 개인주의와 책임감이라는 부제가 붙어 있다.

이다. 구체적으로 벨라는 지구적 빈곤과 온난화와 같은 중요한 긴급 이슈들을 정치적, 윤리적 그리고 영적 이슈로 간주하면서 이들에 대한 담론은 종교로부터, 특히 빈곤에 대한 무관심의 생성과 부와 과시적 소비의 무심한 추구에 대해 종교적 전통이 보여준 분노로부터 많은 것을 배울 수 있다고 주장한다. 그는 시민사회가 종교적 관심에서 분리된 단지 소위 세속적 영역은 아니기 때문에 종교는 시민사회로부터 추방될 수 없고, 따라서 종교는 공론장에서의 논쟁과 경험을 나누는 일에 참여해야만 한다는 것이다(Giri, 2011: 9-10). 그러나 그는 토론과 그것에 대한 종교적 기여의 중요성을 과대평가할 수는 없다는 점을 분명히 했거니와, 공공교회는 거의 단일 목소리를 갖고 말하지 않았으나 그럼에도 그것이 우리의 평상적 삶에서의 그 의의를 감소시키지는 않는다고 단언했다(Bellah et al., 1991: 181).

주목되는 것은 미국의 경우 공론장이 기독교, 특히 개신교가 시작한 것이어서 세속주의자들이 마음대로 종교적 그룹들을 초대하거나 축출할 수 있는 어떤 것이 아니라는 벨라의 인식이다. 그것은 가톨릭 신자, 유태교도와 무신자들, 그리고 후에 무슬림과 불교도들도 마찬가지로 초대된, 그리고 그들의 종교적 형태가 비종교인들에게 그들이 아는 것 이상으로 훨씬 더 많이 영향을 준 '개신교적 발명'이기 때문이라는 것이다. 따라서 종교[개신교]가 태생적으로 공론장에 속하고, 공적 언어가 시작부터 현재까지 지속적으로 종교에 의존하는 사회에서는 종교와 비종교 간의 중립적인 시민언어가 없으므로, 종교언어가 번역되어야 하거나 혼성국제어로 바꿀 필요가 없다는 주장이다(Bellah, 2006c: 338-339). 공론장에서의 종교 언어의 문제를 깊이 있게 다룬 하버마스는 종교적 시민들이 공적 담론에 참여할 때 그들의 정체성을 공적 그리고 사적 부분으로 나눔 없이 제도 번역[5]의 조건을 인정해야만 하지만, 만약 세속

5) 번역 역시 사회제도여서 모든 번역이 제도번역이 될 수 있고, 이보다는 좁게 번역기관

적 번역을 발견할 수 없다면 종교적 언어로 그들의 확신을 표명하고 정당화하는 것이 허용되어야만 한다고 했다. 그것은 종교전통이 특히 취약한 형태의 공동사회생활에 대한 도덕적 직관을 말로 표현하는 특별한 힘을 갖고 있어 세속 시민들은 종교적 기여로부터 어떤 것을 배울 수 있기 때문이다(Habermas, 2006: 10).

이로 보면 두 사람 모두 종교를 정치공론장에 포함시키는 것을 주장하고 있으나 하버마스가 종교적 전통과 세속적 전통의 분리를 전제하고 있는 데에 비해 벨라는 기본적으로 이러한 분리의 벽을 넘으려는 입장에서 출발하고 있다는 점에서 차별화된다.

Ⅳ. 한국 종교시민단체의 존재양상을 통해 본 벨라 논의의 의의: 벨라를 넘어서

1. 사회적 자본으로서의 종교와 시민사회에서의 역할

1990년대에 들어와 사회적 자본이란 술어가 새삼 학계의 주목을 받게 한 학자는 퍼트넘(Robert D. Putnam)이다. 그는 개인의 생산성을 강화하는 훈련과 도구인 물적 자본 및 인적 자본의 개념에서 유추하여 사회적 자본을 개인들 사이의 연결, 즉 사회적 연계망과 그것들로부터 일어나는 상호관계와 신뢰성을 가리키는 것으로 정의한다. 그에 의하면 사회적 자본은 개인적 측면과 집단적 측면을 갖고 있는데, 먼저 개인들은 자신들의 이익을 위해 관계를 맺지만, 사회적 자본의 중요성은 자기 본위의 이기적인 개인들을 공동[생활]의 관계로 함께 결합한다는 것으로, 퍼트넘은 공동체를 사회적 개념상의 사촌이라 부른다. 이러한 점에

에서 하는 번역을 가리키기도 한다(송연석, 2014: 37-58).

서 사회적 자본은 동시적으로 공익과 사익 모두에 기여한다는 것이다 (Putnam, 2000: 18-21).

본래 로버트 벨라의 사회적 자본에 관한 논의는 퍼트넘의 "홀로 볼링하기"(Bowling Alone: America's Declining Social Capital, 1995)라는 논문이 나온 이후 출간된『마음의 습관』(*Habits of the Heart)* 개정판 서문(1996)의 '감소하는 사회적 자본'(Declining Social Capital) 항목에서 처음으로 이루어졌다. 벨라는 퍼트넘이 정의한 사회적 자본의 범주에서 대상으로 한 거의 모든 종류의 사회적 결합관계, 구체적으로 투표하는 것에서부터 정치적 행동주의, 다양한 시민조직의 멤버십, 비공식적 사교생활, 자기 가족과 저녁 먹기, 교회가기 등등에 이르기까지 십여 년 전에 비해 오늘날 좀 더 약화된 것을 발견한다. 그러나 사회 자체가 이전과는 매우 다른 사회이기 때문에 모든 종류의 사회적 결합은 감소 이상의 변화가 있는데, 그것은 다른 사람들에 대한 충성보다는 그들의 이기심을 극대화하려는 노력에 몰두하는 것이라고 요약한다(Bellah, 2006e: 499-500).

그렇다면 종교 사회적 자본은 진정으로 감소하고 있는가. 우드노우(Robert Wuthnow)는 이웃 방문, 저녁파티, 우애조합, 볼링 리그 참여와 같은 사회적 자본을 보여주는 활동들에서 지난 25년에서 30년 동안 감소가 발생했다고 말해주는 데이터와 지역 이웃과 고도로 구조화된 자원봉사 활동들에 대한 충성심이 감소하고 있음을 암시하는 자료를 인용한다. 그러나 다른 한편 이들 감소의 얼마는 여가 관심의 변화에 귀속될 수 있다고 하거나, 노동장소에서의 사회적 연대, 장거리전화, 결혼식과 장례식 같은 주요 의례의 참여, 컴퓨터에 의한 상호작용은 증가하거나 지속적으로 남아있다는 보고서도 마찬가지로 중시한다. 이러한 점에서 사회적 자본이 단순히 감소하고 있기보다는 그 성격이 변화하고 있다고 본 우드노우의 시각(Wuthnow, 2003: 200)을 벨라 역시 유의할 만하다. 이와 함께 종교관련 자원봉사자의 추이도 관심을 끈다. 미국 전역의 자원봉사 현황에 관한 2013년도 데이터에 의하면 자원봉사자 중 약 34%가 종교기관에서 또는 종교기관을 통해 봉사했다(National Profile, http://www.nationalservice.gov/vcla). 2009년도 보고서에는 2008년 한 해 동안 전체 6억 1,800여 명의 미국 자원봉사자들의 35.9%에 달하는 2억 2,200여 명이 종교 관련 자원봉사를 한 것으로 나와 있다(기독신문. 2009. 7. 31). 5년의 차이를 보여주는 이 두 보고서를 비교해 보면 이러한 종교자원봉사자의 비율이 약간 저하된 것은 사실이지만 지속적인 하강을 보인 것은 아니어서 이를 감소로 볼 수 있을지는 유예적이다.

벨라는 개정판 서문 이후 나온 글에서 단편적으로나마 사회적 자본에 관한 언급을 한 바 있다. 하나는 사회적 자본이 시민사회와 연결될 때 그 의미가 있다는 것으로, 벨라는 미국이 많은 다른 국가들보다 여전히 사회적 자본이라 불리게 된 것을 더 많이 갖고 있으나 그것은 우리들이 이를 보존하고 증가시키기 위해 종교적 그리고 시민 그룹에서 필사적으로 일할 때에만 살아남는다고 했다(Bellah, 2006b: 331). 사회적 자본은 사회들이 그들의 문제들을 해결하도록 요구받는 기본적인 자원이어서 민주주의에서 불가결한 것으로 이것은 시민참여에 의존하는 곳에서 가능하게 된다는 것이다(Bellah, 2006c: 343). 다른 하나는 일반적으로 종교 멤버십과 참석이 긍정적으로 모든 다른 종류의 정치적 그리고 시민참여와 상관성을 갖지만 이것은 기독교 복음주의나, 아마도 유대 정교회 또는 보수적 가톨릭의 경우는 그렇지 않다는 점이다. 벨라는 그들의 사회적 자본은 강할 수도 있으나 그것은 그룹 안에서 유지되는 것이고 다른 것과 연결하지 않고 있다고 보았다(Bellah, 2006e: 503).

벨라의 사회적 자본에 관한 인식은 그 이후 조금 더 확장된다. 퍼트넘은 사회적 자본을 결속(bonding)과 교량(bridging)의 두 가지 유형으로 나눈다. 그는 결속은 특별한 상호성을 보강하고 연대를 운용하는 데에 좋고, 대조적으로 연결망의 교량은 대외적 자산과의 연결과 정보의 유포에 더 좋으며, 전자는 우리의 좁은 자아들(selves)을 북돋우는 반면 후자는 좀 더 폭넓은 정체성과 상호성을 발생시킬 수 있다고 간주한다. 요약해서 결속과 교량은 사회적 연계망이 깔끔하게 분리될 수 있는 '양자택일'(either-or)의 범주가 아니라 상이한 형태의 사회적 자본을 비교할 수 있는 '정도의 차'(more or less)의 차원으로 본다(Putnam, 2000: 22-23). 이에 비해 벨라는 퍼트넘이 구분한 결속적 사회적 자본은 내부 연대를 갖는 그룹을 만들지만, 그러나 만약 그 연대가 주어진 그룹의 경계에서 멈춘다면 그것이 해결하는 만큼의 많은 문제들을 산출할 수 있다고 본다. 따라서 좀 더 큰 연대를 형성하기 위해 다른 그룹에 접근하는 역량으로서 교량적 사회적 자본이 필요하다고 주장한다. 만약 우리가 결속적 사회적 자본만을 갖고 교량적 사회적 자본이 없는 그룹을 갖게 되면 우리가 가장 두려워하는 사회, 즉 특별한 이해그룹들의 집합 외의 아무것도 아닌 사회, 각각 공동선을 고려하지 않고 자기의 이익만 찾는 사회를 갖게 된다는 점을 경고하면서 이것을 전세계에서 우리에게 당면한 가장 도전적인 이슈로 간주한다(Bellah, 2007: 65).

이러한 논의에서도 벨라의 특성이 드러난다. 앞에서 거론한 대로 그는 공동체의 정의에서 정서적 결속을 중시한 에치오니와 달리 결속보다는 공동선을 지향하는 도덕적 책임의식을 중시했다. 결속은 공동체의 힘을 가능하게 하기 때문에 공동체가 사회문제를 다루면서 국가나 기업 등에 대한 저항운동에 필요하고, 반면 성서주의에 기반한 도덕적 책임의식의 중시는 공동체에서의 개인의 역할에 좀 더 주목하는 것이어서 개인적 돌봄에 매우 긴요한 것이다. 말하자면 벨라는 종교가 시민사회와 결합하여야 그 역할을 수행할 수 있다는 점을 강조하고 있으나 그럼에도 그 결합은 옳음의 추구보다는 좋음에 좀 더 초점을 두고 있는 것으로 생각된다. 이것은 종교공동체의 사회적 역할에 대한 벨라의 논의에는 변화와 보완이 요구된다는 것을 의미하는바, 이러한 점에서 벨라의 종교공동체에는 별도로 종교시민단체의 존재가 필요해 보인다.

2. 한국 종교시민단체의 활동과 벨라 논의의 기여 및 한계

벨라는 종교공동체와 관련해서 종교시민단체라는 존재의 필요성을 거론하지 않았으나, 한국 종교시민단체의 존재 양상과 그동안 수행한 운동에 적용해 보면 벨라의 논의가 갖는 기여와 한계를 알 수 있을 것이다. 미국은 건국 이후 역사적으로 기독교가 큰 역할을 한 국가이고, 현재 미국의 종교인구는 기독교가 가톨릭(19.1%)을 포함하여 48.8%인데 비해[6], 2014년 한국갤럽의 조사에 의하면 우리나라는 28%(가톨릭 7%, 개신교 21%)로 차이가 커서 벨라의 관점을 우리나라 단체들에 적용해 보는 것은 문제가 있을 수도 있다. 그러나 2014년도 WIN/갤럽 '세계 종교인구 비율' 조사에서 예배참석과는 무관하게 "나는 종교가 있다"라고 대답한 사람이 미국 56%, 한국 44%로 한국과 미국이 나란히 중위권을 형성하고 있다는 점에서 비교의 근거가 아주 없는 것은 아니다(세계일보. 2015. 4. 13).

벨라를 비롯하여 많은 종교사회학자들은 종교의 역할이 시민사회와의 연계 위에서 이루어져야 한다는 점을 강조하고 있다. 전술한 대로 벨라는 사회적 자본이 사회가 그들의 문제들을 해결하도록 요구받는 기본적인 자원으로 시민참여에 의존하는 곳에서 그 역할을 할 수 있다고 본다. 우드노우는 역사적으로 미국의 정치에서 시민참여가 종교기관들의

6) 미국종교기구통계연합회(Association of Statisticians of American Religious Bodies [ASARB, http://www.asarb.org/])는 10년 단위로 회중(congregation) 또는 종교그룹들을 대상으로 종교인구를 조사한다. 최근의 것은 2012년 5월 1일자로 발표한 2010년도 여론조사이다(U.S. Religion Census 2010: Summary Findings[May 1, 2012], http://www.rcms2010.org/).

국가에 대한 헌신에 근거한 것으로(Wuthnow, 1999: 331), 그는 시민사회를 활성화시키기 위해서는 종교가 '도덕적 회춘'의 역할을 넘어 종교 밖의 다른 기관이나 제도들과 결합해야만 한다고 주장했다(Wuthnow, 2003: 203-204, 207-209). 『사회적 자본으로서의 종교』(*Religion as Social Capital*)를 편찬한 슈미트(Corwin Smidt) 역시 사회적 신뢰를 발생시키는 중요한 수단 중 하나가 시민참여의 네트워크로, 자원봉사단체의 참가는 사람들 사이의 상호작용을 키우고 구성원들 간의 신뢰가 생겨날 가능성을 증진시킨다고 본다(Smidt, 2003a: 6).

이러한 점에서 시민사회와 종교의 연합은 매우 바람직한 조합으로 간주될 수 있다. 시민사회는 제3섹터, 비영리, 비정부조직 등의 명칭과 차별화되기도 하고 혼용되기도 하지만 이들 중 가장 오래된 명칭이 시민사회이다(Muukkonen, 2009: 684-685). 벨라적 관점에 근거하면 미국은 비록 정치와 종교가 분리된 국가이기는 하나 종교가 종교공동체 안에서 활동할 수도 있고 공동체 밖으로 나가서 사회의 구조적 문제를 해결하는 일을 할 수도 있으므로 특별히 종교시민단체의 존재를 상정할 필요가 없었을 것이다. 그러나 가족, 국가, 시장과 함께 종교가 사회를 구성하는 주요제도인 미국과 달리 우리나라의 비영리민간단체지원법[법률 제6118호]의 제2조 등록요건 제3항에는 특정 종교의 교리전파를 주된 목적으로 설립·운영되지 않아야 함을 규정하고 있어 종교기관은 종교시민단체와 엄격히 구분되고 있다.

특히 종교단체의 정치활동에 대한 부정적 평가를 보면 정교분리에 대한 한국인들의 인식은 미국과는 다르다. 따라서 벨라가 제시한 종교공동체의 범주만으로는 한계가 있으므로 그 구체적인 대안을 종교시민단체[7]에서 찾고자 한다. 이 단체는 일단 각 종교 소속 종교인들로 구성

7) 2018년 7월 현재 진보적인 시민단체의 연합체인 시민사회단체연대회의 소속 전국 514개 단체 중 분명하게 종교기반임을 내세운 단체는 약 84개 정도 된다. 본고에서는 이들과

된다는 점에서 종교기관과 유사하지만 그 존재 의의는 종교기관이 포괄하기 어려운 단체의 활동 영역에 있다. 종교기관과 달리 종교시민단체, 예컨대 천주교정의구현전국연합, 경제정의실천불교시민연합, 기독교윤리실천운동, 기독교환경운동연대처럼 정의구현, 경제, 윤리, 환경 등 사회적 이슈가 명칭에 나오기도 하고, 이와 달리 YMCA, YWCA처럼 기독교청년이라는 구성원이 단체 명칭이 되기도 하나 실제로 그들이 다루는 일들은 모두 시민사회 관련 문제들이다.

벨라는 무엇보다 사회문제의 해결을 위한 활동에서 성서적[종교적] 근거를 매우 중시하는 특성을 보여주었으나 종교가 대면하고 있는 정치, 경제, 문화, 교육, 환경, 복지 관련 다양한 문제들은 종교 교리에서 다루어지지 않거나 현대 사상과는 차이가 있는 것이 많다. 예로 생태환경이나 장애인 문제에서 이러한 어려움이 드러난다. 기독교는 그간 인간에게 "만물을 지배하라"라는 성서의 구절, 자연숭배를 포함한 이단의 배척으로 그 교리가 현대의 생태와 환경 논의에 위배된다는 공격을 받았으나(Roszak, 1972: 101-109, 116-124) 기독교 환경단체는 성경 구절 대신 '창조세계의 보전'을 내세운다. 불교에서는 장애의 원인을 전생에 지은 죄의 업보로 보고 있고(강일조, 2002: 289), 기독교에서도 질병을 포함하여 장애는 죄로 간주되기도 했으나 장애에 대한 각 종교별 신학은 아직 충분하지 않아서 주로 여전히 사랑과 자비의 관점을 넘지 못한다. 그러나 이들은 오히려 신학을 인간의 삶에 밀착시키고 도덕적 책임을 환기시키는 단서가 되면서 단체 활동의 방향을 정립하고 조절해주고 있어, 벨라의 성서중심의 사상은 종교시민단체에게도 매우 필요해 보인다.

함께 대규모시위에 참여한 정부에 등록된, 또는 미등록 보수와 진보 계열의 많은 종교시민단체들을 참고했다. 『2012 한국민간단체총람』(서울: 시민운동정보센터, 2012)은 종교시민단체를 독립 유형으로 분류하지 않고 있다.

다음 이들 종교시민단체의 활동을 통해 벨라의 공동체관이 갖고 있는 특성과 한계를 살펴보자. 벨라가 결속을 별로 강조하지 않은 것은 아마도 종교를 권력으로보다는 개개인의 도덕적 책임과 의무로 보려는 그의 인식의 반영일 것이다. 여기서 책임은 개인의 공동체에 대한 것이기도 하고 개인과 공동체의 사회에 대한 책임으로도 볼 수 있다. 한국 종교시민단체는 대개의 경우 종교적으로 동일한 신학을, 그리고 사회문제에 대해 동일한 이념을 공유하는 이들이 형성한 단체들이어서 같은 성향의 일반시민단체와 함께 대규모 연대를 구성해서 특정 사회적 이슈에 대한 시위나 성명서 발표 등에 참여한다. 그렇기 때문에 각 단체 소속 개인들의 목소리는 이러한 단체들의 연대가 보여주는 수적 과시에 가려져 있다고 볼 수 있다. 공동체와 사회는 개인의 책임에서 비롯된다는 점에 비추어보면 공동체와 개인주의 간의 균형을 강조한 벨라의 견해는 의미가 있으나 개인주의가 공동체를 방해하는 측면을 우려한 벨라의 입장보다는 공동체의 자아에 대한 압박을 경계한 에치오니의 경우가 우리나라 종교시민단체에 좀 더 의의 있어 보인다.

한국은 역사적으로 과거 종교시민단체의 기여가 매우 컸다. 일제강점기와 1950년대 YMCA와 YWCA는 문맹퇴치와 농촌의 생활개혁운동을, 한국 전쟁 이후에는 전쟁미망인과 고아들의 돌봄공동체로서 여러가지 활동을 전개했다. 아직 시민단체가 제대로 형성되지 않은 1970년대에 민주화운동의 기폭제가 된 것으로 평가받는 남산부활절예배에서의 유신반대운동에는 그 배경에 개신교의 도시산업선교회가 있었고, 가톨릭의 정의구현사제단은 유신을 반대한 지학순 주교의 구속에 항거해서 창설되었다. 1980년대 후반부터는 여러 분야의 종교시민단체가 설립되어 환경, 교육, 청소년 등을 위한 다양한 운동을 수행했으며, 최근에 자주 등장하는 낙선운동, 정권퇴진운동과 같은 정치운동이나 진보와 보수 양측의 종교시민단체들의 연대에 의한 대규모 시위들이 조직되고 있는

데, 이 운동들은 위에서 분석한 바와 같이 벨라가 기술한 종교공동체로는 수행하기가 어려운 것들이다.

벨라는 종교공동체의 활동과 함께 종교의 공론 참여가 미국 역사에 큰 기여를 한 것으로 보았다. 우리나라에서도 1970, 80년대 민주화운동 때 수많은 시국선언문과 성명서들이 나왔고, 6월 항쟁(1987)에서는 명동성당 농성자들과 외부군중과의 진지한 시국토론이 벌어지면서 공론장의 역할을 수행한 바 있으나 당시에는 언론통제로 인해 공론의 형성이 쉽지 않았을 것이다. 1990년대부터 각 분야 시민단체들이 사회적 이슈마다 발표하는 선언문이 공론을 이끌었고, 일부 시민단체의 경우 시민감시와 캠페인을 통해(조철민, 2013: 240-247), 최근에는 미디어가 매개가 되어 공론이 형성되거나 분열되어 나타난다. 그러나 우리나라의 경우 종교의 공론 참여가 반드시 우호적으로 받아들여지지는 않는다. 2014년 종교지도자들이 통진당 이석기를 위한 탄원서에서 용서(가톨릭 염수정 추기경), 포용(조계종 자승 총무원장) 등 종교교리를 앞세웠고, 이 탄원서에 대한 찬반 역시 이념에 따라 양분되기는 했지만 종교지도자들이 사려 깊지 못했다는 비판이 한국 지성계의 지도층에서 나온 바 있다(유종호, 2014). 벨라는 종교의 공론 참여가 가져오는 문제점에 대해서는 별로 주목하지 않은 것으로 보인다.

종교의 공론장 참여에서 종교언어가 비종교인들도 이해할 수 있도록 번역될 수 없다면 그대로라도 제시되어야 한다는 하버마스와 달리 벨라는 중간언어가 불필요하다는 입장이었다. 한국의 경우 민주화 운동이 전개되던 시기 종교시민단체의 선언문이나 종교지도자들의 발표문에 자주 언급되는 '예언자적 사명'이란 단어는 종교[기독교] 언어로, 예언자란 신의 뜻을 발견했을 때 민중이 듣기 원치 않는 심판을 경고하고, 메시아의 강림과 그의 재림, 역사의 종말을 예언했던 사람들을 가리킨다. 그 경고는 실제로 수십 년 후에 역사적 사건으로 나타나거니와, 민주화운동을 수행하던 기독교계 지도자들 역시 혼란한 시대의 심판자를 자임하겠다는 의지를 표명한 것이다(전명수, 2015b: 68-71). 그러나 이러한 성서적 의미에 대해 무지하다 해도 이 언어가 번역을 필요로 할 정도는 아닐 것이다.[8)]

특히 1980년대 이후 종교경전들이 현대어로 재정리되고, 종교인들이 대중화된 언어로 쓴 책들이 인기를 얻으면서 종교 언어에 대한 이질감은 상당히 감소되고 있는 것으로 판단된다. 빈번하게 발표되는 종교시민단체의 시국선언문, 예로 최근 천주교정의구현전국연합의 국정원 대선개입 규탄선언문이나 기독교환경운동연대의 설악산 케이블카 건설 반대 성명서, 경제정의실천불교시민연합의 창립선언문을 보면 종교 언어가 거의 보이지 않는다. 이것은 종교 언어와 일반 언어의 경계가 점차 허물어지고 있다는 의미여서 미국과 한국의 역사적 차이에도 불구하고 중간 언어의 필요를 인정하지 않은 벨라의 주장에는 문제가 없어 보인다.

V. 결론

이 연구는 종교의 사회적 역할과 그 역할의 일부를 수행하는 종교시민단체의 존재양상과 활동을 통해 로버트 벨라의 논의를 재성찰하기 위해 수행되었다. 벨라는 그의 저서를 통해 '좋은 사회'에 대한 지극한 열망을 표출한 종교사회학자로, 특히 좋은 사회로 가는 여정에서 종교의 역할에 대한 남다른 의지와 확신을 표명했다. 비록 벨라의 논의가 기독교와 미국을 중심으로 하고 있다는 한계에도 불구하고 종교가 갖는 보편적 특성에 주목한다면 우리 한국 사회에 시사하는 바가 작지 않을 것

8) 단지 공론장을 종교와 시민사회에 한정하지 않고 종교 '간'의 문제로 접근한다면 중간언어 혹은 번역의 필요성이 제기될 수도 있다.

으로 판단된다.

본고에서는 벨라가 특히 중시한 성서주의, 그가 좋은 사회의 핵심 요인으로 본 종교공동체와 미국 정치사에서 큰 역할을 한 것으로 파악한 종교의 공론장 참여를 논의의 대상으로 삼았다. 이들은 역사적으로 종교적[기독교] 국가인 미국을 대상으로 나온 논의이기는 하나, 그럼에도 벨라의 관점은 종교의 사회적 역할, 활동, 성취와 한계를 이해하는 데 많은 도움을 준다는 점에서 재성찰할 가치가 있다. 무엇보다 본고가 주목한 것은 그가 좋은 사회와 시민사회를 구분하지 않고, 따라서 좋음과 옳음을 포괄적으로 보고 있다는 점으로, 이러한 논의가 갖는 특성이나 한계를 한국 종교시민단체의 활동을 통해 찾아보고자 했다. 종교시민단체는 종교와 시민사회의 조합이지만 벨라의 관점처럼 시민사회가 좋은 사회 속에 '용해'된 것이 아니라 종교와 시민사회가 '결합'된 단체여서 종교적 측면과 시민사회적 측면이 서로 갈등하면서 조화를 이룰 수 있을 것이다.

한국 종교시민단체의 존재양상은 벨라 논의의 특성과 한계뿐만 아니라 역으로 우리 종교시민단체의 기여와 과제를 고찰하는 이론적 틀이 될 것으로 기대한다. 이러한 점에서 본 연구는 앞으로 한국 종교시민단체의 특성을 분석하면서 좋은 사회를 위한 종교의 사회적 역할을 탐구하는 지속적인 고찰의 출발점이 될 것이다.

제2장 좋은 사회와 정의 이념의 종교적 기반: 민주화운동부터 시민사회운동까지*

보다 정의로운 사회 건설에 필요한 급진적인 구조변화를 지향하는 운동에 책임적인 방법으로 참여해야 한다.

– 1968년 WCC 제4차 웁살라 총회

정치공동체는 공동선을 위해서 존재하고, 공동선 안에서 정당화되고 그 의의를 발견하며, 공동선에서 비로소 고유의 권리를 얻게 된다.

– 제2차 바티칸 공의회 사목헌장 74

Ⅰ. 문제제기

앞 장에서는 좋은 사회를 위한 종교의 사회적 역할과 과제를 로버트 벨라(Robert N. Bellah)가 분석한 좋은 사회의 개념을 중심으로 고찰했다. 여기서는 특히 종교이념으로서의 정의가 갖는 의미와 과제에 초점을 두고 종교의 사회적 역할을 살펴보고자 한다. 좋은 사회는 역사적으로 많은 철학자, 사회사상가들의 논의 대상이 되어 왔거니와, 이 글에서는 앞의 논의에 이어 벨라의 '좋은 사회'의 개념을 중심으로, 우리나라 민주화운동의 중심 명제로 등장한 이후 현재 사회 각 분야의 핵심 이념

* 이 장은 『신학과 사회』 제30집 4호(2016)에 게재된 내용을 중심으로 로버트 벨라의 이론과 한국 종교기반 정의시민단체의 최근 활동에 관한 논의를 수정 보완한 것이다.

이 된 '정의'의 특성과 과제를 다룰 것이다.

정의는 처음 제정된 우리나라 헌법에도 명시되어 있기는 하지만 크게 주목받은 개념은 아니었다. 그러나 민주화운동에서 정의는 핵심 이념으로 부상했는데 그 배경에는 종교의 역할이 있었던 것으로 판단된다. 무엇보다 종교가 민주화운동에서 중요한 위상을 차지하게 된 것은 먼저 그 운동을 이끈 지도자들 중 종교계 인물들이 많았기 때문으로, 이들은 주도적으로 또는 재야인사들과 연합해서 민주화운동을 이끈 중요한 세력이었다. 따라서 민주화운동의 핵심 명제인 정의 이념에 작용한 종교적 배경을 간과해서는 안 될 것이다. 당시 군부 독재에 대한 항거에 직접 참여하면서 실제로 행동에 나선 종교인들의 정의관에는 개신교의 경우 세계교회협의회(WCC)의 창립(1948) 이념이, 가톨릭의 경우 제2차 바티칸 공의회(1962-1965)의 정신이 반영되어 있다. 따라서 정의가 민주화운동 때 참여자들을 하나로 묶은 이념이라는 점에는 이의가 없으나 특히 그 본질에 대해서는 종교적 관점에서 접근할 필요가 있는 것이다. 정의는 민주화 이후 본격적으로 출현한 시민사회단체들에 의해 계승되었고, 정치, 경제, 환경, 교육 등 각 분야로 확산되면서 현재 우리 사회를 지탱하는 가장 강력한 이념이 되었다.

이처럼 정의가 우리 사회의 핵심 이념이 되고 있다는 점에서 정의에 대한 일반 시민들의 반응도 주목된다. 최근 정의가 특히 마이클 샌델(Michael J. Sandel)의 『정의란 무엇인가』를 필두로 국내외 저술을 통해 독자층을 확보하면서 인기 있는 주제가 된 것과는 별도로 민주화운동 시기와 그 이후 시민단체, 특히 종교기반 시민단체[이하 종교시민단체]들의 정의구현 활동이 어느 정도 시민들의 적극적인 동의를 얻었거나 얻고 있는지를 검토해 볼 필요가 있다. 그것은 강한 민주주의는 능동적인 시민들에 의한 참여적 정치에 의해 규정되고, 그들이 지향하는 가치가 사회 일반에 의해 공유될 때 궁극적으로 사회문제의 해결이라는 공익성과 공동선을 부각시키면서 사회에 기여하기 때문이다(전명수, 2015d: 14). 동시에 현재 한국사회는 좌우 또는 보수와 진보 간 이념적 대립으로 정치적 또는 사회적인 갈등 · 대립 · 분열이 심각한 수준에 이르고 있고, 이러한 이념적 대립에서 가장 중요하게 나타나고 있는 것이 바로 정의의 문제여서 그 갈등과 분열을 극복하기 위해서는 정의에 대한 좀 더 깊이 있는 성찰이 요구된다는 관점이다.

이 장에서 로버트 벨라의 '좋은 사회'와 종교의 사회적 역할에 대한 그의 논의를 다시 주목하는 것은 이 때문이다. 지리가 지적한 대로 그는 이 사회의 문제를 해결하는 데 특히 종교의 역할과 책임을 강조했거니와, 진정한 좋은 사회란 법, 제도와 같은 '옳음'과 윤리와 공공미덕과 같은 '좋음'이 동시적으로 구현될 때 그 의미가 드러난다는 점에 동의한 것으로 보인다(Giri, 2011: 3). 옳음과 좋음은 서로 구분되지만 좋음은 옳음을 포함하거나 넘어서는 것이어서 벨라의 저서가 정의에 기반한 '옳은 사회'가 아닌 『좋은 사회』(*The Good Society*)[1]인 것은 그가 좋음을 옳음 위에 둔다는 점을 함축한 것으로 판단된다. 이 연구는 그의 이론적 틀에 비추어 볼 때 그간 민주화운동이 전개되던 시기 그리고 민주화 이후 특히 종교시민단체들이 중점을 둔 정의가 옳은 사회를 넘어 좋은 사회로 가기 위한 매우 중요한 이념이며 방식이 될 수 있다고 보고, 민주화운동 시 보여준 정의관의 종교적 배경과 시민단체의 활동에서 드러난 정의의 특성과 과제들을 고찰하는 것을 목적으로 한다.

이 글은 기성 종교 중 특히 기독교적 정의를 중심으로 논의한다. 그것은 민주화운동 시 기독교 측의 적극적인 참여 때문이기도 하지만, 민주화 이후에도 정의구현을 목적으로 하는 시민단체들 중 여전히 기독교

1) 이 책은 Robert N. Bellah와 함께 Richard Madsen, William M. Sullivan, Ann Swidler, Steven M. Tipton의 5인 공저로 이루어진 것이지만 이들 중 특히 대표 저자인 로버트 벨라는 그 이후 발표한 논문에서 이 책의 관점을 지속적으로 확장 심화시켰다.

를 기반으로 한 단체의 활동이 크게 드러나고 있기 때문이다.

Ⅱ. 민주화운동 시 정의 이념에 대한 종교적 접근

1. 개신교 WCC와 가톨릭 제2차 바티칸 공의회의 정의관

사회정의는 사회와 정치를 이해하는 매우 중요한 근본 규범이지만, 그간 역사적으로 전개되어 온 정의론에서 종교적 관점은 별로 중시되지 않았고, 이러한 점에서 철학자들 중에는 그 논의에서 신학적 견해를 배제하는 것이 가장 좋다고 주장하는 이들도 있다(Wogaman, 1990: 18).

그러나 이에 대해 정의 이론을 완성하기 위해서는 궁극적으로 실상에 대한 어떤 이해를 포함해야 하지만, 그럼에도 아무도 우리가 알았어야 하는 모든 것을 이해할 수 없기 때문에 끝내는 어떤 형태의 계시에 기반한 우리들의 종교적 신앙을 반영해야만 한다는 주장이 제기된 바 있다. 이러한 맥락에서 기독교적 관점에서의 정의는 모든 이들이 공동체에 속할 수 있도록 요구되는 일을 하고 있는 것으로 규정된다(Wogaman, 1990: 18-20). 카렌 레바크(Karen Lebacqz)는 여섯 학자의 정의 이론을 제시하면서 3명은 철학분야에서, 3명은 신학분야-가톨릭 주교회의, 개신교 라인홀드 니버(reinhold Niebuhr), 그리고 해방신학에서 선정했다. 이것은 정의의 개념에서 신학적 접근의 중요성을 말해주면서 종교에서도 정의 개념이 결코 단일적이 아님을 시사한다. 저자는 이 여섯 가지의 정의론이 각기 다른 정의 이론들에 대한 기본적인 이슈들을 제기하고, 다른 경쟁 이론들에 대해 끊임없이 도전하고 있다고 보았다(Lebacqz, 1986: 10).

그러나 정의를 적극적으로 실천적 측면에서 부각시킨 것은 WCC 총회와 제2차 바티칸 공의회에서였다. 이것은 정의가 이들에 의해 우리나라에 처음 수용되어 전개된 이념이라는 의미는 아니다. 어떻게 보면 정의는 우리나라 전통적인 사상으로, 우리 고전에서 빈번하게 등장하는 義는 의리(義理), 인의(仁義)에서처럼 인간의 가장 중요한 기본 윤리였다. 한국 정치사를 살펴보면 기미독립선언문에서는 "인류의 공통된 성품과 시대의 양심이 정의의 군대와 인도의 무기로써 지켜 도와주는 오늘날"이라고 했고, 공약 3장에서는 "오늘 우리들의 이 거사는 정의, 인도, 생존, 번영을 위하는 겨레의 요구"라고 했다. 대한민국임시헌장선포문(1919. 4. 11)에서도 우리의 인도는 마침내 일본의 야만을 교화할 것이고, 우리의 정의는 마침내 일본의 폭력을 이길 것이라는 구절이, 1948년 정부수립 후 제정된 제헌헌법에는 "정의인도와 동포애로써 민족의 단결을 공고히 하며"라는 구절이 보인다. 여기서 정의는 인도(人道)와 함께 쓰이고 있다는 점에서 정의가 비인간적인 윤리에 대항하는 명제였음을 보여주거니와, 이 점은 민주화운동에서 정의가 평화와 함께 쓰였던 것과 다르다.

1960년대 쿠데타에 의한 군사정권이 수립된 후 특히 1960년대 말 3선 개헌이 이루어지고 1970년대 초 유신헌법이 제정되자 이를 격렬히 저지하는 민주화운동이 시작되었는데, 당시 이 운동에 참여한 기독교 지도자들은 대부분 에큐메니칼 운동의 지지자들이었다. WCC로 통합되기 이전 '생활과 사업' 운동은 교회의 사회참여라는 관점에서 주도적인 에큐메니칼 운동이었고, 이 운동은 WCC가 제기한 교회의 사회참여 선언에 강력하게 연결되었다. 이 신학에서 중요한 것은 세계와의 관계 정립이어서 선교의 목표를 '영혼구원과 교회개척'으로 삼는 전통적인 선교와 달리 에큐메니칼 진영에서는 정의롭고 평화로우며 창조질서가 보존되는 사회를 구현하는 것을 선교의 중요한 목표로 삼는다(안승오, 2011: 32). 한국에서 본격적인 에큐메니칼 운동의 시작은 1948년 암스

테르담에서 창립총회를 개최한 WCC에 참여한 뒤부터로 볼 수 있다. 무엇보다 정의는 기독교인이 추구해야 하는 궁극적인 목표이고, 그 목표의 완수를 위한 투쟁이 곧 신앙의 표현이고 책임으로 간주되었다. 이것은 신앙과 사회문제에 대한 정치적 참여가 불가분리의 것임을 보여준다.

이 점은 1968년 제4차 웁살라 총회에서 "보다 정의로운 사회 건설에 필요한 급진적인 구조변화를 지향하는 운동에 책임적인 방법으로 참여해야 한다"(안승오, 2011: 32에서 재인용)라고 한 것이라든지, 제5차 나이로비 총회(1975)에서 복음이 정의와 인간 존엄성을 위한 투쟁에의 참여, 인간의 보편성을 저해하는 모든 것을 배격해야 하는 의무, 목숨까지도 버리는 참여를 포함하는 것임을 선언한 데에서 잘 드러난다(이형기, 1990: 61-62). 그러나 WCC의 활동은 제6차 벤쿠버 총회(1983)에서 복음적인 색채를 보여주면서 전환기를 맞는다. 현실인식에서 개혁, 참여, 투쟁, 행동을 중시하던 데에서 방향을 전환하여 성서적 복음적 방향을 더 중시하는 경향을 보인 것이다(노재성, 1990: 51-55). 벤쿠버 총회 메시지에는 하나님의 은혜로우심의 한 표적이, 어떠한 회원교회들도 혼자 외톨이가 되지 않는 에큐메니칼 운동이라는 선언이 포함되었다. 그러나 이러한 WCC의 정의를 향한 운동과 복음주의의 양면성은 사실상 그 창립 시부터 있었던 것이다. 창립 이전부터 이어져 온 '생활과 사업' 운동은 WCC 안에서 교회와 사회로 불리게 되었는데, 이 두 가지 노선 운동은 때로 서로 보완하거나 때로 서로 충돌하면서 지속되었다(노재성, 1990: 16). WCC의 이념은 그 창립 정신과 달리 지나치게 정치투쟁 일변도로 변질되고 있었다.

가톨릭이 정의구현에 좀 더 초점을 두게 된 것은 제2차 바티칸 공의회의 정신에 근거한다. 1962년부터 1965년까지 전 세계 주교들이 모여 논의하였던 제2차 바티칸 공의회는 '교회의 쇄신과 일치 그리고 현대화를 위한 대지진'이었던 것으로 평가되고 있다(노길명, 2002: 19에서 재인용). 오세일은 공의회로 인한 패러다임의 전환에는 종교와 정치, 현대사회와 종교, 타종교와의 관계 등에 관한 변증법적 긴장이 담겨 있다고 보았다(오세일, 2015: 103-107). 본고에서는 이를 좀 더 가톨릭의 본질적 특성에 초점을 두고 가톨릭 자신에 대한 내재적 성찰, 가톨릭과 세계와의 관계 정립, 공동체성의 강조로 나누어 살펴본다. 첫째, 가톨릭 자신에 대한 성찰이다. 가톨릭만이 유일한 종교라는 확신을 버리고 세상의 다양한 종교와 사상들도 고유하고 유익한 가치를 가지고 있다는 것을 인정한 것이다. 이러한 자기반성은 자연스럽게 둘째, 세계와의 새로운 관계 정립으로 이어진다. 세상의 다양한 종교가 인류의 행복을 증진하는 데 유익하다는 것을 인정하고 인류 구원을 위해 타종교와 서로 협력하고 조화를 이루려는 정신이다(전광진, 2009: 60).

셋째, 공동체성(연대성)의 강조로, 이것은 공의회가 공동선의 증진을 강조하고 있다는 의미이다. 하느님께서는 구원의 역사 시초부터 사람들을 개별적으로 뽑으신 것이 아니고 한 공동체의 지체로 뽑으신 것이어서 교회 안에서 모든 사람은 서로 지체를 이루고 각기 받은 바 여러 가지 은사를 따라 서로 봉사하는 것으로, 이 연대성은 완성되는 그 날까지 항상 더욱 증진되어야 할 것이다[사목헌장 32].[2] 혼란했던 시기 공동체 중 가장 중요한 것은 정치공동체로, 정치공동체는 공동선을 위해서 존재하고, 공동선 안에서 정당화되고 그 의의를 발견하며, 공동선에서 비로소 고유의 권리를 얻게 된다[사목헌장 74]. 인간의 기본권과 영혼들의 구원이 요구할 경우에는 정치질서에 관한 일에 대해서도 윤리적 판단을 내리는 것은 당연하다고 했다[사목헌장 76]. 그러나 공동체의 궁극적인 목표는 정의와 평화와 사랑으로 설정된다. 평화는 정의의 실현이고, 동시에 평화는 정의의 내용을 초월하는 사랑의 결실이다. 모든 그리스도

2) 한국천주교중앙협의회, 『제2차 바티칸 공의회 문헌』(서울: 한국천주교중앙협의회, 1973 재판)을 텍스트로 했다. 인용은 책의 페이지 대신 사목헌장 번호를 사용한다.

신자들은 사랑 속에서 진리를 실천하며 참으로 평화를 사랑하는 사람들과 일치하여 평화를 찾아 건설하기를 간절히 바란다[사목헌장 78].

WCC와 공의회 선언은 서로 영향을 미쳤을 것으로 유사한 점이 많다. 공동체와 공동선의 강조, 불의한 정치권력에 대한 저항의 당위성 등이 그러하거니와, 무엇보다 정의를 평화 및 사랑과 함께 거론한 것이 주목된다. 정의와 평화는 민주화 이후 각 정의구현단체의 이름에서도 계속 함께 사용되고 있고, 그밖에 정의구현을 위한 폭력사용의 정당화도 동일하게 나타난다. 그러나 종교시민단체들의 투쟁적인 정의구현 활동의 다른 편에는 사랑과 평화의 정신 역시 중시되어야 할 것으로, 공의회 헌장에서도 그 방위 수단이 타인이나 타 공동체의 권리와 의무를 침해하지 말아야 하며, 인간이 사랑으로 결합되어 죄를 극복한다면 폭력도 극복할 수 있음을 덧붙이고 있다[사목헌장 78]는 점을 유념해야 할 것이다. 이러한 WCC와 공의회 정신은 서로 함께 우리나라 민주화운동의 이념적 배경이 된 것으로 판단된다.

2. 민주화운동 시 정의담론과의 관계

정의구현을 기치로 내세우고 민주화운동에 참여한 종교지도자들의 선언문은 확실히 WCC와 제2차 바티칸 공의회 정신을 기반으로 하고 있거니와, 그밖에 종교를 내세우지 않은 일반 지도자나 사회단체에서도 그 중심에는 종교인들이 있었다는 점에서 정의의 종교적 배경은 민주화운동 시 발표된 대부분의 선언문에 반영되어 있을 것으로 보인다.

먼저 민주화운동에서 정의가 WCC나 제2차 바티칸 공의회 선언과 긴밀히 연관되었음을 어떻게 증명할 수 있을까. 박경서·이나미의 『WCC 창으로 본 70년대 한국민주화인식』은 기독교 민주화운동의 전개와 발전이 WCC의 이념에 근거해서 이루어졌다는 관점을 보여준다. 저자들은 WCC의 주요 창립 목적이 교회갱신과 신학연구도 있으나 그보다는 "사회정의, 세계평화 그리고 개인과 집단의 인권을 선교적 사명으로 하는 초교파운동"으로 본다(박경서 · 이나미, 2010: 15). 가톨릭의 경우 김수환 추기경이 1968년 서울대주교로 부임했을 때 제2차 바티칸 공의회 정신을 구현하고 교회를 쇄신하려는 움직임을 두려워하는 측에서 갈등을 일으키기도 했으나 그는 언제나 공의회 정신을 따르는 방향을 택했다(김정남, 2016a: 32). 지학순 주교는 제2차 바티칸 공의회가 마감되기 직전에 주교로 임명되었으며, 공의회 마지막 회기에 주교로 참석했다. 따라서 바티칸 공의회의 정신과 그 새로운 가르침이 그의 활동에 중요한 기반이 되었을 것으로 판단된다(김정남, 2016b: 58-59).

종교기반 단체와 일반사회단체의 민주화 선언에서도 정의구현이라는 종교적 이념이 거의 유사하게 드러난다. 1974년 11월 6일 대한성공회 서울교구 성직자 14명은 "우리는 참 교회의 사명과 그리스도의 구원사업이 사회정의의 구현과 인류복지와 평화를 이룩하는 것"임을 선언했다(한국기독교교회협의회 인권위원회, 1987: 388-389). 1975년 3월 10일 한국교회사회정의실현성직자단의 발기인대회에서 "민주주의는 백성의 생활 속에서 진리와 정의 그리고 자유를 얻기 위해서 끊임없이 노력하는 생동적이며 활기찬 희망의 과정"으로 "정의가 실현되는 조국을 건설하여야겠다는 굳은 다짐"을 표명했다(한국기독교교회협의회 인권위원회, 1987: 411-412). 사회정의 실현을 위한 교회의 책임과 정의구현이 곧 민주주의라는 정신은 WCC의 이념에 직결되는 것이다.

민주화운동이 구현하려고 했던 정의가 제2차 바티칸 공의회의 정신에 바탕을 두었다는 것은 1974년에 등장한 천주교정의구현전국사제단[이하 사제단]의 활동에서 분명하게 드러난다. 사제단은 1974년 9월 11일의 선언문에서 "하느님의 자녀요 그리스도의 형제로서 그리스도의 정의와 진리와 사랑을 이 땅에 구현하고 하느님의 나라를 건설해야 한다는 사명을 띠고 있다"라는 공식적인 견해를 표명했다(박일영, 1988: 23에서 재인용). 그리스도의 정의와 사랑을 '이 땅' 현존하는 인간의 삶에 구현해야 한다는 것은 바로 공의회 헌장의 본질이다. 초기 사제단의 탄생과 활동에서 핵심적 역할을 한 사제들은 대부분 제2차 바티칸 공의회 이후 서품된 이들이었다(김정남, 2016c: 588-589). 1979년 3.1운동 60주년을 맞이해서 사제단은 예수 그리스도는 그 자신이 "하느님 정의의 가장 위대한 결정적 메시지"이기 때문에 예수 그리스도의 활동 모범을 따라 민주, 민족, 민생의 민중복음을 선포하고 또 실천할 것을 선언했다(천주교정의구현전국사제단, 1997: 383). 이 선언문들을 관통하는 정신은 인권과 민주회복을 위한 행동선언으로, 복음은 단지 자선이나 영혼구원이 아니고, 현실에서 고통 받는 자, 가난하고 억눌린 자들이 인간답게 살도록 고통에서 그들을 해방시키는 것임을 확실히 한 것이다.

1976년 3월 1일 명동대성당에서 '3 · 1절 기념 미사'를 거행하고 '민주구국선언문'을 발표한 신부, 목사, 전직 대통령, 국회의원, 대학교수 등의 인사들이 뒤이어 검찰에 구속 기소되었다. 이에 대해 한국천주교정의평화위원회[이하 정평위]는 성명서에서 교회가 바라고 인정하는 국가 권력은 모든 국민의 자유와 책임 의식에 바탕을 둔 '도덕적 힘'이어야 하고, 그 힘은 모든 사람과 공동체들이 보다 용이하게 보다 안전하게 자기완성을 성취하는 공동선에 향하도록 도와주는 것이라고 하면서, "이것이 제2차 바티칸 공의회의 사목 헌장이 우리에게 가르치고 있는 올바른 시국관의 기준"(한국천주교정의평화위원회, 1994: 69-71)이라고 선언했다. 서울대 학생회에서는 "진리와 정의를 향한 염원에 몸을 사르면서 손에손에 뜨거운 사랑을 쥐고 열심히 싸웠던 동지들의 선구의 깃발을 가슴에 그리며 우리는 크낙한 광장으로 나섰다"는 선언문을 발표했고(서울대 학생회, 1997: 293), 고려대 학생회에서는 그간 권력의 집중화, 경제의 수탈독과점화, 사회의 몰가치화, 문화의 획일화로 인하여 우리 사회의 모든 수평적 관계는 깨어지고 수직적 상하관계만이 남아있다고 하면서 "우리 사회의 이러한 부도덕과 불의와 불신에 대해 사회정의를 부르짖고 자유와 민주를 토대로 한 새로운 사회질서를 이룩해 나감에 여기 정의의 횃불을 든다"고 선언했다(고려대 학생회, 1997: 302).

이와 같이 이 시기 정의는 민주화를 위한 명제였고, 이것은 종교 또는 종교・비종교 연합 모임들에서 그 저항의 핵심논리로 기능했거니와 이를 뒷받침해준 것이 WCC와 공의회 헌장이었던 것이다. 그러나 다른 한편 일반 사회지도자들의 경우 그 선언문은 점차 정의보다는 민주가 강조되는 변화를 보여주고 있는 점도 나타난다. 국민연합의 1979년 3월 1일 〈3.1운동 60주년에 즈음한 민주구국선언〉에서 "민주주의의 회복만이 민족, 민주, 평화의 3.1정신을 선양할 수 있는 길임을 엄숙히 선포한다"(국민연합, 1997: 523-525)라고 한 것이라든지, 1983년 8월 15일 김대중・김영삼 8.15공동선언에서도 "민주화투쟁은 민족의 독립과 해방을 위한 투쟁"(김대중・김영삼 8.15공동선언, 1990: 30-35)이라고 규정하면서 국민, 정치인, 언론인, 법관 모두에게 민주주의를 각인시킨다고 한 데에서도 이 점이 드러난다. 말할 것도 없이 민주주의의 회복은 정의의 기반 위에서 가능하지만 차츰 정치권에서는 정의에서 민주로의 선언적 전이가 일어나고 있었던 것은 분명해 보인다. 이것은 종교시민단체가 계속해서 일단 정의를 담론의 전면에 배치하는 것과 다르다.

III. 민주화 이후 정의 이념의 전개

1. 정의시민사회단체의 출현과 활동의 종교적 기반

정치권의 일부에서 정의보다는 민주에 대한 지향이 보이기는 하지만 종교시민단체에서는 여전히 정의구현을 내세우고 있었다. 『2012 한국민간단체총람』[이하 2012총람]에 의하면 정의를 명칭에 내세운 단체는 전체 시민단체에서 많은 편은 아니다.[3)]

이들 중 종교기반 정의시민단체[이하 종교정의단체]는 '지학순정의평화기금', '전국목회자정의평화실천협의회'[이하 목정평], '정평위', '사제단', '천주교정의구현전국연합'[이하 천정연], '경제정의실천불교시민연합'[이하 경불연], '정의평화를위한기독인연대', '정의사회운동전국시민연합'[4)] 등이다. 지역별 지부가 있는 전국적인 단체는 개신교의 목정평[553], 가톨릭의 정평위[554-557], 사제단[671-672]이다.[5)] 목정평은 교회의 목회자들이 전국적으로 연합하여 교회갱신과 하나님의 정의와 평화를 오늘의 역사 속에 실천하는 것을 목적으로 한다. 정평위는 천주교 주교회의에 소속된 공식기관으로 제2차 바티칸 공의회의 가르침에

---

3) 정의를 명칭에 내세운 단체를 살펴보면 환경 유형 중 감시/정책제안 부문의 '에너지정의행동', '용인환경정의', 인권 유형 중 인권일반 부문의 '북한정의연대', '지학순정의평화기금', '천주교서울대교구정의평화위원회', 평화/통일 유형 중 평화 부문의 '전국목회자정의평화실천협의회', '전국목회자정의평화실천군산/대전충남/전북협의회', '정의평화를위한기독인연대', '천주교정의평화위원회서울/광주/대구대교구/대전/마산/부산/의정부/수원/인천/청주교구', 통일/민족 부문의 '천주교정의구현전국사제단', '경제정의실천시민연합통일협회', 권력감시 유형 중 권력감시일반 부문의 '경제정의실천시민연합', '강릉/거제/광명/광주/구미/군산/군포/김포/남원/대구/대전/목포/무주/부산/부천/속초/수원/순천/안산/안양의왕/여수/울릉/울산/이천여주/익산/인천/전주/정읍/제주/창원/천안아산/춘천/충북/태백정선/포항경제정의실천시민연합', '경제정의실천시민연합경기도/전남협의회', '사회정의실현시민연합', '참정의실천시민연대', 행정부/국회/사법 부문의 '사법정의국민연대', '조세정의를위한한국납세자연합회', 기업/언론 부문의 '건설정의실천연합', 정치/경제 유형 중 정치/행정 부문의 '정의사회운동전국시민연합', '천주교정의구현전국연합', '토지정의시민연대', 경제 부문의 '경제정의실천시민연합경기도협의회', '경제정의실천시민연합경제정의연구소', 교육/연구 유형 중 교육 부문의 '정의교육시민연합', 도시/가정 유형 중 교통 부문의 '정의로운사회를위한교통운동협의회', 복지 유형 중 기타복지 부문에 '경제정의실천불교시민연합(사)이웃을돕는사람들'이 있다. 단체의 유형별 및 부문별 분류는 『2012 한국민간단체총람』(서울: 시민운동정보센터, 2012)에 근거한다. '경제정의실천시민연합경기도협의회'는 권력감시, 정치/경제 유형 중 경제 부문에 중복 소속되었다.

4) 이 단체는 종교를 내세우지 않았으나 공동대표가 대부분 목사여서 개신교 정의구현 시민단체로 볼 수 있다.

5) [ ] 안의 숫자는 2012총람의 페이지를 가리킨다. 단체 설명 중 총람에 근거한 내용은 페이지로 대신한다.

따라 복음과 사회교리에 비추어 정의와 평화를 증진시킬 목적으로 설립되었고(천주교서울대교구정의평화위원회 홈페이지), 사제단은 임의단체로 "정의는 하느님의 특성을 드러내는 대표적 특성으로 영원불변의 가치"임을 부각시킨다(천주교정의구현전국사제단 홈페이지). 천정연[1077]은 교회 내 자주적 평신도 단체로 제2차 바티칸 공의회 정신에 따른 교회쇄신과 창조질서 보전을 위한 노력과 사회도덕성 회복을 통해 민주화와 경제정의 실현을 위해 설립되었다. 이것은 현재 활동 중인 위 세 천주교 정의구현단체가 모두 제2차 바티칸 공의회 정신의 산물임을 보여준다.

위 단체들 가운데 정평위와 사제단은 정치적 현안, 예컨대 '한일 위안부 합의문', 세월호 참사 대책, 한국사 교과서 국정화 추진과 밀양송전탑 건설 강행을 반대하는 등 정치적 입장이 동일한 것이 많다. 정평위가 2016년 3월 27일 부활절을 맞아 4월 13일 제20대 국회의원 선거에 즈음하여 발표한 담화문을 보면 정치비판에서 사제단보다는 비교적 온건한 입장을 나타낸다. 정평위는 "정의롭고 평화로운 세상을 건설하고자 노력하는 정치인들을 투표를 통해 선출하는 것은 그리스도인의 의무"라고 밝히면서, 사사로운 지연, 학연, 혈연에 얽매이기보다 후보의 공약이 복음정신에, 공동의 선에 얼마나 부합하는지를 잘 식별하여 투표에 참여해달라고 말했다. 이 점은 아래에서 다시 논의하겠지만 사제단이 현 정권을 비판하면서 야권의 승리를 위한 분발을 촉구한 것과는 차이가 있다.

이들 중 사제단에서는 매주 월요일 "신종 쿠데타, 신유신독재 타파를 위한 천주교시국기도회"를 개최해서 대부분의 정치 현안에 대한 비판과 비난을 보여주었다. 예로 "독재자의 음모에 저항하지 않는다면"이란 강론에서 "오늘 우리가 이 자리에 모인 것은 민주주의의 길이 심하게 굽어지고 있기 때문"이라고 하면서 정치권력이 공동선을 상실했다고 비난했다.

> 사회교리 388항에서 교회는 '인간을 정치공동체의 토대와 목적으로 여긴다는 것은 근본적이며 양도할 수 없는 인권을 보호하고 증진함으로써 인간 존엄을 인정하고 존중하기 위해 노력한다는 뜻'이라고 가르칩니다. 그러나 박근혜 여인과 그 무리의 정권은 세월호 사건을 통해 자신의 정권이 인간의 존엄함을 인정하지 않을 뿐 아니라 존중하지 않음을 무능과 무대응의 행위로 증명했으며, 지난 1차 국민 궐기에서도 백남기 임마누엘 형제를 물대포로 무참히 쓰러트려 죽음에 이르게 함으로써 이 정권이 스스로 자신의 공권력으로 나라의 주권을 지닌 국민의 존엄성을 어떻게 짓밟는지 똑똑히 보여주었습니다. 공권력이 인권이라는 공동선을 추구하지 않는다면 자신의 존재이유를 저버릴 뿐만 아니라 스스로의 정당성을 부인하는 것입니다. 양심이 흐려진 정치권력, 도덕률의 기본원칙을 존중하지 않는 권력이 있다면 국민들은 양심에 비추어 그들의 명령에 따르지 않을 권리와 의무가 있습니다(천주교정의구현전국사제단 홈페이지 2015년 12월 7일 강론: 한만삼 신부, "독재자의 음모에 저항하지 않는다면").

이로 보면 종교계의 선언문이 상당히 정치 담론화하고 있음을 알 수 있다. 3 · 1민주구국선언 40돌을 맞아 발표한 "더 높은 민주주의, 더 넓은 민주주의, 더 깊은 민주주의를 선언한다!"(2016. 3. 1)라는 제목의 민주구국선언 역시 정치 담론이다. 3 · 1민주구국선언은 1975년 장준하가 의문사하자 문익환 목사 등이 중심이 되어 1976년 3월 1일 3.1운동 57주년 기념일에 명동성당에서 발표한 것이다. 97년 전 3.1운동이 세계만방을 향해 외쳤던 정의에 대한 믿음, 그리고 40년 전 3 · 1민주구국선언이 깨우쳐준 고난의 시대에는 용기보다 강한 지혜는 없다는 신념의 표명으로 정의를 앞에 내세웠으나 본론에서는 민주주의를 적대하는 친일독재세력과 분단세력, 경제민주화를 가로막고 있는 재벌, 거짓증언으로 국민을 현혹하는 수구기득권언론, 국가기관의 부당한 선거개입 및 조작으로 탄생한 박근혜 정부를 질책하면서 총선의 승리를 위한 야권의 분발과 단결을 호소한다(천주교정의구현전국사제단 홈페이지 성명서/

보도자료 "[3 · 1민주구국선언 40돌을 맞아] 더 높은 민주주의, 더 넓은 민주주의, 더 깊은 민주주의를 선언한다!"). 후술하겠지만 이러한 강론이나 선언문은 종교의 정치참여로 간주되면서 이에 대한 많은 부정적 인식을 일으키는 요인이 되었다.

위 선언문이 사제단과 개신교 목정평의 공동 발표로 나온 데에서 보여주는 것처럼 목정평은 사제단과 유사한 특성을 갖고 있다. 그리스도는 평화와 사랑, 정의와 화해가 전쟁과 증오, 불의와 분열의 세계를 이기기 위해서 오신 것이다. 그리스도의 고난에 동참한다는 것은 그 어떤 추상적인 개념이 아니라 구체적인 이 분단된 역사 현실 한복판에서 이 땅의 모든 불의와 거짓과 대항하여 싸우는 실제 행동의 참여가 강조된다. 특히 남북의 통일을 하나님이 주신 지상과제로 받아들이면서 이 민족의 자주적인 역량에 의한 평화적 통일이 아닌 그 어떤 통일도 참된 통일일 수 없음을 역설한다. 어떤 구실로도 외세 의존적 통일을 모색해서는 안 된다는 것이다(전국목회자정의평화실천협의회 홈페이지). 비록 미군 철수, 국가보안법 폐지를 공개적으로 표명하지는 않았으나 여기서 자주적인 통일, 외세의존의 반대는 이를 염두에 둔 것으로 현실정치에 적극적으로 개입하려는 의지가 보인다.[6)]

이와 같은 종교정의단체들의 정치담론들은 신앙과 사회문제에 대한 정치적 참여는 불가분리의 것이라든가, 정치공동체는 공동선을 위해서

6) 2018년 7월 현재 사제단의 홈페이지에는 이전과 같은 정권과 대립하는 활동은 보이지 않는 대신 전 정권 시 구속된 이들의 이른바 '양심수' 석방 성명서가 제시되어 있다(2017년 12월 5일). 이와 함께 사제단 소속 신부가 "7년 전 남수단에서 행한 비참한 일"에 대한 사과문도 보인다. 단지 그 신부가 "엄연히 사제단의 일원이며 형제이기에 그의 죄는 고스란히 우리의 죄임을 고백"(2018년 2월 25일)한다고 하여 이를 한 사제단 회원의 개인적인 일탈로 보지 않고 이 단체의 '죄'로 사죄하고 있으나 그 죄를 사함 받기 위한 어떤 자체 징계나 처벌 사항은 나와 있지 않다(천주교정의구현전국사제단 홈페이지). 남수단 사건의 대상 신부는 천주교시국기도회에서 지난 정권에 대한 신랄한 비판을 가한 인물로 로버트 벨라가 시사한 정의와 도덕의 균형을 이 단체나 회원 개개인 모두 성찰할 필요가 있을 것이다.

존재하고 정치질서에 관한 일에 대해서 윤리적 판단을 내리는 것은 당연하다는 WCC와 공의회 정신에 근거하고 있음을 보여준다.

2. 민주화운동 당시 및 그 이후 정의 명제에 대한 시민의 반응과 그 의미

민주화운동의 중심을 관통하는 정의 이념은 종교계, 특히 WCC와 제2차 바티칸 공의회에서 보여준 개신교와 가톨릭의 신학적 변화와 관계있는 것으로 판단되지만, 이 시기 정의가 일반 시민들에게 그렇게 친숙한 단어는 아니었던 것으로 보인다. 이를 증명할 만한 통계는 나와 있지 않으나 몇 가지 그럴 만한 근거는 추단해볼 수 있다. 하나는 민주화운동 시기 시민들의 참여가 적극적이지 않았다는 것이 민주화운동의 명제인 정의와 상관이 있을 듯하다. 벨라는 어떤 사회의 성공이나 실패는 그 사회의 내부 구조와 성질, 곧 가장 깊은 수준의 가치와 참여에 달려 있고, 대부분의 사회에서 종교는 핵심적인 내부 구조와 가치를 제공하면서 그것들에 밀접히 관련되어 있는 것이므로, 종교와 진보 간의 관계를 탐색할 가치가 있다고 말한 바 있다(벨라, 1981: 144-145). 당시 정의는 아직 사회적으로나 종교적으로나 우리나라에 그렇게 뿌리 깊게 박혀진 가치는 아니었을 것으로 보인다.

이것은 4.19혁명이 빠르게 전국민이 동조하는 운동으로 확산된 점과 비교된다. 물론 유신치하의 폭압과 4.19당시 자유당 정권의 부정부패는 본질적으로 달라서 이에 대항하는 민중봉기에도 차이가 있을 것이다. 그런 점을 인정하더라도 어떤 사회의 성공이나 실패가 그 사회의 가치와 참여에 달려 있다는 벨라의 인식에 근거한다면 4.19의거가 부정부패라는 '도덕성'의 타락에 대한 저항이었다는 점과 무관하지 않을 것으로 보인다. 도덕성은 유학을 받아들여 창건된 조선조 500년을 지배한

윤리 이념이었다. 부정, 불의, 부패, 불평등 모두 정의와 상반되는 개념이기는 하지만, 무엇보다 이들 중 부정부패, 특히 '부패'라는 도덕적 타락이 다수 국민들을 궐기하게 한 더 큰 영향력을 행사한 것으로 간주된다. 우리 국민의 도덕성에 대한 중시는 한국사회에서 시급하게 해결해야 할 문제로 '부정부패와 공정성 상실'이 25.6%로 가장 높고, 18대 대통령후보자 자격으로 '도덕성'이 23.8%로 가장 높았던 2012년도 한 조사에서도 나타난다(대한불교조계종 불교사회연구소, 2012: 25-26, 29-30, 31-32, 35-36).

2015년도 한국사회에서 가장 소중한 사회적 가치를 묻는 질문에 대해서는 '공정/평등'이 24.3%로 가장 높았고, 그 다음은 '복지후생' (13.4%), '경제성장'(11.4%), '화합/조화'(10.4%), '민주주의'(10.3%) 순으로 나왔다(대한불교조계종 불교사회연구소, 2015: 20-21). 2014년도에는 복지후생>경제성장>공정/평등>인권존중>민주주의>화합/조화 순이었다(대한불교조계종 불교사회연구소, 2014: 56-57). 두 해 모두 정의구현 단체들이 "신유신독재 타파"를 내세우면서 매주 시국기도회를 열었던 시기였으나 이들이 추구하는 궁극적 목표인 민주주의가 일반인들이 가장 소중히 여기는 사회적 가치의 하위권에 위치하고 있다는 것이다. 이러한 점에서 볼 때 종교지도자들이 내세운 '정의'라는 개념은 사랑, 화해의 종교적 이념이나 전통적인 가치인 개인과 사회의 도덕성과 달리 보편적 가치로 모든 사람들이 참여하는 항쟁의 목표가 되기는 쉽지 않았을 수도 있다. 여전히 도덕성이 한국사회에서 가장 중요한 덕목인 것이다.

민주화운동은 전 국민의 동조로 성공한 4.19혁명에 비해 1987년 6월 항쟁을 제외하고는 대체로 지도자들의 항쟁으로, 기독교인 '다수'는 침묵했고 민주화 · 인권 · 통일운동에 뛰어든 사람은 '소수'였다고 한다(정종훈, 2004: 372). 1986년 개헌투쟁에서 가장 적극적이었던 5.3 인천항쟁 시 시위에 참여했던 한 대학생은 당시 인천의 거리는 '군부 독재

타도', '광주 학살 배후 조종 미제 축출' 등의 구호로 가득 찼으나 그럼에도 그 시위는 "우리들만의 것이었고, 우리는 곧 대중으로부터 '고립'되었다"라고 고백했다(김원, 2009: 71). 1987년 6월 항쟁 시 국민대회의 주최 측에서는 가능한 한 많은 시민들, 특히 도심의 직장인들의 참여를 이끌어내기 위해 그들의 퇴근시간인 6시에 맞추어 시위를 시작했다. 그만큼 그들의 자연스러운 시위에의 참여를 기대할 수 없었다는 의미이다. 그것은 정부 측의 무차별적인 체포와 구금 때문이기도 했지만 민주화운동의 명제인 '정의'가 일반인들에게 그렇게 가깝게 다가오지 못한 것도 그 한 이유일 수 있다.

더욱 사회정의는 민주화운동 주체뿐만 아니라 당시 집권층 역시 동일하게 내세운 이념이어서 정의는 저항담론이면서 동시에 당시 집권자들이 국민을 통치하기 위한 지배담론이었던 점도(문지영, 2007: 38-48) 정의 이념에 대한 혼란을 가져왔을 것이다. 예로 전두환 대통령 취임사에는 정의사회의 구현이 한 항목으로 나온다. 새 시대에는 새로운 가치관이 필요한데, 새 가치관이란 규칙과 약속 불이행, 거짓말, 불로소득, 사치, 낭비, 이권 청탁 등의 폐습을 우리 일상생활 주변에서부터 하나씩 고쳐가려는 마음가짐으로, 이것이 국민의 의식 속에 뿌리를 내리면 정의로운 사회가 될 수 있다고 했다(전두환대통령 취임사[1980년 9월 1일], 1990: 283-284). 1983년 8월 15일 김대중 · 김영삼의 "민주화투쟁은 민족의 독립과 해방을 위한 투쟁이다"라는 제목의 선언문에서 먼저 국민에게 현 독재정권이 앞에서는 정의를 말하나 뒤로는 엄청난 불의와 부정을 자행하고 있음을(김대중 · 김영삼 8.15공동선언, 1990: 32) 상기시킨 것은 이처럼 지배담론으로서의 정의가 국민에게 일으키는 혼란을 인지했음을 말해준다.

덧붙여 정치참여에 대한 국민인식이 부정적으로 나타나고 있다는 점도 정의에 대한 일반인들의 반응을 살필 수 있는 한 가지 지표가 될 수 있다. 2012년 조사에서 종교계의 정치인 공약 검증 혹은 정책 제안을 부정적으로 본다는 응답이 66.3%로 긍정(24.2%)보다 훨씬 높았다. 이와 함께 종교단체 혹은 종교지도자의 부정선거 감시활동 참여에 대한 의견을 묻는 질문에 대해서도 부정적이라는 응답이 60.2%로 긍정(29.9%)보다 매우 높게 나타났다(대한불교조계종 불교사회연구소, 2012: 37-40). 2013년 성직자가 종교행사에서 정치적 견해를 밝히는 것에 대한 여론조사 결과에 의하면 좋지 않게 본다는 답변이 전체 73%를 차지한다. 종교행사에서 정치적 견해를 밝히는 것은 보수와 진보 양측 성직자들에게 모두 발견되지만 언론에 등장한 단체 성명서나 종교 집회의 강론만을 대상으로 할 때 이 점이 두드러지게 나타나는 것은 보수 정권 시의 진보적인 종교 인사들에게서이다. 이에 대한 보수정당 지지자의 부정적인 견해가 높기는 하지만(88%) 진보정당 지지자 역시 62%의 수치를 보여준다. 종교행사에서 정치적 견해를 드러낸 것은 특히 사제단이 유명하거니와 이를 부정적으로 보는 견해는 개신교 신자들은 물론이고(77%), 천주교 신자들에게서도 높게 나온다(70%)(한국갤럽 데일리 오피니언 제94호[2013년 11월 4주], 12).

이들 단체들의 정의구현 활동은 주로 인권과 정책에 관한 것으로부터 정권의 정당성 문제에까지 초점을 두고 있으므로 이에 대한 찬반의 입장이 극명하게 분리됨으로써 종교의 정치참여라는 비판은 물론 사회적 갈등과 대립을 야기한다는 우려를 낳게 한다. 그러나 최근 정의에 대한 관심이 학계에서나 일반 국민들 사이에서 점차로 증가하고 있는 것은 정의에 대한 시대적 요구와 함께 과거 민주화운동 시대부터 점진적으로 국민의 마음속에 축적된 정의 이념에 대한 관심이 있었기에 가능했을 것이다. 여기에는 민주화운동 시 또는 그 이후 적극적으로 활동한 '정의'구현을 위한 시민단체, 특히 사제단이나 정평위와 같은 종교계 정의시민단체의 기여가 큰 것으로 추단된다.

Ⅳ. 로버트 벨라의 '좋은 사회'에 비추어 본 종교기반 정의시민단체의 활동과 과제

종교기반 정의시민단체의 문제는 일단 정의 활동이 매우 정치지향적이 되고 있다는 것과 이에 대한 일반 시민의 부정적 견해 역시 만만치 않다는 점이다. 그밖에도 그들의 활동이 기독교적 이념에 기반한다고는 하지만 일반 비종교 정의시민단체와 차이가 없다는 점을 거론할 수 있다. 그들의 활동을 정치적으로 볼 것인지 아니면 순수하게 종교적 정의 이념의 소산으로 볼 것인지는 양측의 입장이 서로 다르다. 조사결과는 이를 정치적으로 보고 있는 이들이 많다는 것이고, 반면 그 단체가 유사한 활동을 계속하는 것은 그것이 종교적 이념에 기반한 것임을 확신하고 있기 때문이다. 이러한 점에서 정의 이념에 대한 재성찰이 요구되거니와, 로버트 벨라의 '좋은 사회'는 이를 위한 좋은 참고가 될 것이다.

앞 장에서 기술한 대로 로버트 벨라는 도덕(좋음)과 정의(옳음)의 균형을 이루는 사회를 목표로 삼는다. 이 점은 그가 종교의 사회적 역할을 중시하면서 종교가 시민사회와 결합하여야 그 역할을 수행할 수 있다는 점을 인정한 데에서도 드러나지만, 궁극적으로는 그가 '좋은 사회'를 추구한 학자라는 점에서 옳음에 초점을 둔 정의보다는 좋음에 기반을 둔 도덕성[돌봄]을 좀 더 중시한 것으로 판단된다[제1부 제1장 참고]. 옳음은 시비판단에 근거한 것이고, 좋음은 도덕적 책임의식과 관련되는 것이어서 그가 정부의 정책에 대한 반대 투쟁이나 심지어 정권 퇴진 운동도 불사하는 한국의 종교시민단체와 같은 종교공동체에 대한 논의를 하고 있지 않은 것은 어찌 보면 당연한 것이다(전명수, 2015c: 164). 그러나 역으로 벨라의 관점은 우리나라 종교시민단체의 특성과 과제를 고찰하는 데에 도움을 주면서 정의 이념에 대한 재검토와 종교의 사회 참여에 대한 성찰로 이어질 수 있게 한다. 이러한 점에서 벨라의 논의는 앞으로 좋은 사회를 위한 종교의 사회적 역할을 탐구하는 지속적인 고찰의 출발점이 될 것이다.

정의는 불의에 대한 저항이다. 위에서 살펴본 바와 같이 정의구현운동이란 불평등, 부패, 부정, 인권 탄압, 정권 탈취, 권력 남용 등을 바로잡으려는 운동이어서 때로 투쟁을 수반한다. 반면 벨라의 경우 불의는 주로 부도덕하고 무책임한 것으로 간주된다. 비록 벨라는 좋은 사회와 옳은 사회를 구분하기보다 이를 포괄하려는 입장이기는 하지만, 그의 정의론, 개인의 도덕성, 책임의식이라는 관점에서 보면 확실히 벨라가 추구하는 사회는 좋은 사회로, 일단 옳은 사회와 대비된다. 좋은 사회로 가는 길에서 요구되는 것은 상호 관심, 도덕적 책임의식에 기반한 돌봄이다. 정의구현이 옳은 사회와 긴밀하게 연관된다면 좋은 사회는 도덕성에 더 근거한 것으로, 좋은 사회는 정의를 위해서 돌봄을 포기하거나 돌봄을 위해 정의를 포기하지 않고, 오히려 정의를 돌봄의 입장에서 접근하는 사회이다. 벨라는 에큐메니컬 신학에 근거해서 돌봄 활동을 하는 한 인물의 입을 통해 가난한 이를 돌보는 것이 바로 정의로운 사회로 가는 길임을 보여준다(Bellah et al., 1991: 194).

그렇다면 정의는 참으로 돌봄을 포함할 수 있을까. 돌봄은 긍휼에 근거하는 것이어서 정의를 돌봄의 관점에서 접근하는 것은 긍휼과 정의를 통합적으로 본다는 것이다. 일반적으로 종교사회복지의 개념에 자비, 사랑, 긍휼, 자선이 한 축을, 정의가 다른 한 축을 이루는 것으로 설명되고 있으나 이 경우 자선은 종교복지기관, 정의는 종교기반 복지시민단체의 영역으로 복지의 두 축을 이루면서 실제 활동에서도 상호 독립적인 영역을 형성한다. 이것은 벨라가 정의와 돌봄을 통합한 것과 다르다. 파키스탄의 네 학자가 함께 쓴 "조직에서의 돌봄, 긍휼과 정의의 원리 통합하기"라는 논문에서 그들은 오랜 기간 동안 조직 관련 문헌들이 보여준 돌봄, 긍휼과 정의가 양립할 수 없다는 인식에 도전했다. 그들은 돌봄, 긍휼과 정의의 원리는 서로 양립할 수 있고 두 가지가 서로 보완하는 그러한 방식으로 조직에서 통합될 수 있다고 주장한다. 한 조직에서 두 가지 서로 상충되는 목표를 수행할 때 한 목표를 위해 다른 한 목표를 희생해야 한다는 인식은 주로 조직에서의 정의의 본질에 관한 제한된 이해 때문으로, 정의와 긍휼 둘 중 어느 하나에 초점을 두고 어느 하나를 간과하는 것은 잠재적으로 조직이 지속하고, 경쟁하며, 성장하는 데에 방해가 된다는 주장이다(Shahzad et al., 2014: 167-169).

한국의 종교정의단체가 앞으로 해결해야 할 과제는 바로 여기에 있는 것으로 보인다. 복지단체가 아니더라도 종교기반 기관이나 단체는 어느 경우든 돌봄을 포기하지 않는 것이 특성이다. 돌봄이란 약자를 돕는 것이고, 약자가 약자된 근본 이유를 찾아 투쟁하는 것이 정의구현이기는 하지만, 정의에 초점을 두다 보면 돌봄 자체는 배제하게 되고, 그 단체의 성격에서 종교적 성향은 약화되거나 없어지기 마련이다. 이것이 일반적으로 이들 단체 중 특히 종교시민단체를 '종교'단체로보다는 '정치'단체로 간주하면서 그 활동을 비판하는 이유이다. 돌봄이란 사회적 약자에 대한 도움을 의미하지만 그 출발에는 약자뿐만 아니라 정의의 반대편에 있다고 보는 '적들'에 대한 관심도 포함된다. 이것이 좋은 사회의 추구에서 보여준 벨라의 관점으로, 그는 언제나 종교와 사회 간의 균형을 추구하면서 신앙과 이성, 종교와 정치 사이에는 창조적 긴장이 필요함을 강조했다. '좋은 사회'를 위한 벨라의 비전을 선과 악 사이의 이원론에 얽매이지 않고 "자아와 사회적 번영을 위한 알맞은 제도적 조건들을 창조함으로써 자아와 사회 모두에서의 미덕을 구현하기 위해 노력하는 사회"로 인식한 것은 이를 말해준다(Giri, 2011: 2). 반면 한국의 종교기반 정의구현단체는 실제로 선과 악의 이원론에 얽매여 있는 것처럼 보인다.

종교정의단체 중 유일하게 복지 유형에 속한 '경제정의실천불교시민연합(사)이웃을돕는사람들'[2531]은 정의를 단체명에 내세웠으나 돌봄에 주력하는 단체이다. 설립 목적은 비폭력 시민운동으로 자유와 평등에 기반을 둔 사회정의와 경제정의가 확립된 민주복지사회를 건설하는 것이고, 주요 사업은 무의탁 노인 · 장애우 · 소년소녀 가장 등을 위한 자비의 집, 실직자 구호와 자활을 위한 아침을 여는 집, 실직가정 어린이를 위한 희망만들기 열린학교, 제3세계 구호와 공인노동자 지원을 위한 외국인노동자 인권문화센터 등의 운영이다. 다른 한편 불교시민사회네트워크에 참여해서 '이명박 정권과 거대 여당의 날치기 의회 폭거를 우리는 강력히 규탄한다'(2010년 12월 9일 성명서 발표), '세월호 특별법, 박근혜 대통령이 결단하라'(2014년 8월 21일 성명서 발표), 사드배치 반대(2016년) 등 각종 시민운동을 수행하고 있다(불교시민사회네트워크 카페). 그러나 이 단체를 정치단체로 규정하거나 비판하지 않는 것은 이 운동의 특성이 평화, 비폭력을 지향하는 점도 있지만 무엇보다 이 단체의 핵심이 돌봄에 큰 비중을 두고 있기 때문일 것이다. 아마도 돌봄과 시민운동이 양립하면서 상호 보완하는 '경불연'의 이러한 활동은 종교정의단체들의 정치적 성향에 거부감을 가졌던 이들의 인식을 바꾸는 데에 도움이 될 것이다.

V. 결론: 종교이념으로서의 정의와 일반 사회정의의 차이

본 연구는 민주화운동의 핵심 명제인 정의와 종교적 배경과의 관련성을 살펴보고, 그 구현과 지속에 큰 영향력을 행사한 종교기반 단체들의 활동 과정에서 드러난 특성과 과제를 고찰하는 것을 목적으로 한다. 확실히 1970-80년대 민주화운동에는 종교 지도자들의 역할이 컸거니와 이들은 WCC와 관련된 개신교 인사들과 제2차 바티칸 공의회 헌장을 받아들인 가톨릭 인사들로 대부분 민주화 이후에도 정의구현 활동을 이어가면서 정치적 현황에 깊이 개입했다. 불의한 정치에 대한 저항은 WCC나 바티칸 공의회 모두가 정당화한 것이지만 민주화운동 시기와 민주화 이후는 정치적 상황에서 차이가 있기 때문에 점차 그 활동을 정의구현으로보다는 정치개입으로 보면서 부정적 인식이 나오기 시작한 것이다.

그렇다면 종교에서의 정의와 일반 사회정의는 다른 것인가. 정의는 서구 철학의 중요 논제였고, 우리나라에서도 존 롤스(John Rawls)의 『정의론』(1971)을 중심으로 정의 관련 논저가 1990년대 이후 본격적으로 산출되었다. 비교적 최근에 나왔고 우리나라에서도 많은 독자를 갖고 있는 마이클 샌델의 『정의란 무엇인가』에서는 정의를 이해하는 세 가지 방식, 공리나 행복 극대화, 즉 최대 다수의 최대 행복을 추구하는 것, 선택의 자유를 존중하는 것, 미덕을 키우고 공동선을 고민하는 것을 거론했다. 샌델에 의하면 정의로운 사회는 단순히 공리를 극대화하거나 선택의 자유를 확보하는 것만으로는 만들 수 없고, 공정한 사회를 달성하기 위해서 우리는 좋은 삶의 의미를 함께 고민하고, 이견을 기꺼이 받아들이는 문화를 가꾸어야 한다는 것이다(샌델, 2014: 360-362). 바티칸 공의회 헌장은 공동선을 이미 정치공동체의 존재 이유로 보았거니와 [사목헌장 74] 벨라 역시 공동선의 중요성을 여러 번 부각시켰다. 다원주의 사회에서 공동선의 추구가 가능한가에 대한 회의를 인정하면서도 (Bellah, 2006a: 303) 벨라는 가톨릭 공동체에서처럼 효과적인 교양과정 교육을 통해 글로벌화된 세계에서 정의와 공동선의 문제를 직시할 수 있도록 해야 한다고 기술했다(Bellah, 2006d: 449).

그러나 종교에서의 정의는 공동선의 추구로 끝나지 않는 데에 그 특성이 있다. 김수환 추기경은 "부활절에 생각하는 그리스도의 정의(1978. 3. 22)"라는 메시지에서 그리스도의 부활과 함께 그 분의 진리, 정의, 사랑도 부활했다고 말한다(김수환, 1997: 106). 그에 의하면 참다운 자유란 참된 의미의 인간화이며, 정의는 올바른 인간관계에 바탕을 두는 것이고, 평화 역시 전쟁이 없는 상태만이 아니라 모든 사람이 인간답게 사랑받고 사랑하며 살 수 있는 상태라고 했다. 이 점을 그는 새로운 사회적 약자들, 에이즈 환자, 정신대 여성, 매춘 여성, 해외 입양아, 외국인노동자, 조선족, 무료급식소, 탈북 주민, 무주택자, 미전향 장기수에 대한 관심으로 확대했다(김정남, 2016a: 37). 강원용 목사는 현실 속에서 복음은 절대주의와 상대주의를 뚫고, 소위 '사이 너머'(Between-Beyond)의 제3의 길을 택하는 것으로, 정의 없는 사랑은 공허하고 사랑 없는 정의는 맹목적이라고 본 인물로 고찰했다(김경재, 2016). 양명수는 『기독교 사회정의론』에서 그리스도교 윤리는 은혜만 강조해서는 안 되며 그리스도교 윤리 속에 정의와 은혜가 함께 있어야 한다고 본다. 그는 사회정의를 그리스도교인이 사랑을 실천하기 위한 환경으로 규정한다(양명수, 1997: 114-115).

이로 보면 종교에서의 사회정의는 언제나 따뜻한 관심, 사랑, 은혜와 함께 존재한다는 특성을 갖는 것으로 이해된다. 권력에 대한 투쟁보다는 사회적 약자의 보호에 좀 더 초점을 두는데, 이것이 곧 좋은 사회로 가는 길이라는 것이다. 공의회 사목헌장은 평화가 정의의 내용을 초월하는 사랑의 결실임을 분명히 제시했다[사목헌장 78]. 사제단이 3 · 1민주구국선언 40돌을 맞아 발표한 선언문의 "더 높은 민주주의, 더 넓은 민주주의, 더 깊은 민주주의를 선언한다!"라는 제목은 민주주의가 이미 실현되었음을 전제하는 것이어서 여기서 한걸음 더 나아가 '더 높고' '더 깊은' 민주주의를 위해서는 이전과는 다른 이에 적합한 논리와 활동이 강구될 필요가 있어 보인다. 필자는 이것이 긍휼에 기반한 돌봄, 약자와 적을 포함한 타인에 대한 관심에서 출발하는 것으로 판단한다.

제2부 종교기반 시민사회단체의 활동

제3장 종교기반 시민사회단체의 복지활동과 시민사회의 발전: 종교 사회적 자본을 중심으로*

사람들이 함께 예배드리는 신앙공동체는 미국에서 거의 틀림없이 단일 부분으로는 사회적 자본의 가장 중요한 보고이다.

– Putnam, 2000: 66

Ⅰ. 문제제기

본 연구는 종교기반 시민사회단체가 수행하는 복지활동의 특성을 종교 사회적 자본을 중심으로 고찰하고 이를 기반으로 종교사회복지[이하 종교복지]의 의미와 시민사회에서의 기여를 재검토하는 것을 목적으로 한다.

시민사회라는 술어는 비록 다양하게 사용되고 있으나 적어도 그것이 시장의 이기주의에 의해서도, 국가의 강압적인 잠재력에 의해서도 조직되지 않은 그러한 형태의 공동체와 결사체적 삶을 나타내기 위해 일반적으로 사용된다는 점에는 어느 정도 합의가 있는 것으로 볼 수 있다. 여기서 결사체들은 강압적인 수단에 의해 형성된 것이 아니어서 시민사회는 자발적 결사체로 구성되고, 순수하게 개인의 사사로운 이익에 의

* 이 장은 『종교와 문화』 제30호(2016)에 게재된 내용을 중심으로 종교복지활동과 시민사회의 관계와 종교기반 복지시민단체들의 최근 활동에 대한 논의를 보충했다.

해 형성된 것이 아니어서 그 결사체의 형성 동인은 자기중심적이기보다는 좀 더 시민적인 것으로 간주된다(Smidt, 2003a: 3). 그렇다면 종교는 시민사회와 무슨 연관성이 있을까. 박영신은 종교가 그동안 국가와 시장과 구분되는 영역이라는 관점에서 벗어나지 못한 시민사회의 논의를 좀 더 심화시킬 수 있는 것으로 보았다. 종교와 사회라는 두 영역은 '의미'의 관계가 있고, 종교는 바로 삶의 '의미'체계를 제공해주는 것이어서, 시민사회의 의미문제를 논하기 위해서는 종교와 만나야 한다는 것이다(박영신, 2010: 85-86). 유승무 역시 종교를 시민사회에서 가장 중요하고 영향력 있는 부분으로 규정했다(유승무, 2003: 42).

종교는 대부분 이념적으로 어려운 이들에 대한 복지적 시선을 갖고 있거니와, 종교복지는 바로 종교가 갖고 있는 이러한 이념이나 가치를 구현하기 위해 수행하는 복지활동이다(전명수, 2015a: 65-92). 처음에는 종교복지가 경제적으로 또는 신체적으로 어려운 이들에 대한 자선, 구제와 같은 돌봄 위주의 활동에 초점을 두었으나 점차 이러한 활동이 그들의 어려운 현실을 오히려 영속화시킨다는 부정적인 주장들이 제기되면서 최근에는 그들이 겪는 어려움의 원인을 파악하고 척결하여 궁극적으로 '정의'와 '평등'이 구현되는 사회구조로의 변화를 꾀하는 활동이라는 개념상의 확대가 형성되고 있다. 복지에 관한 이러한 양 갈래 주장은 모두 각 종교 교리에 대한 통전적 이해에 근거한 것이어서 이러한 문제제기는 이론적으로는 매우 적절하나 사회봉사와 사회참여라는 양면을 종교복지가 실제로 어느 정도 균형 있게 포괄할 수 있는지는 논의의 여지가 있다. 이것은 사회참여에 좀 더 적극적일 경우 사회봉사가 소홀히 될 수 있고, 궁극적으로는 종교복지의 개념을 재정립해야 할 필요까지도 발생할 수 있기 때문이다.

종교복지를 실천하는 기관이나 단체로 교회, 사찰과 같은 종교기관, 복지관 등 다양한 종교기반 복지시설과 복지시민단체 등을 들 수 있다.

이들 중 종교기반 복지시민사회단체[이하 종교복지시민단체]는 복지시민단체로서의 성격과 사랑, 자비, 긍휼, 구제, 돌봄에 기반한 종교단체로서의 성격을 함께 갖추었다는 점에서 종교복지의 의미를 이해하는 데에 매우 중요한 대상이 된다. 이 단체들은 자발적 결사체로서 목적 달성을 위해 독자적으로 또는 다른 종교 · 비종교 기관이나 단체들과 연대해서 활동하는데, 이 때 종교 측이 갖는 힘은 주로 사회적 자본의 관점에서 접근할 수 있다. 만약 종교복지시민단체가 시민사회의 발전에 기여한다면 아마도 그것은 이 단체들이 보유한 내적 또는 외적 사회적 자본에 많이 의존할 것으로, 여기에는 신뢰에 기반한 종교 신자들 간의 강력한 네트워크가 큰 자원이 될 것이다. 본고에서는 특히 이를 '종교 사회적 자본'으로 부른다. 최근 종교 사회적 자본이 시민사회를 활성화하는지에 대한 논쟁이 계속되고 있어 종교복지시민단체에 대한 고찰은 종교 사회적 자본의 특성과 역할을 좀 더 구체적으로 파악하는 길이 될 수 있을 것이다.

본고에서는 사회적 자본은 참여자나 비참여자 모두에게 이로운 공익을 산출하는 자발적 결사체에 연결된다고 한 콜만(Coleman, 1990: 313)과 무엇보다 결사체적 삶은 시민개입을 키우는 사회적 자본과 긴밀한 관계를 갖는다고 본 퍼트넘(Putnam et al., 1993: 167, 177; Foley & Edwards, 1998: 12)의 견해에 의거해서, 종교복지시민단체의 활동을 통해 시민사회 발전에서의 종교 사회적 자본의 역할, 특성과 기여 등을 살펴보고자 한다. 이러한 고찰은 자연스럽게 종교복지 개념의 재고찰로 이어질 것이다. 종교복지시민단체 자료는 『2012 한국민간단체총람』(시민운동정보센터, 2012)[1]의 복지, 빈민 분야에 귀속된 단체들을 중심으로 한다.

1) 비영리민간단체지원법에 의하면 비영리민간단체는 영리가 아닌 공익활동의 수행을 주된 목적으로 하는 비영리 · 비정치 · 비종교 민간단체로, 이 책의 민간단체는 NGO 또는 시민단체와 유사한, 또는 포괄하는 개념을 지닌다.

Ⅱ. 종교사회복지와 시민사회의 연계: 연구사적 검토

종교복지의 개념은 본래 종교 이념과 가치에 기반한 어려운 이들에 대한 물질적 구제나 돌봄의 관점에서 출발했다. 그러나 이러한 돌봄을 단순히 자선이나 봉사라는 틀을 넘어 '일자리 찾기'라는 적극적인 방식으로 그 영역을 좀 더 확대하려는 관점도 나타났다. 가난의 문제는 자선 혹은 개인적인 구호활동으로는 결코 해결될 수 없으며, 이러한 행위는 오히려 부조리한 사회구조를 지속시키는 나쁜 기능을 수행하기 때문에 지역사회를 실질적으로 변화시킬 수 있는 경제발전에 보다 더 치중할 필요가 있다는 것이다(밀러 · 야마모리, 2008: 150-152).

그러나 돌봄에 초점을 둔 복지는 일반 사회복지의 개념과 차이가 없어 '종교'복지로서의 특성이 드러나지 않는다. 이러한 점에서 일부 학자들이 물질적인 구제나 돌봄을 전인적 사역이라는 측면에서 접근한 것은 '종교'복지 고유의 특성을 구축하려는 시도에서 나온 것이다. 복지활동에서 특히 물질보다 영성을 중시하는 영성복지는 "영성과 사회복지학회"의 창립과 저널의 창간을 통해 새로운 연구 영역으로서의 입지를 굳히고 있다. 이 학회는 "종교복지의 근간이 되는 사랑과 자비의 실천이 잘 이루어질 수 있도록 이론연구와 실천기법을 개발하는 학문"(영성과 사회복지학회 홈페이지)으로 소개하고 있거니와, 영성복지를 종교복지의 하위분류로 귀속시킴으로써 개인의 영성 개발이 개인 자신뿐만 아니라 사회문제의 치유에도 기여할 것이라는 관점을 보여준다.

종교복지를 물질적 시혜를 중심으로 하든, 영혼의 구제 내지는 영성복지를 강조하든, 이것은 모두 사회봉사라는 틀 안에서 다루어질 수 있는 것이다. 그러나 2000년대에 들어가 시민사회활동이 적극적으로 수행되는 시대에 발맞추어 사회복지가 시민사회와 연계해야 한다는 논의가 시작되고(김기식, 2001: 169-179), 거의 비슷한 시기에 종교복지학계에서도 동일한 주장들이 나타났다. 이것은 종교복지가 사회봉사의 틀을 넘어 사회참여로 나아가야 한다는 의미이다. 유승무는 시민사회가 급속하게 성장해 나가고 있는 오늘날의 사회환경은 종교복지의 새로운 모델을 요구하고 있는데 이를 '종교시민사회복지'로 명명하고, 종교복지는 시민사회 및 시민사회운동과의 연관성 속에서 논의되어야 함을 강조한다(유승무, 2003: 42, 54). 이태수는 가톨릭사회복지가 지향점을 한 인간의 구원에서부터 사회정의의 실현으로까지 끌어올려야 한다고 주장하면서 가톨릭교회 내의 NGO들과 적극적인 교류를 통하여 인권, 여성, 통일, 환경, 노동, 빈곤, 평화운동과 연대하고 이로부터 복지에 대한 연대세력을 교회 내에서 확보해야 한다고 보았다(이태수, 2003: 186).

불교사회복지는 불교이념과 사회복지 전문성과의 관계, 복지 실무자들의 불교 정체성의 확보 등에 관심을 기울이는 특성을 갖고 있지만, 이 역시 마찬가지로 불교계 복지사업이 NGO 단체들과 연대해서 공동의 문제에 대처하고 시민사회를 지향하도록 방향 정립을 해야 한다는 목소리가 나오고 있다. 권경임은 불교사회복지를 포함해서 종교계 내에서는 공동체운동, 의식화운동이 전개되어야 하는데, 시민사회단체와의 연대로 사회적 이슈에 대한 방향이나 정책을 제시하고, 국가적인 차원에서는 정치, 경제, 사회 등을 고려해서 제도적 시행방안을 마련해야 한다고 주장한다(권경임, 2003: 132). 원불교의 경우 신자들의 사회참여보다는 사회봉사를 중시하는 데에서 보이듯이 적극적으로 시민사회와의 연계 방향이 드러나지는 않으나 교구와 교도의 자원봉사 교육을 중시하고, 특히 지역 내 타 종교기관과도 연락하여 유대체계의 형성과 연합활동을 위한 노력을 보여주고 있어 '이타주의'라는 원불교 이념을 기반으로 시민사회에의 참여를 모색하고 있다(심대섭, 2003: 144, 161).

이러한 논의는 취약계층의 문제가 결국 사회구조적 접근 없이는 궁극적으로 해결될 수 없는 것임을 인식하고 종교복지가 이제 개인의 돌봄에서 더 나아가 정의구현에 목표를 두어야 한다는 관점으로 모아진다. 다시 말해서 종교시민사회복지는 취약계층에 대해 종교적 긍휼을 베푸는 것을 넘어 그들의 권익 제고에도 초점을 두어야 한다는 것이다. 그럼에도 이와 같은 주장에는 이론적 합리성이나 타당성에도 불구하고 실제로는 몇 가지 문제가 있다. 첫째 종교복지와 종교시민사회복지의 관계 설정에 관한 것이다. 종교복지는 구제활동을, 종교시민사회복지는 생명, 통일, 환경, 외국인 문제 등 시민사회의 공공의 문제를 활동 목표로 삼는 것으로 규정한다면 종교복지와 종교시민사회복지는 이원화되어 함께 하기가 어렵다. 위에서 거론된 시민사회의 여러 운동 영역에서 복지가 보이지 않는 것도 주목되거니와, 이것은 복지의 경우 사회운동화가 그렇게 쉽지 않다는 점을 의미한다. 둘째는 사회참여의 관점에서 볼 때 시민사회와의 연계라는 종교복지활동은 일반복지시민단체의 그것과 별 차이가 없다는 것이다. 예로 '의료소비자시민연대'는 의료사고 피해구제법 제정을 위한 시민사회단체 간담회를 개최하고, 의료사고 피해구제법 제정을 위한 시민연대를 출범시켰으며, 의료법 개정 반대 집회를 열었다. 말할 것도 없이 종교복지는 이 연대에 참여해서 목표 달성에 기여할 수는 있겠으나 '종교'의 역할은 보이지 않아서 종교 없는 복지활동이 될 것이다.

이로 본다면 종교복지와 시민사회활동은 한편으로는 이원화되어 서로 차이가 있으나, 다른 한편으로는 큰 차이 없이 함께 할 수 있는 것이다. 이에 대해 종교사회학자들은 긍휼에 근거한 종교복지와 정의구현이 목표인 시민사회활동을 전자처럼 별개의 것으로 보거나 후자처럼 하나의 것으로 묶기보다 이 둘 사이의 균형이 필요하다고 본다. 우드노우(R. Wuthnow)는 긍휼(compassion)과 정의는 언제나 나란히 가야하며, 대부분 개인적인 차원에서의 긍휼과 전체 사회를 위한 좀 더 광범위한 정의감 사이에는 '건강한 균형'이 있어야 한다고 보았거니와(Wuthnow,

1991: 250-253), 종교복지시민단체의 복지활동 역시 긍휼과 정의 간의 건강한 균형이 요구된다. 고병철이 사회복지의 개념을 정의구현 대신 행복한 삶의 추구로 정의한 것은 우드노우의 시각과 매우 근접해 보인다. 그는 사회복지의 개념이 1980-90년대에 '단순 자선 차원'에서 '사회정의'로 전환되고 있는데, 그 전환 정도에 따라 고려의 여지가 있음을 암시하면서도 사회 전체 구성원의 "인간다운 행복한 삶을 저해하는 부정의에 끊임없이 도전하는 노력"으로 보았다(고병철, 2011: 268). 여기에 기술된 '인간다운 행복한 삶'을 가로막는 '부정의'라는 구절에는 취약계층의 경제적 어려움이나 불평등 모두가 포함되는 것이어서 '사회정의의 실현'이라는 구절이 보여주는 투쟁적 함축 대신 종교복지 고유의 긍휼에 정의를 포괄적으로 담으려는 인식이 보인다.

이러한 인식에는 취약계층의 당면 문제가 궁극적으로 사회제도 등의 모순 때문이라는 점을 인정하고, 이를 위해 개선, 개정, 변혁 등 복지 불평등이나 불의에 대한 '끊임없는' 비판과 저항을 지속하면서도, 다른 한편 시급한 돌봄, 구제와 같은 종교복지의 본질을 소홀히 할 수 없다는 관점이 들어있는 것이다. 그렇기 때문에 어려운 이들의 돌봄에 헌신하는 종교인들 중에는 정의의 개념을 돌봄의 차원에서 정의하는 사람도 있다(Bellah et al., 1991: 194). 종교복지의 경우 정치, 경제, 환경, 교육 분야와 달리 이를 '사회운동'화하는 데에 문제가 있기 때문으로, 복지는 사회 취약계층이 겪는 빈곤과 불평등이 사회의 구조적 모순에 기반하는 것이라 할지라도 이들에 대한 돌봄을 뒤로 미룰 수는 없는 것이다. 노길명은 종교복지가 시민사회와의 협력을 통해 '효율성'을 강화할 필요가 있다고 보았는데(노길명, 2010: 207), 효율성의 강화란 일단 사회복지의 긍휼을 전제하고 있다는 점에서 사회정의의 실현을 종교복지의 한 축으로 본 주장과는 다르다.

본고에서는 기존 연구사에서 제시된 종교복지의 이론을 받아들이면서 이를 구체적으로 종교복지시민단체들이 수행하는 실천적 관점에 적용해봄으로써 그 특성을 파악하고 종교복지의 의미를 재검토해 볼 것이다.

Ⅲ. 종교기반 복지시민단체의 특성과 종교 사회적 자본의 역할

1. 종교복지시민단체의 특성: 비종교 복지시민단체와의 비교

종교복지시민단체들은 공적 이해 실현을 위한 비정부 비영리 조직이어서 '종교'의 사회봉사와 '시민'의 사회참여 활동을 모두 포괄하기는 하지만 이들 중에는 사회봉사 위주의 단체는 있으나 사회참여에만 집중하는 단체는 보이지 않는다. 이것은 다시 말해서 복지제도 비판이나 취약계층의 권익 제고 등 사회구조 개선을 위한 활동에 참여하는 단체는 있으나 전적으로 시민사회운동의 성격을 띤 것은 찾아보기 어렵다는 의미이다. 구체적으로 몇 종교기반 단체[2]의 활동을 살펴본다.

종교별로 보면 불교복지시민단체로는 대표적으로 '맑고향기롭게'[1954-1955], '연꽃마을'[2496-2497] 등을 들 수 있다. 그중 '맑고 향기롭게'는 법정 스님의 가르침을 실천하는 회원들의 자발적인 순수모임으로, 나눔과 봉사활동이 중심이다. 뜻을 함께 하는 이라면 누구나 참여할 수 있으나 아마도 대부분 불교신도들일 것이다. '연꽃마을'은 효 정신과 경로사상의 증진을 위해 효의 사회화운동을 확산시키려는 목적으로, 양로원, 노인복지관을 운영하고, 노인작품 전시회, 효사랑 축제, 노인문제 학술세미나 개최 등을 통해 효의 중요성과 분위기를 사회에 전달하는 활동

2) 종교복지시민단체 중 『2012 한국민간단체총람』(서울: 시민운동정보센터, 2012)에 근거한 활동 내역은 [ ] 안에 그 페이지만을 기록하고 별도의 주를 달지 않는다.

들을 전개하고 있다. 대체로 불교복지시민단체들은 포교와 사회의 균형 발전에 초점을 두고 자원봉사회가 조직되어 있어 회원들의 봉사활동이 활발한 것이 특징이다. '맑고향기롭게'는 2012년도 현재 기준 회원이 10,000명이고, '연꽃마을'의 연혁을 보면 설립(1989) 후 2년 만에 후원회원 1만 명 돌파라는 기록이 나온다. 이들 전부가 불교신자인지는 알 수 없으나 적어도 불교시민단체에 대한 신뢰가 있었기에 가능했을 것이다. 두 단체 모두 지역별 모임이나 산하 시설과 기관들이 있어 자원봉사자 간 네트워크가 형성되어 있다.

이에 비해 가톨릭복지시민단체들 중에는 봉사뿐만 아니라 대사회적 참여활동에도 적극성을 보이는 것들이 많다. '가출청소년쉼터모퉁이쉼터'[1894], '갈거리사랑촌'[1894], '독립문평화의집'[1947], '성모의마을'[1994], '한국CLC'[2072-2073], '명휘원'[2256], '나루터공동체'[2540] 등이 있는데 그중 '독립문평화의집'을 중심으로 살펴본다. 천주교 서울대교구 빈민사목위원회의 지원으로 설립된 '평화의집'은 독립문을 포함해서 강북, 성북, 송파 등 여러 곳이 있는데, 이 단체들은 빈민지역에서 일어나고 있는 주민공동체운동의 활성화와 지역 내 저소득 실직자들의 실업극복운동을 주요 목표로 한다. '운동'을 내세웠지만 주요사업은 가사도우미 알선, 지역공부방 연계활동, 복지상담, 출장뷔페 등 봉사활동이 많은 부분을 차지한다. 가톨릭에는 장애인 대상 인권운동[나루터공동체], 풀뿌리공동체운동 · 빈부격차해소운동[한국CLC], 주민공동체운동 · 실업극복운동[독립문평화의집] 등의 사회운동을 지향하는 단체가 적지 않으나 이와 함께 의료 · 교육 · 생활서비스 등 취약계층에 대한 봉사활동 역시 소홀히 하지 않고 있다. 단지 이들 단체 중 일반시민단체들처럼 직접 행동에 나서거나 그들과 연대를 하는 경우는 '평화의집' 외에는 별로 보이지 않는다.

개신교복지시민단체는 '동방사회복지회'[1948], '복지와사람들'[1968-

1969], '월드비전'[2020-2022], '하트하트재단'[2054], 'YMCA그린닥터스'[2188] 등 상당히 많은 편이다. 그중 '월드비전'은 1950년 한국전쟁 당시 고아와 미망인을 돕기 위해 설립되어 현재 세계 100여 나라에서 긴급구호, 개발사업 그리고 옹호사업을 진행하는 국제구호개발기구로, 우리나라에는 강원, 경기북부 등의 지부와 그밖에 복지관과 가정개발센터가 있다. '월드비전강원지부'[2022]는 강원아동청소년권리센터를 열고 지역사회에서 아동권리가 실현될 수 있도록 정부 정책 개선 및 지원 활동을 전개한다. 아동청소년 집단과 지역주민 및 전문가 집단이 모니터링 및 포괄적 감시활동을 하고 직원 및 또래 상담가들이 상담과 네트워크 연계를 통해 아동권리 침해를 예방한다. 개신교복지시민단체들 중에는 '월드비전', '하트하트재단', 'YMCA그린닥터스'처럼 국제 구호기구로서 활동하는 단체들이 많고, 따라서 이들 대부분이 사회봉사의 맥락에 위치하지만 '월드비전강원지부'처럼 아동의 권리보호나 정책 개선을 목표로 하는 단체도 있다.

이들 단체를 비종교 일반복지시민단체의 활동과 비교해보면 일단 종교복지시민단체들은 그 목표가 사회봉사든 사회참여든 선교를 전제하고 있다는 것을 숨기지 않고 있어, 종교복지가 영성복지를 포함하고 그 활동이 전인적 사역에 토대한다는 점을 확인해 준다. 가장 큰 차이는 위에서 기술한 대로 종교기반 단체들은 어떤 유형의 단체를 막론하고 구호·구제·봉사 활동에 더 집중하는 데에 비해서 비종교 시민단체들은 시민사회운동의 참여에 초점을 두고 있다는 것이다. 이것은 종교복지시민단체가 적어도 사회적 약자들의 권리보호 운동에 참여하기 위해 그들의 구호문제를 포기하지 않고 있다는 의미로, 어떤 유형의 복지단체든 종교시민단체는 일단 나눔과 돌봄의 서비스로 출발하고 있다. 반면 비종교 일반시민단체의 경우 이러한 구호문제를 다루지 않는다. 예로 '민중복지연대'[1960]는 사회복지제도 비판과 정책방향의 제시, 사회복지

노조의 지원 등의 활동을 위해 공공연맹 사회복지노동조합 모임이나 민중복지 쟁취와 불안정노동 철폐를 위한 연대한마당에 참여하고, 민중복지포럼, 정책토론회 등을 개최한다는 활동 목표와 방향을 설정하고 있으나 그 안에 특정 계층이나 그룹 또는 사람들의 돌봄과 그들에 대한 봉사는 포함하고 있지 않다.

그러나 종교복지시민단체의 돌봄서비스는 단순한 자선활동이 아니라 재활과 사회복귀에 집중하는 것이 특징이다. 재활과 사회복귀에 초점을 두는 것은 취약계층 중 특히 실직노숙자들을 위한 종교시민단체들에게서 유사하게 나타난다. IMF로 인해 노숙인들이 많아지면서 종교기반 홈리스관련 단체들이 많이 설립되었고 이들을 연합하는 '전국실직노숙자대책 종교시민단체협의회'가 구성(1998)되어 2010년 이전까지는 활발하게 활동했다. 이것은 홈리스 문제에 종교 측의 관심과 배려가 크다는 점을 말해주거니와 여기에는 '대한성공회살림터', 가톨릭 '성남하사함의집', 불교 자활시설인 '영등포보현의집', 개신교 '가나안쉼터'와 '남대문쪽방상담소', '구세군브릿지센터' 등 각 종교와 교파들이 망라되었다. 이들은 모두 구제 활동과 함께 특히 취약계층의 자활이나 사회복귀를 위해 다양한 프로그램을 실천하고 있지만 제도개혁이나 그들을 지원하는 새로운 법령, 차별금지법 등의 제정을 위한 행동에 나서는 것 같지는 않다.

이들 노숙자 돌봄 종교시민단체를 비종교 시민단체와 비교해보자. '홈리스행동'[3267-3268]은 홈리스 문제를 게으름, 무능 등 개인의 책임으로 떠넘기는 인식에 반대하며, 노숙은 물론 극한의 주거빈곤 상태에 처한 홈리스 대중들의 조직된 힘을 통해 홈리스 상태를 철폐하고 새로운 사회를 만들기 위한 운동에 기여하기 위해 노력한다. 이 단체가 '노숙인복지와인권을실천하는사람들'(약칭 노실사)을 창립하고 '월드컵대책노숙인인권공동실천단'을 조직한 것이나, 국민기초생활보장제도 현실화를 위한 연석회의에 참여하는 것 등은 '홈리스대중들'의 조직을 통해 그들이 사회운동의 주체로서 하나의 힘이 되어 활동하고 있다는 의미이다. 반면 종교기반 실직노숙자시민단체에서는 '한울타리사람들'(박정수, 2004: 116-124)처럼 노숙인 당사자들의 조직된 힘에 기반한 사회참여 활동이 발견되지 않는다.

일반복지시민단체와의 또 다른 차이는 종교복지시민단체는 무엇보다 공동체를 지향한다는 것이다. 단체명에서 보이는 '공동체', '쉼터', '집', '센터', '울타리', '마을'은 긍휼과 관심, 나눔과 돌봄이 있는 종교공동체로서 몸과 마음과 영혼의 휴식처이고 피난처이며 힐링공간으로서의 이미지를 함축한다. 특히 노숙자단체에서 많이 사용되고 있는 이러한 명칭들은 집 없는 노숙인들에 대한 대안으로서의 '집'의 의미를 제공하면서 그 단체를 하나의 종교적인 가족공동체로 보려는 인식을 강하게 드러낸다. 반면 비종교 일반복지시민단체는 모임이나 연맹, 연대, 연합의 명칭을 사용하면서 운동 주체로서의 모습을 보여준다. 이와 함께 종교복지시민단체는 후원하는 협력단체가 많고, 자원봉사가 중요한 역할을 하면서 이들 간의 네트워크를 형성하는데, 여기에는 종교기관뿐만 아니라 일반시민단체도 포함된다. 반면 일반복지시민단체의 경우 주로 시민단체 간의 연대에 의존한다. '2015정치개혁시민연대'에는 '경기복지시민연대', '(사)청소년인권복지센터내일', '복지세상을열어가는시민모임', '행동하는복지연합', '대구여성장애인연대'의 이름이, '세월호참사국민대책회의'에는 '복지세상을열어가는시민모임', '대구장애인차별철폐연대' 등의 복지단체 이름이 보인다. 종교시민단체의 경우 '독립문평화의집'이 2005년 '8 · 31종합부동산대책의 성공적 입법화 촉구를 위한 45개 시민사회단체 기자회견문'에 이름을 올린 것이 보일 뿐이다.

이와 같이 종교복지시민단체는 서비스 지원에 더 초점을 두기는 하지만 사회참여 활동이 전혀 없는 것은 아니나 그 활동이 '월드비전강원지부'의 아동권리보호 운동, '독립문평화의집'의 부동산대책 입법화 운동처럼 해당 단체의 목표 달성을 위한 과정으로 수행하는 것이어서 비종교 복지시민단체들이 설립목표가 서로 다른 단체들과의 연대에 적극성을 보이는 것과 차이가 있다. 예로 '우리복지시민연합'[2014-2015]은 인권과 복지가 바르게 실현되는 사회의 건설을 목표로 제시하면서 대구시장 후보에게 제안하는 대구복지공약을 발표하고 반빈곤네트워크(준)를 발족하는 등 복지 관련 활동과 함께 대구총선연대, 비정규직 철폐를 위한 대구지역 공동대책위원회에 참여했다. '복지세상을열어가는시민모임'[1967]은 지역사회 복지정책에 대한 견제 및 감시활동, 사회복지 관련 다양한 시민모임의 조직 · 육성 및 지원활동, 지역사회 취약계층의 권익을 보호하기 위한 활동과 함께 위에서 기술한 대로 '2015정치개혁시민연대'에 이름을 올렸다. 이러한 연대는 넓은 의미에서 복지운동과 무관하다고는 할 수 없지만 그 단체의 설립목표를 수행하기 위한 긴급한 과정의 일환으로 보기는 어렵다.

2. 종교복지시민단체의 특성에서 드러난 종교 사회적 자본의 역할

종교복지시민단체는 비종교 일반시민단체와는 달리 참여보다는 봉사에 많은 부분을 할애하고, 참여의 경우도 자신들의 목표를 수행하고 그 해결을 추구하기 위해서이지 보편적 정의를 실현하기 위한 것은 아니었다. 또한 비종교 일반시민단체가 다른 시민단체들과의 연대로 세를 과시하는 것과 달리 종교복지시민단체에서는 종교와 관련된 자원봉사자, 물질적인 후원과 네트워크로 이루어진 사회적 자본이 자원의 중심이 된다. 그렇다면 종교복지시민단체가 어떻게 그 목적을 구현하고 있는지는 종교 사회적 자본을 중심으로 고찰해볼 수 있을 것이다.

사회적 자본에 대해서는 이미 사회과학 각 영역에서 광범위하게 논의되었으므로 여기서는 이에 대한 이론적 검토는 하지 않고, 단지 "사회적 관계를 통해서 획득된 자본"(Lin, 2001: 19)이라는 간단한 정의로 출발한다. 사회적 자본이 크게 사회적 네트워크, 그것들로부터 생기는 상호 관계와 상호 목적을 성취하기 위한 가치로서 현대세계를 논의하고 이해하는 영향력 있는 개념이 되면서 특히 신뢰, 네트워크, 규범은 사회적 자본을 이해하고 적용하는 기본틀이 되었다. 그중 너무 일반화되고, 자주 수사적으로 사용되는 '규범'을 제외하고 신뢰와 네트워크를 중심으로 살펴보면(Schuller et al., 2010: 14) 먼저 신뢰가 경제적 그리고 사회적 질서를 이해하고 형성하는 관점에서 가장 위대한 위상이 주어진 것은 아마도 후쿠야마(F. Fukuyama)의 저작에서로, 그는 한 국가의 복리와 그 경쟁능력은 사회에 내재하는 고유한 신뢰수준, 즉 사회적 자본에 의존한다고 보았다. 그는 신뢰를 공동체의 다른 구성원들의 편에서 공통적으로 공유된 규범에 기반한 "정규적이고 정직하고 협력적인 행동의 공동체 안에서 일어나는 기대"로 정의한다(Fukuyama, 1995: 7, 26). 다음 네트워크는 개인들 간의 정보소통의 통로로서의 관계망을 말한다. 슐러(Tom Schuller)(외)에 의하면 사회적 네트워크는 역사적으로 그리고 기술적으로 중심 술어와 개념이 광범위하게 사회적 자본의 관심과 중복되는 영역으로, 행위자와 행위가 의존적이기보다 상호의존적이고, 행위자 간의 상관적 유대는 물질적 비물질적 자원의 이동이나 흐름을 위한 통로가 된다(Schuller et al., 2010: 19).

사회적 자본이 시민사회에서 종교의 역할을 고찰하는 매우 중요한 이론적 바탕이 된 것은 종교가 사회적 자본의 생성에 큰 역할을 한다는 인식에 기인한다. 그것은 사회적 자본의 구성 요인인 개인들 사이의 공식 또는 비공식 개별 관계나 사회적 결합관계에 기반한 활동이 가장 적극적으로 이루어지고 있는 곳이 교회나 성당 또는 사찰과 같은 종교기관이기 때문이다. 퍼트넘은 “사람들이 함께 예배드리는 신앙공동체는 미국에서 거의 틀림없이 단일 부분으로는 사회적 자본의 가장 중요한 보고이다”라고 하면서 교회란 하나의 건물도, 하나의 제도도 아니고, 개인들 간의 관계라고 한 맥멀런(C. McMullen) 목사의 말을 인용했다 (Putnam, 2000: 66). 밀러(D. Miller)는 종교는 미국사회의 어떤 다른 제도들보다 미국의 사회적 자본에 기여할 좀 더 많은 잠재성을 갖고 있다고 주장했고(Smidt, 2003a: 2에서 재인용), 슈미트(Corwin Smidt)는 『사회적 자본으로서의 종교』를 편찬하면서 그 책의 필자들이 모두 종교가 미국 정치 시스템에서 사회적 자본의 형성과 민주적 생활에서 중요한 역할을 하는 것으로 본다는 점에서는 일치한다고 기술했다 (Smidt, 2003a: 13).

그렇다면 종교 사회적 자본은 구체적으로 무엇을 대상으로 살펴볼 수 있는가. 퍼트넘이 제시한 사회적 자본의 척도 중에서 그나마 유일하게 의미 있게 남는 것은 자발적 결사체에의 참여 정도이다(김상준, 2004: 84). 시민사회내의 자발적 결사체나 시민행동에의 적극적 참여는 사회적 관계 속에서 유통되고 있는 신뢰를 표현해주기 때문에 사회적 자본의 척도로서의 의미가 있다. 시민사회는 국가나 시장의 압력에서 자유롭고, 개인의 자기 이익이 아닌 좀 더 시민적인 공익의 추구에 기반한 자발적 결사체로 구성된다. 이러한 점에서 종교 사회적 자본 역시 종교시민결사체의 활동 특성을 중심으로 고찰하는 것은 타당해 보이기는 하나 여기서도 근본적인 차이가 드러난다. 자발적 결사체로서 시민단체는 그 이념과 목표에 동의하는 이들로 결성되었을 것이지만 종교시민단체, 특히 종교복지시민단체의 경우 그 구성원들은 ‘행동하는 이들’이 아닌, 단체를 ‘섬기는 이들’로 내부에서 실무적인 차원의 일을 하는 사람들일 가능성이 크고, 따라서 종교복지시민단체의 사회적 자본은 외부로부터 온 단체의 봉사자나 후원자들이 중심이 되는 것이다.

구체적으로 종교복지시민단체 중 '월드비전강원지부'는 423 교회로 구성된 19개 지회와 개인후원자의 지원을 받는다. 19개 지회 대표는 모두 교회 담임목사로 이 지회들은 연합회를 구성하고 있다. 이러한 연합은 목사들 간의 신뢰에 기반하고 있는 것이지만, 또한 각 목사는 모두 그들이 담임하고 있는 교회 신자들을 대표하는 것이어서 이 연합회는 19 교회공동체가 참여하고 있는 것이다. 예로 원주제일감리교회 담임목사인 최헌영 목사는 현재 월드비전 강원지회 연합대표회장을 맡고 있다(월드비전강원지부 홈페이지). '월드비전강원지부'의 '사랑의점심나누기 캠페인' 모금액 중 3분의 1이 교회에서 나올 정도로 지역교회의 참여가 활발한 것으로 알려졌다(국민일보. 2012. 7. 22). 개신교 '가나안쉼터'는 영성훈련을 위한 새벽예배 및 365저녁 부흥회에서 매해 100여 명의 목사들이 무료로 부흥집회를 연다(가나안쉼터 홈페이지). 개신교 '남대문쪽방상담소'는 본래 높은뜻푸른교회가 정부로부터 위탁 받아 운영하면서 교회의 쪽방도배 팀이 도배봉사 및 청소와 집 정리를 도와주었으나 2018년 현재는 '시립'으로 되어 있어 높은뜻푸른교회의 위탁 기간이 끝난 것으로 보인다. 그러나 남대문쪽방상담소 대상 여부와 상관없이 이 교회의 청년부는 저소득 및 취약계층을 위한 주거환경개선(집수리, 도배, 청소, 빨래 등) 활동을 하고, 이 교회의 이웃사랑팀은 남대문, 용산 한강로 인근 쪽방 주민들을 위해 반찬을 만들어 배달한다고 한다(높은뜻푸른교회 홈페이지).

말할 것도 없이 각 단체의 참여자들 간에는 종교적 믿음에 기반한 신뢰와 함께 네트워크가 형성되어 있을 것으로, 이 네트워크는 봉사자와 후원활동이 상호의존적임을 보여주면서 봉사자들 간에는 후원의 흐름이 이루어지는 통로가 되고 있는 것이다. 위에서 거론한 종교시민단체들, 예컨대 '맑고향기롭게', '월드비전', '평화의집' 등은 본부와 지부, 지역별 지부 간 네트워크뿐만 아니라 지역 종교기관들과의 네트워크를 통해 인적 물적 내지는 영적 지원을 받으면서 그들의 활동이 전인적 사역으로 수행되고 있음을 보여준다. '가나안쉼터'의 100여 명의 목사들, '월드비전강원지부 19지회'의 목사들이나 남대문쪽방을 방문하는 봉사자들은 아마도 개인으로서 그 모임에 참여함으로써 집단의 일원이 되었을 것이다. 포트(A. Portes)는 사회적 자본이 "사회연결망이나 다른 사회조직체의 구성원이 됨으로써 혜택을 확보하는 행위자의 능력을 나타낸다"(Portes, 1998: 6)라고 했거니와 성직자나 신자들이 종교복지시민단체를 위한 봉사 모임의 일원이 됨으로써 개인으로서는 보유하기 어려운 능력, 다시 말해 사회적 자본이 된 것이다.

그러나 동일 종교 사회적 자본만으로는 종교복지의 성취 기반이 될 수 없다는 사실은 '월드비전강원지부', '가나안쉼터'의 활동을 통해서도 알 수 있다. 월드비전이 추구하던 운동인 '사랑의 빵' 저금통이 이러한 전국적인 지부 지회와 소속 교인들에 의해 적극적으로 수행된 것은 사실이나 만약 종교 내에서뿐만 아니라 지자체나 일반사회단체의 참여가 없었다면 목적 달성이 어려웠을 것이다. 이것은 종교복지시민단체의 활동에는 퍼트넘이 구분한 결속형(bonding) 사회적 자본과 연계형(bridging) 사회적 자본이 함께 중요한 역할을 하고 있음을 의미하는 것으로, 동시에 종교복지시민단체의 네트워크가 종교기관이나 단체 내에서뿐만 아니라 그 밖의 지역기관과도 긴밀하게 형성되고 있음을 보여주는 것이다. '월드비전강원지부'는 도청, 도민일보, 교육청, MBC, 앤투어 등 지방자치단체, 지역방송과 언론사, 지역기업과의 협력을 통해 공동으로 사업이나 캠페인을 수행했고(월드비전강원지부 홈페이지), '가나안쉼터'는 보건소, 의료원들과 관계를 맺고 무료진료 등의 혜택을 받았다.

반면 '독립문평화의집'은 전술한 종교복지시민단체와는 여러 가지 점에서 다르다. 천주교 서울대교구 빈민사목위원회의 무악동선교본당의 부설단체인 이 단체는 무엇보다 외부 사회적 자본의 도움을 받았던 위의 단체들과 달리 자체 내부에서 사회적 자본을 생성하고 키웠다는 특징을 보여준다. 무엇보다 이 '평화의집'은 풀뿌리주민운동의 근간이 될 수 있는 주민자치역량 강화를 위해 지역의 주민공동체운동에 힘을 기울인 것이다. 60명의 대원들이 활동 중인 무지개스카우트, 자활프로그램의 일환인 '한솥밥공동체', 노인회, 부녀회 등의 소규모 공동체, 간병인이나 가정보호사 파견 공동체 등 다양한 공동체 모임들이 그것이다. 이 단체는 2015년도 종로구 마을공동체 우리마을지원사업에 '즐거운 음악소리에 행복한 우리마을'이라는 주제로 선정된 바 있다. 이러한 조직을 통해 이 지역이 재개발지역으로 결정되면서 철거당할 위기에 처한 주민들과 세입자대책위원회를 꾸렸고, 200세대에 달하는 세입자들은 가이주 단지를 얻어 생활하다 임대아파트에 입주하는 데 성공한 것이다(장윤선, 2003).

이러한 재개발투쟁에서 이 단체는 빈민운동단체와 연합했는데, 이 연대는 시민단체가 영역을 불문하고 연대하는 것과는 다르다. 예로 '독립문평화의집'이 2005년 '8 · 31종합부동산대책의 성공적 입법화 촉구를 위한 45개 시민사회단체 기자회견문'에 이름을 올린 것은 그것이 그들의 활동목표에 부합하는 연대였기 때문이다. 그밖에 이 회견문에는 '대한성공회살림터', '전국실직노숙자대책 종교시민단체협의회' 등의 이름도 보이거니와, 이들 단체의 목표 모두 국가의 부동산대책과 긴밀한 관련이 있다. 종교복지시민단체는 보편적인 공동선으로서의 정의구현보다는 자신들의 활동 목표와 직접 관련된 '정의'에 주목하고 있음을 말해준다.

Ⅳ. 종교기반 복지시민단체의 사회적 자본을 통해 본 '종교사회복지'의 의미와 시민사회의 발전

이상의 논의에서 확인한 대로 종교복지시민단체의 기여는 자체복지 활동뿐만 아니라 일반 비종교 시민들과 기관 또는 단체들까지 개별적으로 또는 조직적으로 사회참여와 봉사를 이끌어낸다는 점에 있다. 시민결사체들은 건강한 사회를 유지하기 위해 좀 더 필요한 우리의 생각과 행동 방식에 관해 가르치면서 개인들이 사회화하는 것을 돕는 것이어서 결사체의 활동이 곧 사회적 자본을 생성하는 기반이 되는 것이다. 퍼트넘과 그의 지지자들은 결사체적 삶이 건강한 민주주의 체제가 필요로 하는 일종의 사회적 신뢰와 시민참여에서 궁극적으로 나오는 협력, 신뢰, 사회적 네트워크, 규범의 관습을 산출한다고 확신했다(Putnam et al., 1993: 177; Foley & Edwards, 1998: 12).

구체적으로 '월드비전강원지부'의 사랑의 도시락, 사랑의 점심나누기 등과 같은 복지활동은 그 지역 교회와 소속 신자들을 굶주림이란 처절한 사회문제 해결에 동참하게 함으로써 종교 사회적 자본의 형성에 기여하게 된 것이다. 그러나 이것은 신자들에게 국한된 것은 아니고 비종교인들 역시 여기에 참여할 수 있는 기회를 제공한다는 것으로, 사랑의 점심나누기운동에서 후원자의 약 3분의 1이 교회의 참여로 이루어졌다는 것은 종교시민단체의 복지활동이 3분의 2의 교회 밖 종교 또는 비종교적인 참여자들을 이끌어내서 함께 사회적 자본을 형성했다는 것을 의미한다. 이러한 점에서 보면 종교복지란 종교인 개인보다 종교공동체와 그들의 활동을 신뢰하고 협력하는 외부인이나 단체들의 사회봉사나 사회참여로 이루어지는, 주로 사회적 자본에 기반한 복지활동이다.

그간 사회복지의 개념이 정의구현운동에의 참여를 포함하는 것으로 점차 확장되고 있음을 이미 연구사의 재검토에서 보여준 바 있으나 실제로 종교복지시민단체의 활동을 보면 종교복지의 경우 정의의 의미가 어느 정도 과장된 것으로 간주된다. 일반복지와 달리 종교복지는 종교 사회적 자본이 큰 역할을 하는 것이어서 사회참여운동이 그렇게 적극적으로 수행되기는 어렵다. 주로 철거민들이 자신들의 주거권을 위한 활동을 했던 '독립문평화의집'의 경우 그들의 사회참여란 사회정의를 위한 것이기보다는 자신들의 삶과 직접적인 관계가 있는 문제를 해결하는 데에 목표를 두었다. 그들을 지원한 가톨릭 무악동선교본당은 현재 철거와 재개발이 마무리되면서 남은 재개발은 전국철거민연합(전철련)에 맡기고 그들은 이제 새로운 선교의 길을 모색하고 있는 것으로 보도되었다(평화신문. 2015. 4. 12). 이것은 철거와 재개발 투쟁이 본래 그들의 절실한 생존문제로서 전개된 것이지, 사회보편적인 부정의나 불평등을 해결하기 위한 정의구현운동은 아니었음을 보여주는 것이다.

따라서 종교복지의 개념을 정의구현이라는 거대담론으로 확대시키는 것은 부적당해 보인다. 고병철이 종교계의 사회복지 논의에서 사회복지를 사회 전체 구성원의 '인간다운 행복한 삶'을 찾기 위한 노력으로 정의했으나, 본고에서 다룬 종교복지의 대상자들은 복지의 보살핌을 받더라도 인간다운 행복한 삶과는 거리가 멀다. 종교복지시민단체의 활동은 아동, 노인, 또는 실직자 · 노숙자 · 철거민 등 모두 가장 기초적인 삶의 기반을 잃어버리고 사회에서 배제된 이들로 하여금 몸과 마음과 영혼의 치유를 통해 최소한도의 스스로 설 수 있는 기반을 마련해서 사회의 일원으로 복귀시키기 위한 노력들이 중심이다. 이것이 종교복지인 것이다. 시민사회에서의 종교복지시민단체의 기여 역시 이러한 점에서 평가될 수 있거니와, 복지 대상자들은 대부분 삶의 최하위층에 몰린 이들로, 건강한 시민사회의 기반이 건강한 시민이라면 어려움에 빠진 이들의 심리적, 정신적, 영적 치유는 가장 기본적인 돌봄 방식이 될 것이다. 그간 종교복지는 선교나 포교의 일환으로 수행되어서는 안 된다는 학계의 비판적 시각이 많았으나[3] 취약계층의 돌봄은 무엇보다 지친 심신과 상처받은 영혼의 치유가 포함되는 통전적 사역이라는 적극적인 개념 정의가 요구된다.

무엇보다 절박한 생존문제를 가진 이들에 대한 이러한 치유에는 공동체적 접근 역시 유의할 만하다. 사회적 자본의 중요성은 바로 자율적인 개인들을 공동체 관계 속으로 함께 묶는 그 능력에 있는 것으로, 사회적 의식이 거의 없고 서로에 대한 책무감이 약한 이기적인 개인들을 공유된 관심과 공동선의 의미를 표현하는 공동체의 구성원으로 변형시키는 데에 도움이 된다(Smidt, 2003a: 5). 로버트 벨라(Robert N. Bellah)는 오늘날 세계인들은 좋은 경제와 좋은 정부를 필요로 하지만, 그러나 경제도 정부도 그 자체로 목적이 아니고 효과적인 제도들을 가진 활기찬 공동체들의 창조만이 모든 우리의 에너지를 소비할 부와 권력의 경향을 제한하고, 그래야 우리가 좀 더 부유하고 좀 더 충만한 인간으로 나아갈 수 있는 기회를 창조할 수 있다고 했다(Bellah, 1997: 392). 이러한 공동체의 힘에 대한 평가는 말할 것도 없이 지나치게 과장된 측면이 있지만, 이러한 평가에는 특히 종교공동체의 역할과 의미에 대한 심화된 인식을 갖고 있는 종교사회학자로서 벨라의 확신이 들어있어 보인다.

사회복지에서 보여주는 이러한 공동체의 기여는 적어도 종교공동체에 그대로 적용될 수 있을 것이다. 에치오니(A. Etzioni)에 의하면 공동체는 두 가지 요인들의 조합으로, 하나는 일군의 개인들 간의 정서를 담은 관련성, 단순히 일대일 또는 사슬 같은 개인적인 관련성보다는 서로를 교차하고 강화하는 관련성의 망이고, 또 하나는 일련의 공유하는 가치, 규범과 의미, 그리고 공유하는 역사와 정체성, 요약하면 특정 문화

---

3) 비영리민간단체지원법 제2조 3항에는 "특정 종교의 교리전파를 주된 목적으로 설립 · 운영되지 아니할 것"이란 구절이 있다. 종교복지시민단체는 복지를 실천하는 하나의 방식으로 종교적 접근을 수행하는 것이고 선교를 목적으로 설립된 것은 아니다.

에 대한 헌신의 척도로 정의했다(Etzioni, 2000: 188). 여기서 개인들 그룹 간의 정서를 종교 신자들 간의 '형제애'로, 공유하는 가치, 규범, 의미 등을 '신앙'으로 대체하면 그것은 바로 종교공동체의 정의가 된다. 종교공동체는 구성원들의 동일 신앙에 기반을 둔 신뢰감, 종교기관들과의 긴밀한 연락망들을 갖고 있거니와, 각 종교기관의 집회이든 그 안에서 이루어지는 다양한 소규모 공동체이든 그 모임들이 각각 상호 신뢰감과 연락망에 기반을 두어 힘을 연합하고 취약계층의 문제 해결을 향한 관심을 공유하면서 봉사에 활발하게 참여함으로써 사회적 자본을 생성하는 것이다. 더 나아가 종교복지시민단체는 취약계층들 스스로가 공동체를 형성하여 자활의 힘을 키우면서 그들이 공유하는 목표나 공동선을 향해 나아가게 하는 사회적 자본의 매개체가 될 수도 있다.

그러나 종교 사회적 자본이 우리가 겪고 있는 현실들을 어느 정도 타개했는지, 아니면 타개할 수 있을지는 미지수로, 우리 사회문제의 해결에서 아직 그 성과가 확연하게 보이지 않는 것이 사실이다. 종교공동체의 구성원들 간의 대면교류에 기반한 신뢰가 얼마나 사회적 신뢰로 사회 전반으로 확산될 수 있는지도 미지수이다. 종교 역시 신뢰를 잃어가고 있다는 점도 인정해야 한다. 그럼에도 종교시민단체의 복지활동이 바로 종교가 잃고 있는 신뢰를 회복할 수 있는 작은 씨앗이 되게 한다는 기대를 품게 한다. 가족의 윤리가 붕괴되고, 아동학대가 심각하며, 빈부의 불평등으로 여전히 끼니를 잇지 못하는 이들이 많은 이 시대에 '연꽃마을'의 효의 사회화 운동이나 '월드비전강원지부'의 아동권리보호와 사랑의 점심나누기 운동은 작은 시도이지만 의미 있는 기여가 될 것이다. 종교공동체로부터 그리고 외부인들까지 모여 형성되는 사회적 자본이 확장된다면 그 성과는 시민사회의 발전에 크게 기여할 것으로 판단된다.

V. 결론

이 글은 한국의 종교복지시민단체의 특성을 비종교 일반복지시민단체와 비교하고, 여기서 드러난 종교 사회적 자본의 역할을 중심으로 종교복지의 의의와 시민사회에서의 기여를 고찰한 것이다.

위에서 거론한 대로 시민사회에서의 종교의 기여에는 종교 사회적 자본의 역할이 매우 중요하지만 그럼에도 사회적 자본에 대해서는 부정적인 견해도 많다는 점을 무시해서는 안 될 것이다. 사회적 자본이란 자본주의의 지배력이 인간 간의 사회관계 전반으로 확장되어 가는 현상을 윤리적으로 정당화하기 위한 자본주의 변호론의 새로운 변종이라는 비판이 있는가 하면, 모든 다양한 사회관계를 자기이해의 단일동기로 귀착시키거나, 시민적 정치문화의 영역으로 확장시켜 적용하였던 학자들의 이론적 약점 때문에 개념상의 오류가 발생했다는 지적도 나온다(김상준, 2004: 88-89). 결국 문제는 모든 것을 인간 간의 관계 문제로 귀속시킨 사회적 자본의 개념에서 나오거니와, 이런 점에서 종교복지가 그 개념을 정의구현으로 확대한 것은 모든 사회적 문제가 인간관계에만 근거하는 것이 아니라 제도와 정책의 불평등에도 기인한다는 것을 확인하고 있다는 점에서 이중성을 드러낸다.

사회적 자본의 감소와 함께 종교 사회적 자본 역시 감소되고 있다는 주장도 제기되고 있다. 종교가 사적 관심과 영성에 뿌리박혀 있어서 기껏해야 종교 사회적 자본은 다른 시민 조직들의 사회적 노력들에 대한 강한 원천이 될 뿐이라는 회의적인 관점이다. 심지어 종교공동체에서도 많은 사람들은 종교적 개인주의자로서 집회를 사회로부터의 단순한 피난처로 삼고 있다는 주장이 나온다(Coleman, 2003: 45-46). 덧붙여 종교 사회적 자본의 시민사회에 대한 기여가 부분적이라는 인식이 나오고 있거니와, 인간관계에만 초점을 둔 종교 사회적 자본으로는 사회의 활성화와 민주주의 발전에 기여하기 어렵다는 회의와 비판이 점차 증대하고 있다는 점도 주목해야 한다. 이것은 주로 종교 사회적 자본의 기반이 되는 신뢰와 사교성, 가까운 이웃, 사회봉사(스카치폴, 2010: 258, 268)와 같은 것으로는 이 사회와 민주주의를 감당하기가 어렵다는 관점에 근거한다. 공동체에서의 그룹 활동이나 시민참여가 실제로는 낙관적 결과를 가져오지 못하면서 '낭만화'되고 있는 데 대한 회의(Skocpol & Fiorina, 1999: 14)와 결사체의 삶이 중요하더라도 난마처럼 얽힌 사회적 경제적 정치적 문제들을 푸는 데에 너무 많은 것을 기대하는 것은 위험하다는 주장(에드워즈, 2005: 55) 모두 종교 사회적 자본에 적용될 수 있다.

그럼에도 일단 종교복지와 종교 사회적 자본이 모든 사회문제를 해결할 수 있는 것이 아니라는 점을 인정하고 들어가면 결사체나 혹은 작은 공동체가 면대면 상호작용에 의해 강력한 신뢰와 협동을 가져오고, 사회적 규범이 사람 사이의 친소관계와 유사 집단의 압력을 통해 강화될 수 있으며, 민주주의적 태도를 배양하는 시민교육의 장으로서 중요한 사회적 역할을 담당한다는 점을 부인할 수 없을 것이다(에드워즈, 2005: 95-96). 위에서 논한 대로 종교시민단체들은 교파와 무관하게 동일 종교기관이나 단체, 신자들만이 아니라 특히 외부기관과 비신자들로부터 역시 긴밀한 협조를 받는 것으로 나타났다. 이 점은 종교복지시민단체의 활동이 사회적 약자에 대한 보살핌을 위한 시민적 기술을 익히는 데 도움을 주면서, 시민사회가 단순히 국가와 시장으로부터 구분되는 영역이 아니라 신뢰와 협동을 창출하는 '의미'의 체계로서 발전하고 있음을 보여주는 것이다. 동시에 이들은 종교와 비종교, 종교 교파 간의 화합에도 도움을 준다는 점에서 건강한 시민사회의 형성에 기여하는 중요한 역할을 하는 것으로 간주될 수 있다. 종교사회복지의 의의는 좀 더 제고될 수 있을 것이다.

그러나 주목되는 것은 종교복지시민단체의 복지활동은 구제의 대상으로서 취약계층의 돌봄에 힘쓰는 종교기관의 복지활동과 다르고, 취약계층의 급박한 현실문제들은 일단 접어두고 권리 보호나 불평등의 근본적인 해소를 위해 그들의 목소리를 내는 일반복지시민단체와도 다르다는 점이다. 비록 종교복지시민단체는 사회적 약자들의 긴급한 당면문제에 집중하느라 범사회적 공동선을 추구하는 행동으로 나아가지 못하지만 오히려 종교복지는 그러한 점에 독립적인 학문 영역으로서의 의미가 있어 보인다. 이러한 점에서 앞으로 종교복지시민단체의 수적 증가와 그들의 좀 더 적극적인 활동이 기대되는바, 사회적 신뢰와 종교적 신뢰 간의 차이, 네트워크의 존재방식 등을 포함한 단체별 사회적 자본에 대한 정밀한 질적 고찰이 향후 과제로 남는다.

제4장 종교자원봉사의 특성과 시민사회에서의 의의: 종교기반 시민사회단체의 활동을 중심으로*

사랑의 마음으로 하는 자비로운 기부와, 교회의 집회에 참석하고 종교적 인 삶의 한 방식으로 때때로 관여하게 되는 자원봉사활동은 널리 확산되어 있는 시민사회의 부패에 대한 치료제가 되지 못한다.

– Wagner, 2008: 627

Ⅰ. 문제제기

본 연구는 종교기반 자원봉사활동의 이론을 검토하고 한국의 자원봉사 시민단체의 활동과 특성, 그리고 이들의 시민사회에서의 기여와 과제들을 고찰하는 것을 목적으로 한다. 이것은 크게 종교의 사회적 역할, 특히 시민사회 발전에 필요한 종교의 역할과 그 의의에 대한 고찰의 일환으로 수행된다.

우리나라 자원봉사활동 기본법 제3조(정의, [전문개정 2014. 1. 7])에서는 자원봉사활동이란 "개인 또는 단체가 지역사회 · 국가 및 인류사회를 위하여 대가 없이 자발적으로 시간과 노력을 제공하는 행위"라 했고, 제2조(기본 방향, [전문개정 2014. 1. 7])에서는 "자원봉사활동은

* 이 장은 『담론201』 제20권 1호(2017)에 게재된 내용을 중심으로 국내외 자원봉사단체의 활동에 대한 자료를 보충하여 수정 보완한 것이다.

무보수성, 자발성, 공익성, 비영리성, 비정파성(非政派性), 비종파성(非宗派性)의 원칙 아래 수행될 수 있도록 하여야 한다."(법제처 국가법령정보센터 자원봉사활동 기본법[시행 2014. 1. 7])라고 했다. 간단히 말해서 자원봉사는 개인 또는 한 그룹이나 단체가 어려움에 처한 타인과 집단을 돕기 위해, 또는 사회 전체의 공동선을 위해 자발적으로 시간과 노력을 바쳐 행하는 봉사활동이다. 이러한 점에서 자원봉사를 "직접적인 재정적 보상의 기대 없이 서비스를 전달하거나 과제들을 이행하기 위한 시간과 재능의 자발적인 제공"으로 정의하기도 한다(Thoits and Hewitt, 2001: 116에서 재인용). 그러나 이러한 개념 정의에는 확인되어야 할 점이 많다. 자원봉사가 공익을 추구하는 비영리적인 행동이며 특정 종교나 정파에 편중되지 않는다는 논의는 일단 그대로 받아들인다 하더라도 가족과 친구를 위한 비공식적 헌신이 그 범주에 들어갈 수 있는지에 대해서도 의견이 나누어진다. '자발적'의 의미 역시 단순하지 않다. 길에서 폭력을 당하고 있는 이를 보고 자기도 모르게 피해자를 돕는 것은 자발적 행동이기는 하지만 이를 자원봉사로 부르지 않는다. 그것은 자원봉사가 마음에서 우러나와 도움을 주는 행위이기는 하지만 즉각적인 반응이 아닌, 사전에 대책을 강구하면서 이를 위해 얼마간의 시간과 노력을 바치는 것을 의미하기 때문이다(Wilson, 2000: 216). 시간과 노력을 바친다는 것은 그 행위에 대한 보상이 전혀 없다는 뜻인데, 여기서 '보상'을 반드시 물질적인 대가로만 한정시킬 수는 없을 것이다.

그러나 무엇보다 중요한 것은 자원봉사가 갖는 사회적 의의이다. 상당수의 복지기관들이 많은 자원봉사자의 활동에 기대고 있는 것은 물론 더 나아가 한 국가적 재난이나 환경 훼손과 같은 것들은 자원봉사자의 도움 없이 이를 국가나 단체가 전담해서 해결하기는 어렵다는 점을 이미 최근에 일어난 많은 사건들을 보면 알 수 있다. 이러한 점에서 자원봉사는 개인적 수준이나 집단의 차원에서 모두 시민사회의 발전에 없어서는 안 될 중요한 사회적 자본임이 판명되거니와, 종교의 역할이 중요한 것은 바로 여기에 있다. 그것은 사회적 자본 중에 종교 사회적 자본이 차지하는 위상이 질적으로나 양적인 측면에서 매우 크기 때문으로 무엇보다 종교 사회적 자본에서 가장 핵심을 이루는 것이 자원봉사의 주체가 되는 종교 구성원들의 활발한 시민사회활동에의 참여인 것이다(Smidt, 2003b: 216-218). 대부분의 기성종교는 자신의 이념과 가치를 사회적으로 구현하기 위한 조직체계와 제도적 장치를 가지고 있고, 이러한 조직체계와 제도적 장치는 집회의 신도들이 중심이 된 사회봉사활동의 효율성과 지속성을 높이는 데 중요한 역할을 하는 것이다(전명수, 2011b: 222). 무엇보다 집회의 신도들은 상호 긴밀한 유대관계를 형성하면서 종교기관 내에서뿐만 아니라 종교를 넘어 자원봉사에 참여하도록 상호 영향을 미침으로써 자원봉사가 종교와 시민사회의 느슨한 또는 강력한 연결점이 되는 것이다(Becker and Dhingra, 2001: 330-331).

자원봉사에 대한 연구는 자원봉사의 성격, 특성 등에 대한 이론적 고찰, 자원봉사의 동기나 결정 요인, 종교성과 자원봉사의 관계 등에 대한 인터뷰나 데이터를 통한 통계적 고찰, 자원봉사단체들의 실제 활동을 분석해서 자원봉사의 시민사회에서의 기여와 과제 등을 고찰하는 실천적 고찰로 분류된다. 본고는 기존 통계적 연구 성과와 문헌을 활용하면서 주로 종교기반 자원봉사의 이론과 실천에 초점을 둔 고찰로, 먼저 자원봉사의 이론과 앞으로 현대사회가 주목해야 할 한 중요한 영역으로서 '종교 자원봉사'의 특성과 의의를 고찰하고, 다음 '한국 종교기반 자원봉사 시민사회단체'[이하 종교자원단체]의 실제 활동을 중심으로 시민사회에서의 역할과 의의를 살펴보고자 한다. 봉사활동에 있어서 '종교'가 매우 소중한 자산이며, 국가발전의 동력으로서 많은 잠재력을 가지고 있음에도 불구하고 국내 학계에서는 이러한 문제에 대한 연구가 아직 충분하지 않은 것으로 보인다. 특히 종교, 시민사회, 자원봉사는 상호 긴밀한 관계를 갖고 있다는 점에서 종교기반 시민단체들의 활동에 대한 고찰은 종교의 사회적 역할과 시민사회에서의 의의를 파악하는 데에 기여할 것이다.

본고에서 자원봉사 시민단체의 자료는 『2012 한국민간단체총람』(시민운동정보센터, 2012)의 '자원봉사' 항목에 수록된 단체들을 중심으로 한다.

Ⅱ. 자원봉사의 이론적 검토

우리나라에서 자원봉사 관련 연구는 이미 1960년대부터 시작되었으나 좀 더 확장된 고찰은 1970년대 말경 사회사업 전공생들의 학위논문에서 이루어졌다. 1980년대의 논문들은 주로 노인, 여성, 청소년 분야의 자원봉사자들에 대한 관심을 보여주었으나 1980년대 말쯤부터는 자원봉사활동 또는 자원봉사 동기에 관한 이론적 고찰 등이 발표되었다. 그러나 자원봉사에 관한 본격적인 연구는 아마도 1990년대 후반에 이르러 이루어진 것으로 볼 수 있다. 대부분의 논저가 한국사회복지학회, 한국사회복지협의회, 한국사회복지관협회, 사회복지재단 등 주로 복지 관련 기관에 의해 출판되었고, 『사회복지연구』와 같은 저널에도 자원봉사에 관한 논문이 수록되기 시작했다. 자원봉사의 이해, 이론, 제도, 정책, 시민사회와의 관계 등을 다룬 여러 단행본들은 1990년대 말부터, 특히 2000년 이후 대체로 사회복지학 전공 교수들에 의해 출간되었다. 이것은 자원봉사가 주로 복지의 측면에서 접근되었음을 의미하거니와 이 시기는 다수 대학에서 사회복지학과가 신설되거나 기존의 사회사업학과를 사회복지학과로 변경하면서 복지가 중요한 학문적 영역으로 부상하던 것과 맥을 같이한다.

서구, 특히 미국에서는 1970년대 중반을 자원봉사 연구가 거대한 진전을 이룩한 시기로 본다. 그것은 정부의 재정 절감 시대에 사회서비스를 제공하는 방법에 관한 관심이 증가하고, 물질주의와 개인주의의 시대에 공론장의 미래에 대한 논쟁이 증가했던 시대적 상황과 관계있다는 관점이다(Wilson, 2000: 233). 특히 본고에서 주목한 연구자들은 자원봉사의 개념을 폭넓게 정의한 스미스(D. H. Smith), 자원봉사의 범위에서 공식 또는 비공식적인 것을 구분하지 않고 포괄한 윌슨(J. Wilson)과 뮤지크(M. Musick) 등이다. 스미스는 1960년대부터 자원봉사의 개별 참여자 또는 그룹, 자원봉사의 사회에 대한 영향을 연구한 이후 자원봉사자의 이타주의 문제 등을 포함해서 1990년대까지 지속적으로 논문을 발표했다. 윌슨과 뮤지크는 1990년대부터 자원봉사의 이론을 인구사회학적 측면에서, 사회연결망과 같은 사회적 자원의 측면에서 섬세하게 고찰하면서 사회적 자원을 자원봉사의 이론에 통합시켰다. 대체로 위의 학자들이 사회학적 접근을 보여준 데 비해 우드노우(R. Wuthnow)와 같은 종교사회학자들은 '사회적 자본으로서의 종교'라는 관점에서 자원봉사에 초점을 두었다.

먼저 자원봉사의 정의이다. 오랫동안 자원봉사 관련 논저를 저술한 윌슨은 자원봉사를 다음과 같이 정의한다.

> 자원봉사는 다른 사람, 그룹 아니면 대의를 위해 자유롭게 시간을 들이는 활동이다. 자원봉사는 다른 사람들을 돕는 일단의 행동 중 한 부분으로 자발적인 도움보다는 좀 더 많은 헌신을 수반하지만 가족과 친구들에게 제공되는 돌봄보다는 범위에서 좀 더 좁은 것이다. …자원봉사는 어떤 활동이든 개인, 그룹들 또는 조직에 도움이 되기 위해 기꺼이 시간을 들이는 활동을 의미한다. 이 정의는 자원봉사자들이 그들의 일로부터 이득을 얻는 것을 배제하지 않는다. 이 이득들이 물질적 보상을 포함할 수 있는지 어떤지는 논쟁에 열려있다(Wilson, 2000: 215-216).

위의 정의에서 강조된 것은 자원봉사가 '시간'을 들여 수행하는 봉사활동이라는 점과 그 보상에 관한 것이다. 전자는 봉사자가 직접 참여해서 봉사한다는 것으로 이에 대해서 이의를 제기하는 학자들은 없는 것으로 보인다. 후자는 보통 자원봉사의 정의에서 빠지지 않는 '무보수성'에 관한 것으로, 연구자 중에는 돈이나 물품 기부 역시 자원봉사의 개념에 포함시킨 이도 있다. 대표적으로 스미스는 "자발적 행동주의(voluntarism)의 핵심은 이타주의가 아니고 오히려 실질적인 강제나 직접적인 보상 없이 어떤 바라는 목적을 성취하는 것을 돕기 위한 서비스, 물품 또는 돈의 기부"라고 했다(Smith, 1981: 33). 그러나 이 점은 일반적으로 받아들여지지 않고 있는데, 우리나라에서도 자원봉사 시민사회단체[이하 자원단체]들 역시 활동 경비를 대부분 후원금과 회원[자원봉사자]들의 회비, 그리고 때로 정부보조금에 의존하고 있으나, 여기서 후원회비를 납부하는 후원자와 직접 봉사에 참여하는 자원봉사자들은 명확히 구분되고 있다.

다음은 자원봉사(volunteering)와 돕기(helping) 또는 돌봄(care)과의 구분으로, 자원봉사와 가족이나 친구들에게 제공되는 '돌봄'과의 관계이다. 영국자원봉사센터(1995)는 자원봉사를 "자신이나 직접적인 혈연관계가 아닌 다른 사람을 위해 직접적 보상 없이 그리고 국가나 기관에 의해 요구되는 것이 아닌, 자유스러운 선택에 의해 수행되는 활동"으로 보았다(양점도 외, 2013: 15에서 재인용). 이것은 자원봉사에서 주체와 대상과의 관계가 중요하다는 의미로, 이 관계를 좀 더 확장하면 사적인 것[비공식적인 것]과 공적인 것[공식적인 것]의 차이로 나누어 볼 수 있다. 윌슨이 자원봉사가 돕기에 비해 범위가 작다고 한 것은 사회문제에 초점을 둔 자원봉사와 달리 친지나 친구의 돕기는 개인과 사회문제 모두를 막론하고 폭넓게 수행되기 때문일 것이다. 그는 이 둘을 모두 자원봉사 내에 포함시켰으나 대부분의 연구자들은 자원봉사가 주로 후자, 즉 공적인 것을 가리키는 것으로 본다. 우리나라 자원봉사활동 기본법의 제7조(자원봉사활동의 범위, [전문개정 2014. 1. 7]) 역시 이 법의 적용을 받는 자원봉사활동의 범위를 사회복지 및 보건 증진, 지역사회 개발 · 발전, 환경보전 및 자연보호, 사회적 취약계층의 권익 증진 및 청소년의 육성 · 보호, 교육 및 상담, 인권 옹호 및 평화 구현, 범죄 예방 및 선도, 교통질서 및 기초질서 계도, 재난 관리 및 재해 구호, 문화 · 관광 · 예술 및 체육 진흥, 부패 방지 및 소비자 보호, 공명선거, 국제협력 및 국외봉사, 공공행정 분야의 사무 지원에 관한 활동과, 그밖에 공익사업의 수행 또는 주민복리의 증진에 필요한 활동으로 규정했다(법제처 국가법령정보센터 자원봉사활동 기본법[시행 2014. 1. 7]). 이러한 범위는 자원봉사가 사회문제를 해결하고 공동체의 이익을 증진시키는 것으로 제한되어 있음을 보여준다.

따라서 자원봉사의 대상이 되는 일들의 공공성이나 사적 영역 등에 대한 논의는 결국 봉사활동이 공식적인 것을 대상으로 하느냐 비공식적인 것도 포함되느냐로 양분된다. 윌슨과 같이 자원봉사 내에 이 둘의 통합된 이론을 추구한 연구자도 있으나(Wilson and Musick, 1997: 694), 일반적으로 자원봉사는 그 봉사가 특정한 개인이나 단체의 이익, 특정 사상의 신념, 종교, 민족, 목적 집단만의 이익을 위한 것이 아닌 모든 사람이나 사회의 보편적 이익으로 환원되는 '공공성'에 초점을 둔다(전광현 외, 2015: 35-36). 이러한 점에서 자원봉사는 사적 행동의 공적 영역으로의 확장으로 간주되거니와, 친지나 친구의 일이라도 그 봉사가 개인의 이익이 아닌 '공익'을 제일 목적으로 추구하는 바탕이 된다면 그것은 자원봉사의 영역으로 확장될 수 있는 것이다. 이 점은 사회봉사활동이 후술할 '시민사회'와 매우 밀접한 관련을 맺으면서 수행되고 있음을 의미하는 것으로, 주성수는 자발성, 비정부성, 비영리성과 공익성이라는 네 가지 측면에서 시민사회와 자원봉사가 공통된 특징을 갖고 있는 것으로 분석한 바 있다(주성수, 2005: 73-74).

다음은 자원봉사자들이 받는 보상에 관한 것이다. 윌슨이 자원봉사를 '시간'을 아끼지 않는 '헌신'이 부가되는 활동으로 정의한 것처럼 자원봉사는 개인이나 사회문제의 해결을 위해 자기 의지로 시간을 바쳐 참여하는 것이므로 사회복지사나 재난 구조대처럼 직업적 업무에 속하는 것은 들어가지 않는다. 전술한 대로 스미스는 확실하게 자원봉사가 이타주의가 아니라고 했고, 반면 윌슨과 뮤지크는 이타주의적 행동의 한 형식으로(Musick & Wilson, 2008: 3) 자원봉사자들이 그들의 일로부터 이득을 얻는 것을 배제하지 않는다고 하면서 여기서 이득이 물질적 보상을 포함할 수 있는지는 논쟁에 열려있다고 했다. 봉사를 하는 것이 이타주의일 수 있으나 그 봉사가 오히려 자신에게도 이롭다면 이를 단순히 이타주의로만 규정할 수 없다는 점에서 두 사람의 입장은 결국 동일한 것으로 간주될 수 있다.

그러나 만약 보수나 대가의 의미를 수고비와 같은 금전의 문제로 한정한다면 자원봉사는 대가 없는 노동이고 그래서 헌신일 수 있다. 자원봉사활동 기본법에서도 자원봉사의 무보수성을 분명하게 밝히고 있다. 그러나 자원봉사단체의 활동을 살펴보면 자원봉사자들은 무보수에서 한걸음 더 나아가 회비납부를 통해 봉사기금을 마련한다. 예로 자원봉사 시민단체인 '사랑터'(시민운동정보센터, 2012: 3439)는 불우이웃을 돕고 그들의 주거환경을 개선하는 등의 활동을 회원[자원봉사자]들의 회비만으로 운영한다(사랑터 홈페이지). '불국사자원봉사단'(시민운동정보센터, 2012: 3422)은 후원금과 함께 회원들의 연회비로 봉사기금을 조성한다. 이러한 것이 가능한 이유는 아마도 그들이 물질적 보수에 견줄 수 없는 정신적으로 받는 보상이 있기 때문일 것으로, 먼저 자원봉사는 봉사자들의 자존의식을 제고시킨다. '자원봉사애원'(시민운동정보센터, 2012: 3466)은 자원봉사를 '자기 스스로 정성을 다해 국가나 사회 또는 타인에게 적극적으로 도움을 주는 것'으로 정의하면서 "인류는 한 가족임을 자각케 하며 영원한 행복을 위하여 인류의 이상세계 실현에 기여함을 목적으로 한다."(정관 제2조 목적)라고 했다(자원봉사애원 홈페이지). 자원봉사가 갖는 자존의식과 자부심을 강조한 것이다.

이와 유사하게 자원봉사는 이미지 제고라는 보상을 제공한다. 대기업 경영자 가족들의 자원봉사 참여는 지역사회의 반감을 완화시키고 기업의 이미지나 호감을 증대시키는 전략이기도 하다. 종교가 사회참여와 봉사를 선교전략의 하나로 삼는 것도 자원봉사가 종교의 이미지 제고에 기여하기 때문이다(한도현, 2006: 26-27). 동시에 자원봉사는 때로 취업의 기회를 제공하는 역할도 수행한다. '한국자원봉사연합회'가 해외 자료를 인용해서 작성한 대학생 해외 자원봉사활동의 이점으로 취업의 기회 증가, 전문성의 향상, 대학입학 기회 증가, 자존의식, 자신감과 인생의 만족 경험 제공, 엄청난 성취감 경험 등등을 나열한다(한국자원봉사연합회 홈페이지). 미국의 '국가및지역사회봉사협의회'(Corporation for National and Community Service, http://www.national service. gov/) 역시 자원봉사가 봉사자들을 더 건강하게 하고, 특히 나이든 이들에게 정신적 신체적 건강을 개선시키면서 좀 더 높은 삶의 만족감을 주며(Grimm et al., 2007), 실직한 이들 중 자원봉사자들의 취업률을 비자원봉사자들보다 27% 더 높이는 것으로(Spera et al., 2013) 보고했다. 이와 관련해서 자원봉사의 이론적 모델 중 하나인 웰빙모델(the personal well-being model)은 자원봉사단체의 회원이 되고, 조직에 출석하는 것이 좀 더 좋은 신체 건강과 좀 더 낮은 사망률과 연계되면서 자원봉사가 웰빙에 이롭다는 이론을 기반으로 한다(Thoits and Hewitt, 2001: 117-118). 이 이론에는 종교 신자들에게 자원봉사가 신앙의 실천으로 현세 또는 내세의 상급이 보장된다는 믿음이 함축되어 있다.

이러한 점에서 본다면 자원봉사는 단순히 이타적인 활동이 아니라 오히려 봉사자들에게 자존감을 높이고, 명예를 주며, 정신적 신체적 건강과 웰빙을 제공하는 길이 된다는 것이어서 자원봉사는 궁극적으로 보다 좋은 사회로 나아가는 길로 판단된다. 우드노우가 다른 사람들을 돕는 것이 더 좋은 사회로 이끌지는 못할 수도 있으나 우리가 더 좋은 사회를 상상하게 하는 것을 허용한다고 한 것은 이를 의미한다(Wuthnow, 1991: 234).

Ⅲ. '종교'자원봉사의 특성과 시민사회와의 관계

1. 자원봉사의 종교적 뿌리와 종교자원봉사의 특성

종교계 자원봉사 연구는 1970년대 말부터 사회사업학 전공 논문으로 발표되었다. 종교계의 이에 대한 관심은 개신교 인사들이 중심이 된 한국자원봉사능력개발연구원의 설립(1986)에서도 보인다(새가정 편집부, 1988: 88-89). 그러나 종교계 자원봉사 관련 연구가 특히 2000년대 들어와 상당수 이루어지게 된 것은 사회복지학계의 성장과 무관해 보이지 않는다. 상당수 연구가 복지적 측면에서 접근되었고, 불교, 기독교 모두 자원봉사의 활성화에 초점을 두었는데, 여기에는 신자들을 중심으로 자원봉사의 제도화, 조직의 관리나 영성과의 관계, 만족도를 다룬 것이 많다. 이들 연구 대부분이 무엇보다 종교자원봉사의 문제를 종교계 내부에서 찾으려고 하는 특성을 보여준다.

자원봉사에서 특히 종교기반 자원봉사가 주목되는 것은 종교 교리가 보여주는 돌봄이나 베풂의 이념과 신자들의 집단성 때문으로, 이것은 종교자원봉사의 두 가지 이론 중 각각 돌봄의 윤리를 키우는 종교적 가르침에 초점을 둔 문화 이론과 좀 더 사회적으로 통합되고 조직화된 종교 신자들의 구성을 중시하는 구조 이론에 해당한다(Son and Wilson, 2011: 646). 윌슨과 뮤지크는 자원봉사가 인적 자본을 요구하는 생산적인 일이고, 사회적 자본을 요구하는 집합행동이며, 문화적 자본을 요구하는 윤리적으로 안내된 것으로 간주한다(Wilson and Musick, 1997: 694). 이것은 종교기반 자원봉사가 윌슨의 전제 중 특히 사회적 자본과 문화적 자본에 긴밀히 연관되어 있음을 말해준다. 먼저 자원봉사의 뿌리는 종교적 이념과 가치로 어느 종교나 약자에 대한 돌봄과 베풂을 중시하는 윤리적이며 복지적인 지향을 보여주거니와, 우드노우는 인터뷰를 통해 많은 종교 신자들이 돌봄 활동에 참여하게 된 동기를 설명할 때 종교적인 언어에 기대고 있음을 발견했다. 신자 자신의 종교적 신앙이 친절과 돌봄을 가르친다는 것으로, 긍휼이 인간의 마음에서 자연스럽게 솟아나는 것은 아니라는 것이다. 그러나 다른 한편 우드노우는 돌봄을 수행하는 동기가 어느 정도 인간의 본성에 내재하고 있다고 응답한 이들이 대부분임도 인정하고 있다(Wuthnow, 1991: 50-53). 이것은 종교기반이건 아니건 자원봉사는 문화적 자본과 관련되어 있음을 의미한다.

먼저 종교 신자들이 만드는 집단의 의미이다. 안토닌 와그너(Antonin Wagner)는 종교 신자들이 개별적으로 어려운 이들을 돕고, 예배에 참석하며, 종교인답게 자원봉사활동을 하는 것은 시민사회를 위해 큰 역할을 하지 못한다고 주장한다. 자원봉사활동이 가치를 공유하는 공동체의 문제로 향할 때 비로소 그 효력이 드러난다는 것으로, 이것은 자원봉사가 개인의 신앙보다는 오히려 교회 참석을 통한 인적 관계의 형성에 근거한다는 시각이다(Wagner, 2008: 627). 와그너의 논의에서 드러나듯이 종교와 자원봉사의 관계는 신앙과 공동체라는 두 가지 문제를 포함한다. 먼저 종교를 배경으로 수행하는 자원봉사는 개인보다는 집단, 집단 구성원 사이의 관계에 더 초점을 두는 특성을 갖고 있는 것으로, 실제로 미국에서 이루어진 최근의 연구결과는 종교 참석과 자원봉사 간의 역동적 관계가 있어 종교 참석과 자원봉사에서의 변화율이 긍정적으로 관련되었음을 보여준다. 이 둘은 함께 가고 함께 변화한다는 것이다(Kim and Jang, 2016: 1-21).

다음은 신앙과 자원봉사활동과의 관계이다. 일반적으로 영적 지원에서의 증가는 자원봉사 빈도의 증가와 연계되는데, 이것은 영적 지원이 더 큰 긍휼을 촉진하기 때문에 부분적으로 자원봉사와 관련된다는 것이다. 그럼에도 와그너의 주장처럼 긍휼[신앙]과 자원봉사 사이의 관계는 그 규모가 별로 크지 않다고 본다(Krause, 2015: 439). 박(J. Z. Park)과 스미스(C. Smith)는 개신교 신자들을 대상으로 종교 신앙이 공식적인 자원봉사에 참여하려는 교인들의 결정에 긍정적으로 영향을 준다는 어떤 지지도 찾지 못했다고 기술했고(Park and Smith, 2000: 283), 베커(P. E. Becker)와 딘그라(P. H. Dhingra)는 신앙보다 오히려 사회연결망이 자원봉사로 이끄는 기제로서 지배한다고 하면서 교인들에게 더 많은 자원봉사를 고취하는 것은 바로 집회 안에 형성된 사회연결망이라고 주장했다(Becker and Dhingra, 2001: 329). "자원봉사를 결정하는 가장 중요한 요인이 심지어 종교적 가치보다도 다른 사람들과의 공동의 결속감에 대한 지각"이라는 관점도 이와 동일한 맥락으로 이해된다(Uslaner, 2002: 241). 좀 더 사적인 형태를 지닌 종교보다 집단지향성이 더 큰 종교에서 예배 참석자와 자선활동 간의 관계가 더 강력하게 나타난다는 조사 결과도 나와 있다(Carabain and Bekkers, 2012: 437). 이것은 집회의 참석이 신앙의 차원보다는 교인들의 사회적 연결망을 확장시키고, 자원봉사의 기회를 더 많이 알게 하면서 참여 가능성을 증가시킨다는 관점이다(Merino, 2013: 511).

종교계 자원봉사의 한 가지 특성은 보수 없는 무료봉사는 물론이고 자신의 돈을 내어 봉사기금을 마련한다는 것이다(http://blog.daum.net/jys581/16891224). '불국사자원봉사단'은 500~600명 회원들이 봉사기금으로 매달 1만 원씩 내고 있는데, 일부를 대한불교조계종이 설립한 모금기관인 '아름다운 동행'에 전달했다는 기사가 보인다(금강신문. 2013. 3. 6). 또한 이 단체는 자원봉사자들에게 회원카드를 발급하고, 연회비를 받아 기금을 조성해 각종활동을 통하여 발전시킨다는 구상을 발표한 바 있다(불국사자원봉사단 카페). 이러한 점에서 종교자원봉사는 '시간과 물질을 바쳐 헌신하는 신앙의 실천'으로 정의될 수 있다. 그러나 그 헌신이 하나의 선교전략으로 활용된다는 것도 종교자원봉사의 큰 특성이다. 종교단체는 종교 시장의 경쟁에서 사회참여와 봉사를 선교전략으로 채택하고, 종교 시장 점유를 둘러싼 경쟁에서 유리한 위치를 차지하기 위해 사회복지와 사회운동에 참여하며, 자원봉사활동을 적극적으로 전개한다는 것이다. 이처럼 종교단체의 사회참여 및 봉사활동이 대부분 사회복지활동에 편중되어 있어 종교단체가 가지고 있는 사회참여활동의 잠재력을 충분히 발휘하지 못하게 한다는 비판이 제기되기도 했다(서우석, 2006: 53-97).

위에서 거론한 몇 가지 특성들이 얼마나 타당한지는 구체적으로 자원봉사단체들에 대한 고찰을 통해서 나타나겠지만 적어도 이들은 비종교 자원봉사와 어느 정도 공유하는 것이어서 종교자원봉사만의 고유한 특성으로 규정되지 않을 수도 있다. 자원봉사자들이 봉사와 함께 회비를 납부하는 것은 비종교단체인 '사랑터'에서도 시행되고 있음을 이미 언급한 바 있다. 종교계 자원봉사가 복지에 편중되어 있는 것은 사실이나 본래 자원봉사단체는 비종교기반 단체까지도 복지 분야가 가장 많은 부분을 차지하고 있는 것이다. 그러나 이들이 비록 종교자원봉사의 고유 특성이 아니더라도 적어도 비종교 자원봉사에 비해 훨씬 두드러진 성격이라는 점은 확실해 보인다. 그렇다면 다음으로 종교자원단체는 시민사회에서 어떤 역할과 의의를 갖고 있는지를 논의할 차례이다. 전술한 대로 자원봉사는 시민사회와 동일시되고 있거니와, 그렇다면 종교자원봉사는 어떠한가. 종교의 사회적 역할은 종교자원봉사가 종교기관 내에서 또는 선교전략의 하나로 전개되는 것을 넘어 시민사회와 관계를 맺을 때 좀 더 그 의의가 드러날 수 있는 것이다.

2. 종교자원봉사와 시민사회에서의 역할과 의의

위에서 논의한 대로 종교자원봉사는 주로 종교기관이나 종교관련 단체에서 수행되고 있는 것으로 보이지만 종교가 이제 그 경계를 넘어 적극적으로 시민사회로 나아가야 하는 것은(전명수, 2015d: 13-17) 그 사회적 역할에 대한 필요성 때문이다. 종교는 많은 시민참여의 원천(Uslaner, 2002: 239)으로 시민사회를 활성화시키는 것이 바로 종교의 중요한 역할인 것이다.

실제로 시민사회에서의 종교계 자원봉사의 역할과 기여는 우리나라에서도 기독교 수용 이후 전개된 생활개혁운동이나 문맹퇴치운동 같은 데에서 잘 드러나거니와, 이러한 운동의 배경에는 YMCA · YWCA와 같은 종교기반 시민사회단체가 있었다. 이 두 단체는 아직 우리나라에서 시민사회의 개념이 형성되지 않았던 시기에 창립되었으나 그 운동은 대체로 시민들의 직접적인 참여에 의한 대의, 또는 공동체나 그룹과 개인들에게 도움을 주는 공식적 비공식적 활동이었다. YMCA가 1960년대 후반부터 다양한 사회문제들에 대한 의견을 수렴하고 정론을 수립하는 장으로서 '시민논단'을 시작한 것도 시사하는 바가 크다(서울YMCA 홈페이지). 1960년대 이후 1980년대까지 한국 민주화운동에서도 종교계의 역할이 컸다는 것 역시 이미 분명하게 밝혀진 사실이다(전명수, 2010: 329-359; 2011a: 117-142). 여기에는 종교지도자들의 적극적인 참여와 함께 이 시기 한국기독교교회협의회(KNCC), 천주교정의구현전국사제단과 같은 종교단체들이 시민사회단체의 역할을 하고 있었던 점을 간과할 수 없다.

미국의 경우 종교단체들이 이제까지 시민사회에 관한 의제들을 제기하는 노력에 제일 앞장서 왔다는 평가를 받고 있다. 조용하고 드러나지 않게 성직자와 평신도들은 폭력, 인종차별, 그리고 그들 공동체에서의 불평등에 관한 공개토론회에 참여해왔고, 또한 에이즈, 노숙자, 아동학대, 노인들에 대한 보살핌, 그리고 또 다른 심각한 사회 이슈들과 관련하여 프로젝트 팀에 참여하고 지역 평의회 활동을 했다는 것이다(우드노우, 2014: 20). 예로 마틴 루터 킹(Martin Luther King, Jr.) 목사는 1955년 흑인교회를 중심으로 몽고메리 승차거부운동이 성공을 거둔 후 몽고메리진보연합이 창설되자 의장을 맡는다. 1957년 2월 남부기독교지도자협의회의 의장으로 선출되었고, 그 후 흑인인권운동의 지도자로서 시민권 법령의 조인과 투표권 법령의 제정에 크게 기여했다. 그의 이러한 성공에는 옆에서 그를 돕고 지지해준 많은 자원봉사자들이 있었기에 가능했다. 그러나 더 중요한 것은 종교가 보여준 시민사회의 변화에 대한 관심과 노력으로, 우드노우는 마틴 루터 킹이 인종적 부정의의 근원을 뽑아버리고 광범위한 경제적, 사회적 그리고 입법적 개혁을 통해 정의와 평등을 위해 일하는 데에 관심을 가졌음을 주목한다(Wuthnow, 1991: 250). 그는 미국의 교회들이 시민사회가 의존하는 사회적 자본의 유일한 근원이 된 적은 없지만, 시민참여의 가장 중요한 근원 가운데 하나였었다는 것은 분명하다고 주장했다. 그것은 수백 만 명을 교회로 이끌어서 자신의 이웃들과 서로 알고 지내도록 하고, 또 시민 책임의식을 심어주어서, 유권자등록 운동, 사회저항 운동, 가난하고 궁핍한 사람들을 돕는 캠페인 등을 일으켰기 때문이라는 분석이다(우드노우, 2014: 43).

이러한 점에서 보면 종교단체의 사회참여와 봉사는 그것 자체로서 사회에 기여를 하는 것임은 물론 다른 시민들의 사회참여와 봉사를 고취하는 역할도 담당한다는 것으로, 종교가 보여주는 이웃에 대한 관심과 돌봄은 바로 시민다운 시민이 갖추어야 할 마음가짐(civic mind)에 대한 가르침인 것이다. 기독교의 경우 선한 사마리아인의 삶을 강조하고 있거니와, 그것이 시민된 모습이며 그러한 사람들이 적극 참여하는 사회가 시민사회로, 교회는 이러한 시민을 길러내야 한다는 것이다(박영신, 2010: 109-110). 그러나 최근 시민사회에서의 종교자원봉사가 갖고 있는 당면 문제에 대한 논의가 나오는데, 요약하면 시민참여의 양과 성격의 변화에 관한 것과 종교의 사사화(私事化, privatization)에 관한 것이다. 조철민은 1990년대 이후 감시와 캠페인을 중심으로 한 시민참여적 활동은 시민사회의 동원화를 이끌면서 주된 활동 참여의 중심이 '회원'에서 '자원봉사자'로 이동했으나, 2000년대 들어 시민참여 운동이 급격한 제도화와 탈동원화에 직면하여 쇠퇴하게 되면서 시민운동의 주도성이 시민단체에 두어지는 동원에서 시민들의 자율적인 실천을 촉진하는 역량강화로 그 활동의 성격이 변화되었다고 본다(조철민, 2013: 225-262). 최근 여러 촛불집회에서 시민들의 자율적인 실천이 나타나는 것은 사실이나 복지, 환경 등 다양한 분야에서는 시민단체 자원봉사자들의 감시와 캠페인을 통한 시민운동 역시 마찬가지로 여전히 활발하게 수행되고 있다는 점도 간과할 수 없다. 종교의 사사화는 특히 1960년대 종교사회학자들에 의해 제기되었고, 1970년대 이후 서구에서 뉴에이지 운동과 같은 개인주의적 영성운동이 번성하기는 했으나 종교 예배 참석자가 이로 인해 크게 감소된 결과는 나오지 않았다. 1960년대 사사화를 주장했던 피터 버거(Peter L. Berger)는 1990년대 말 오히려 자신의 주장을 철회했다(버거, 2002: 15). 우리나라의 경우도 마찬가지로 최근 '가나안 성도'[교회 안 나가는 그리스도인]의 증가가 보고되기는 했으나(정재영, 2015), 이것이 신자들의 집회 참석률을 위협한다는 조사 결과는 나와 있지 않다.

이것은 현대에도 종교기반 자원봉사활동의 참여가 시민사회에서 차지하는 역할은 여전하다는 점을 보여주는 것이다. 시민참여 형식의 다양화, 사사화의 후퇴라는 위 두 문제는 모두 사회적 자본으로 포괄해 볼 수 있거니와, 그러한 관점에서 본다면 사회적 자본의 감소를 주장한 퍼트넘(Putnam, 2000)과 그의 동조자들과 달리 현재는 과거의 형태를 대신하는, 전반적으로 높은 수준의 자원봉사, 사회적 자본과 시민참여가 중심이 된 새로운 종류의 자원조직을 가진 시민의 삶에서 그리고 시민참여의 형태에서 재건하는 시기라는 주장이 설득력을 얻고 있다(Becker and Dhingra, 2001: 318-319). 이러한 주장은 종교 집회가 부여하는 구성원 간의 연계, 또는 종교기관 사이의 사회적 네트워크를 중시하는 학자들에게서 제기된다. 그러나 이처럼 종교기반 자원봉사자들 중에는 동일 종교기관에서 형성된 관계에서 비롯된 이들이 많은 것이 사실이고, '불국사자원봉사단'처럼 특정 종교기관을 중심으로 자원봉사 시민단체가 형성되어 활동하는 것도 있으나 대부분의 종교자원단체들은 이러한 연계 없이 개별적으로 자원봉사자들을 모집하여 활동하고 있다는 점도 유념해야 할 것이다.

Ⅳ. 종교기반 시민사회단체의 자원봉사활동, 특성과 과제

『2012 한국민간단체총람』에는 정치 · 경제 · 환경 · 복지 등과 함께 '자원봉사'가 한 독립 항목으로 설정되어 있다. 여기에는 민간순찰, 올림픽유치, 청소년봉사, 갱생보호후원, 재난구조, 산악구조, 장애인 및 노약자봉사, 자율방범 등의 활동을 하는 시민단체나, 지역사회에 봉사하는 '로타리클럽', 환경보호를 위한 '그린봉사대', 의료지원을 하는 '글로벌케어', 어린이 교통안전을 위한 '녹색어머니회', 구호사업을 하는 '적십자사' 등이 포함되어 있다. 이들은 모두 공공의 문제들을 대상으로

봉사하는 단체들이다.

전술한 대로 '자원봉사'는 복지활동과 성격상 중복된 것이 많으나 자원봉사단체를 복지단체와 동일시할 수는 없다. 예로 자원봉사단체인 '나눔과비전'은 시민들과 함께 나눔운동을 전개하는 봉사활동에 초점이 있는 반면 복지 분야의 '나눔재단'은 나눔을 실천하여 아름다운 좋은 세상을 만드는 것이 목적이다. 다시 말해서 그 단체의 중심이 목표를 수행하는 주체인가, 아니면 단체의 설립 목적인가에 따라 자원봉사단체와 복지단체로 나누어 볼 수 있다. 일반적으로 복지기관에는 자원봉사를 담당하는 기구가 부설되어 있는데, 그것이 시민단체로서의 독립성이 있는지도 고찰 대상이다. 대한불교조계종 사회복지재단 부설 '불교자원봉사연합회'는 '자원봉사' 항목에 포함되어 있으나 서울가톨릭사회복지회 소속 '서울카리타스자원봉사센터'는 불교, 기독교, 원불교와 함께 가톨릭을 대표하는 4대 종단의 국제구호 봉사단으로 활동하면서(중앙일보. 2015. 9. 18), 자원봉사 교육과 활동에서 보여준 큰 성과에도 불구하고 '자원봉사' 항목에 이름을 올리지 못한 것은 아마도 그 이유 때문일 것이다.

무엇보다 『2012 한국민간단체총람』의 자원봉사 유형을 보면 종교를 표면에 내세운 자원단체는 많지 않다. 그러나 종교를 단체 이름에 내세우지는 않았으나 '사랑실은교통봉사대', '각당복지재단'처럼 대표와 임원들이 종교계 출신인 것은 자주 발견된다. '다비다여성자원봉사회', '겨자씨자원봉사회', '여래구도봉사단', '영남보현자원봉사단', '태고보현봉사단' 등은 그 설립목적이나 단체소개에서 종교를 언급하지 않았으나 단체 이름에 특정 종교가 함축되어 있다. '자원봉사애원' 역시 종교를 내세우지는 않았으나 통일교 단체이고, '비전케어서비스'는 종교를 초월한 단체로 자임하고 있으나 기독교를 배경으로 한 단체로 선교사역에 대한 언급도 나오는 등 종교자원단체가 적은 것은 아니다. 우드노우는 『느슨한 연계』(*Loose Connections*, 1998)라는 저서를 통해 교회 내 자원봉사가 지난 몇 십년 동안 느슨해졌다고 했으나, 집회가 만들어내는 네트워크가 오히려 자원봉사에 영향을 주고 있다는 점에서 그의 견해를 비판하는 연구자도 있다(Becker and Dhingra, 2001: 330).

실제로 미국에서 나온 종교기관의 자원봉사자 2009년도 통계에 의하면 65세 이상의 나이든 이들은(전체 자원봉사자의 47%) 주로 종교기관을 통해 봉사하는 것을 좋아하고, 젊은이들의 경우도 종교 예배에 정규적으로 참석하는 이들의 자원봉사가 그렇지 않은 이들보다 2배가 된다고 한다. 즉 예배에 참석하지 않은 12세에서 18세까지의 젊은이들의 14%가 1년에 12시간이나 조금 더 많은 시간을 정기적으로 자원봉사를 하는 데 비해 거의 매주 예배에 참석하는 젊은이의 27%는 정기적인 자원봉사를 한다는 것이다. 종교 집회에 참석하는 젊은이들은 비참석자에 비해(33%) 불리한 환경에서도 봉사한다는 것으로(39%) 종교적 또는 영적 신앙이 자원봉사의 동기가 된다는(36% 대비 48%) 설명이다(Corporation for National and Community Service, 2009). 앞에서 영적 지원을 받는 긍휼과 자원봉사의 관계가 그렇게 긴밀하지는 않은 것으로 고찰된 것처럼 일반적으로 과거에 비해 종교자원봉사가 느슨해졌음에도 불구하고 종교 집회를 중심으로는 여전히 활발하게 수행되고 있는 것이다.

무엇보다 종교자원단체는 자신들의 활동을 큰 틀에서 종교 이념에 연계시키면서 자원봉사를 종교 이념의 구현으로 간주하고 있으나 비종교 자원단체 역시 지향하는 가치가 있어 크게 차이가 나는 것은 아니다. '한국해비타트'는 기독교 정신에 입각하여 주거환경의 개선활동을 하고, 이와 유사한 비종교 시민단체인 '사랑의집수리1004'는 "우리가 누군가로부터 받아 누리고 사는 것을 다른 사람들과 공유하고자 하는 것"임을 표명한다(시민운동정보센터, 2012: 3437). 두 단체 모두 주거환경 개선으로 삶의 질을 향상시키겠다는 목적을 지니고 있으나 해비타트는 이를 종교 이념의 실천으로 보는 것이다. 자원봉사단체에서 나타나는 가장 중심적인 기독교적 가치는 이웃사랑 실천이고[선한사마리아인운동본부](시민운동정보센터, 2012: 3442-3443), 불교는 불·법·승 삼보님께 귀의하여 5계를 지키며 6바라밀을 실행하여 대승보살도를 실행하는 방법[불국사자원봉사단](시민운동정보센터, 2012: 3422)으로 보거나 부처님의 자비를 실천하는 것으로 본다[불교자원봉사연합회]. 6바라밀의 첫째가 중생에게 무조건 베푸는 보시바라밀이고, 자비행의 첫째 또한 보시행이다. 원불교 단체는 四恩사상을 기반으로 감사와 은혜의 봉사정신을 강조한다[솔솔송자원봉사대].1)

이와 같이 종교 교리가 중요한 것은 자원봉사가 바로 이웃사랑, 자비 또는 보시, 사은의 실천이어서 종교적 자원봉사자는 시간과 신체적 수고뿐만 아니라 물질적인 헌신도 아끼지 않는다는 특성을 보여준다. '불국사자원봉사단'의 신도회와 자원봉사단이 조금씩 자비의 쌀을 마련해서 어려운 이들을 도운 것은 자원봉사가 단지 시간과 신체적 수고만이 아니라 물질적 기여도 포함한다는 점을 말해준다. 종교기관이나 종교기반 단체들이 의료활동을 중시하는 것도 그것이 바로 교리의 실천이기 때문이다. 특히 기독교의 경우 의료는 선교사역의 핵심으로, 선교사들의 메시지를 효과적으로 전달할 수 있는 매우 중요한 방식이었다(Bynum, 1995: 78). 그러나 기독교자원단체 중 '선한사마리아인운동본부'는 단순히 응급환자의 치료가 아닌 이를 이웃사랑 실천 시민운동으로 전개하고, 그 운동의 일환으로 인명존중사회 만들기 운동을 수행한다(선한사마리아인운동본부 홈페이지). 이것은 바로 기독교 사랑에 기반한 기독정신의 구현이다. 선한 사마리아인에 대한 내용은 잘 알려진 대로 기독

1) 원불교를 내세우지 않았으나 임원 중 원광대 교수가 많고 1985년 1월 원광의대부속 제2병원 활동을 시작한 단체여서 원불교기반 자원봉사단체로 보인다(솔솔송자원봉사대 홈페이지).

교 신약에 나오는 이야기로, 그 함의는 이를 인용하는 사람의 초점에 따라 다양하게 해석된다. 율법을 준수하는 유태인보다 사회에서 버림받은 사람들로서의 사마리아인이 보여주는 긍휼에 중점을 두기도 하고, 위험으로 가득 찬 길에서 사마리아인이 피해자를 데리고 가서 치유한 주막이 교회를 상징하는 것으로 보기도 하며, 사회적 상처의 치유와 화해에 관한, 사회의 유기적 조직체에서의 일체성에 관한 이야기로 보기도 한다(Wuthnow, 1991: 157-187).

그러나 '선한사마리아인운동본부'는 이를 윤리적으로 또는 신학적 내지는 복지 이념적으로보다는 사마리아인이 위기에 처한 이를 살린 현실적인 인명존중의 이야기로 접근한다. 여기서 의료는 치유(healing)가 아닌 치료(cure)이다. 종교와 관련하여 특히 생명 보호를 위한 단체가 주목되는 것은 종교가 지향하는 영적 차원의 생명이나 영적 구원이 아닌 현재 삶에서 누리는 실제 목숨에 관한 관심 때문이다. 이 단체는 최근 수년간 어린이집 교사, 초·중·고·대학생과 교사, 관공서, 기업체 직원들을 포함하여 심폐소생술 교육을 실시하고 있다. 동일한 특성이 불교에서도 보인다. 조계종사회복지재단이 추진하는 '생명을 구하는 사람들' 프로젝트는 선진국에 비해 심정지 환자와 중증외상환자 소생률이 저조한 상황을 개선하기 위해 소방방재청을 중심으로 종교계와 시민단체 및 공공기관이 함께 수행하는 생명존중 네트워크 구축사업이다. 조계종사회복지재단은 소방방재청과 국내외 긴급재난 구호활동 시 상호협력, 소방안전 및 응급처치 매뉴얼 공동제작·보급, 생명존중 캠페인 등을 추진한다. 이러한 점에서 자원봉사 시민단체는 종교가 현실과 유리되지 않은 현세의 사회적 역할을 제고한다는 의의를 지닌다.

의료는 확실히 종교자원단체가 초점을 둔 주요 활동으로서의 특성을 보여준다. 이것은 비종교 의료자원단체가 없다는 의미는 아니다. 실제로 '한국의료봉사회'는 현직에서 은퇴한 의사, 치과의사, 한의사 등 전문직 노인이 노인의료복지 수립에 기여하는 비종교기반 단체이다. 그러나 의료자원단체를 세심히 살펴보면 종교적 배경을 갖고 있는 단체가 좀 더 많아 보인다. 예로 '글로벌케어'(시민운동정보센터, 2012: 3387-3389)는 국내외 의료봉사활동을 하였던 기독의료인들이 중심이 되어 지구촌 곳곳의 가난과 질병, 전쟁, 천재지변, 자연재해 시 전문적인 긴급의료구호활동을 펼치고 있는 국내 최초 국제의료구호기관이다. 유사한 단체로 '비전케어서비스'(시민운동정보센터, 2012: 3422)는 파키스탄, 캄보디아, 몽골, 중국에서 무료 개안수술 등의 안과전문 사역을 하는 비영리민간단체로, "하나님이 주신 사랑과 나눔의 정신"으로 치료하고 시각장애인들이 영육 간의 건강함으로 밝은 세상을 볼 수 있도록 돕는 것이 이 단체의 존재가치인 미션임을 천명했다(비전케어서비스 홈페이지). '원불교청수나눔실천회'(시민운동정보센터, 2012: 3460-3461)는 캄보디아 바탐방에 부지를 매입해서 무료 구제병원을 개원했고, '불국사자원봉사단'은 개안수술을 지원했으며, '불교자원봉사연합회'는 응급치료에 적극적으로 대응하고 있다. 해외의 자원봉사단체 역시 의료 활동을 중시하는 점이 드러난다. 대만의 불교단체인 '대만불교자제공덕회'는 자원봉사를 한 사람만 대만 내 1,000만 명, 세계적으로 1,500만 명에 이르는 단체인데, 이 단체는 보증금을 내지 않으면 치료를 받지 못하는 대만의 의료제도를 개선하기 위해 자체 내 자제병원과 의과대학을 설립하고 보증금 제도를 없앴다. 그 결과 대만의 병원에서는 이제 보증금을 받지 않는 의료계의 변화를 가져왔다고 한다(조선일보. 2018. 7. 16)[2].

종교자원봉사의 또 다른 특성은 그 단체들이 국제화 경향을 보여준다는 것이다. 어떤 특정 종교의 배경을 가진 국제자원단체들까지도 대부분 국가, 인종, 종교를 넘어 봉사하거나, 또는 타종교와 협력하여 인류공동선의 실천을 위해 노력한다는 점을 단체의 설립목적에 제시한다.

2) 이 단체는 2018년 만해축전에서 만해평화대상 수상자로 선정되었다.

이것은 종교자원봉사가 궁극적으로 국가, 인종, 종교 간 화합에도 기여하는 바가 크다는 것을 의미한다. '국제와이즈멘한국지구협의회'(시민운동정보센터, 2012: 3385-3386)는 기독교를 기반으로 하지만 국적, 종교, 인종을 초월해서 서로 존경하고 사랑함으로써 함께 일하는 범세계적인 우호봉사단체이고, '아드라코리아'(시민운동정보센터, 2012: 3452)는 그리스도교적 박애정신을 가지고 국제적인 구호활동을 수행하는 것을 목적으로 설립된 민간구호기구(NGO)로 종교, 인종, 이념을 초월해 천재와 인재에 대한 구호활동, 댐 건설과 저수지 개발 등의 재난방지 사업, 문맹퇴치, 고아와 장애인 등을 위한 복지사업을 수행한다. '원불교 청수나눔실천회'는 원불교 선법의 세계화 및 국제명상센터 설립운영과 관련된 사업을 중심으로 세계의 무지, 빈곤, 질병 구제와 '종교 간 협력' 그리고 원불교 세계 교화 등을 목적으로 한다. 아직 이들 국제단체들의 구체적인 성과를 확인하기는 어려우나 세계 도처에서 발생하는 분쟁과 갈등이 국가 · 인종 · 종교 간 대립에서 비롯된다는 점을 감안하면 특정 종교에 기반하면서도 이를 내세우지 않고 협력하는 자원봉사가 분쟁과 갈등을 해결하는 하나의 수단이 될 수 있다는 점은 분명해 보인다. '종교인평화봉사단'(시민운동정보센터, 2012: 3478)은 좀 더 적극적으로 종교 간의 대화를 위해 설립된 단체로 종교를 초월하여 사회봉사활동을 통해 종교 간 이해와 화합을 도모한다.

그럼에도 종교자원단체의 국제적인 활동은 어느 정도 종교의 선교활동과 관련성을 지닌다는 점을 부인하기 어렵다. 종교자원단체들은 각 종교별 선교에 관심이 있어 선교를 단체명에 내세우거나 아니면 단체 활동에 선교사역을 포함시킨다. 선교는 개신교가 가장 강력하게 표명하고 있지만, 그밖에 불교나 원불교 모두 복지나 자원봉사에 선교적 지향을 보여준다. 또 다른 특성으로 종교자원단체는 후원하는 기관과 개인들이 많다는 것을 들 수 있다. 기독교 단체는 많은 교회들의 후원을 받고['선한사마리아인운동본부'], 불교 단체는 종단의 대학과 협업하는 경우가 많다.[3] 그밖에 종교자원단체는 자원봉사에서 단지 수적 동원에만 우위를 차지하는 것이 아니라 자원봉사 육성을 위한 교육을 함께 실시하는 저력을 보여주는 것도 또 하나의 특성이다. 조계종사회복지재단의 '불교자원봉사연합회'가 자원봉사자 양성기관으로 체계적인 자원봉사 교육을 위해 자원봉사시민대학을 운영하는 것도 그 한 예이다.

이러한 국제화나 후원팀의 존재는 종교기반 단체들만 갖고 있는 특성은 아니지만 비교적 재정기반이 탄탄한 종교자원단체에서 특히 현저하게 나타난다는 것은 틀림없어 보인다. 그럼에도 주목해야 할 사실은 종교자원단체의 시민단체로서의 활동이 불충분하다는 것으로, 이 점은 비종교 자원단체와 비교해보면 확실하게 드러난다. 종교·비종교를 막론하고 자원봉사단체는 어느 영역이든 모두 일단 복지지향성을 보여준다는 점에서 일치하지만, 그러나 비종교 자원단체가 '시민'단체로서의 특성을 분명하게 보여주는 데에 비해 종교자원단체는 이 점이 그렇게 분명하지가 않다. 이것은 종교자원단체 중 시민단체다운 활동을 하는 단체가 전혀 없다는 의미는 아니다. 응급의료를 지원하는 '선한사마리아인운동본부'는 단지 응급환자 돕기가 아닌 '이웃사랑 실천 시민운동'을 전개하는 것을 목적으로 하는데, 그것은 이 단체가 응급환자 돕기 자원봉사운동뿐만 아니라 일반인을 위한 응급처치 교육 지원, 응급의료체계 개선 운동, 응급환자 권리보호 운동, 인명존중사회 만들기 운동처럼 응급환자와 관련된 일들을 모두 운동으로 전개하여 확산시키려는 취지에서 잘 드러난다. 불교계의 '불국사자원봉사단'은 비록 운동의 성격은 약하지만 자원봉사와 함께 캠페인을 통한 화장운동, 장기기증운동을 전개한다.

---

3) '불국사자원봉사단'은 동국대 의료진과 해외의료봉사를 다녀왔다.

그러나 이들 단체 외에는 시민운동의 전개나 시민의식의 함양에 초점을 두는 종교자원단체는 거의 보이지 않는다. 이에 비해 비종교 자원단체는 어느 분야건 시민 또는 시민사회와 연계된다. 전술한 대로 '한국해비타트'와 유사한 활동을 하는 비종교 자원단체인 '사랑의집수리1004'는 시민 모두가 함께 만들어가는 '사회변화 운동'을 위해 창설된 집수리 시민단체로, 후원자 1004(천사)명을 모집하여 집수리운동을 지역과 종교를 초월한 나눔운동으로 전개한다. 이 운동은 우리가 받아 누린 것들을 다른 사람들과 함께 하겠다는 취지로 시민후원과 자원봉사로 진행된다. 기독교기반 자원단체인 '이웃사랑복지회'(시민운동정보센터, 2012: 3462)는 무의탁노인, 소년소녀가장, 불우장애인 등 우리의 주변에 있는 어려운 이웃들을 돕는 것이 중심 목표인 데 비해 비종교 자원단체인 '작은사랑실천운동시민연합'(시민운동정보센터, 2012: 3467)은 전국 소년소녀가장을 돕는 한편 소년소녀가장 쌀 나누어주기 운동처럼 이를 시민운동으로 전개한다.

'굿뉴스코해외봉사단'(시민운동정보센터, 2012: 3387)은 기독교 정신을 바탕으로 소망과 사랑을 품은 대학생들이 약 1년이라는 시간 동안 세계 각국으로 흩어져 봉사 활동을 하는 프로그램이고(굿뉴스코해외봉사단 홈페이지), '개척자들'(시민운동정보센터, 2012: 3375)은 평화를 위한 정의와 사랑을 실천하며 살기 원하는 이들의 공동체로, 매주 '세계를 위한 기도'를 실천한다(개척자들 홈페이지). 이들 단체들은 선교, 기도에 초점을 두고 개인의 자성과 의식개발, 평화를 위한 봉사활동을 수행한다. 이에 비해 비종교 자원단체인 '코피온'(시민운동정보센터, 2012: 3483-3484)은 국가와 종교 이념을 뛰어넘어 젊은이들을 세계 각국의 NGO 및 비영리기관에 파견하여 이웃사랑과 봉사정신의 실천을 통해 '지구촌시민사회' 건설에 앞장서겠다는 목적으로 설립된 것이다. 마찬가지로 비종교기반 단체인 '국제키비탄한국본부'(시민운동정보센터,

2012: 3423-3424)는 지역사회에서의 각종 봉사를 통해서 훌륭한 '시민정신'을 함양하고 특히 장애인의 재활과 복지, 권익보장과 건강증진을 위해 기여함과 더불어 국제키비탄 회원국가 간의 유대강화를 위한 교류협력 사업을 도모한다.

이로 보면 종교자원단체는 그 목적을 위해 시간을 바쳐 헌신하지만 그 활동을 시민사회적 의식을 함양시키거나 시민사회를 위한 운동으로 확대하지는 못하고 있어 교회, 사찰과 같은 종교기관의 자원봉사와 크게 차이가 나지 않는다. 이것은 이들 종교자원단체가 앞으로 해결하고 재정립해야 할 중요한 과제로 판단된다.

V. 결론

이 글은 종교기반 자원봉사의 역할과 의의 그리고 시민사회에 대한 기여를 종교자원단체를 중심으로 살펴보기 위해 수행된 것이다. 자원봉사는 자기의 시간을 바쳐 다른 개인, 그룹들, 또는 대의를 위해 몸소 수고하는 활동이다. 종교적 접근을 하지 않더라도 자원봉사는 이미 이웃사랑과 자비 실천의 정신에 근거하는 것인데, 그렇다면 종교자원봉사는 어떤 점에서 다르며, 종교의 사회적 역할에서 어떤 의미를 갖는가.

일반적으로 자원봉사는 시민사회와 동일시되고, 종교는 사회적 자본으로서 시민사회를 활성화하는 데에 중요한 역할을 담당한다. 종교시민단체의 자원봉사, 특히 그 성격과 과제에 대한 고찰이 요구되는 것은 무엇보다 자원봉사는 종교 사회적 자본의 핵심이기 때문이다. 대부분의 종교기관이 자원봉사활동을 하고 있으나 이것은 일방적인 돕기, 돌봄의 활동인 반면 시민단체로서의 종교자원활동은 이를 시민사회의 운동으로 확장시킴으로써 시민사회를 활성화시키는 데에 기여한다는 점에서 그 의미가 큰 것이다. 문제는 비종교 시민단체의 자원봉사활동이 비록 '운동'으로서의 목표를 보이기는 하지만 운동의 구체적인 성과가 드러나지 않아 그 차이가 크게 보이지 않는다는 사실이다. 그럼에도 일단 종교자원단체는 한편으로 교회, 사찰과 같은 종교기관이 주도하는 봉사활동과 차별화되어야 하고, 다른 한편으로 비종교 자원단체의 그것과도 달라야 그 존재 의의가 있게 된다는 점으로, 이것은 '종교적' 봉사활동이 '시민사회운동'이라는 큰 틀 안에서 수행될 때에만 가능하다는 의미이다.

이 고찰을 통해 부각된 종교자원단체의 특성과 의의는 국내외에서 무엇보다 의료를 통한 이웃사랑을 시민운동으로 전개하고, 국제적으로는 국가, 인종, 종교의 차이에서 비롯되는 갈등을 넘어 세계평화와 화해에 기여한다는 점이다. 전자는 종교가 영혼의 구원에만 초점을 둔 데에서 벗어나 실제로 인간의 현실적 아픔에 다가감으로써 그 사회적 역할이 제고될 수 있다는 의미를 지니고, 후자는 지구촌 곳곳에서 일어나는 갈등과 분쟁이 바로 국가, 인종, 종교의 차이와 대립에 기인한다는 점에서 종교자원단체들이 재난구호, 빈민구제를 위해 그 차이를 넘어 직접 찾아가 봉사함으로써 세계평화의 길을 닦는다는 것이다. 이 특성들은 종교기관이나 비종교 자원단체와 공유하는 부분이 없는 것은 아니지만 특히 종교자원단체에서 두드러지게 나타나고 있어 이를 종교자원봉사의 중요한 특성으로 보아도 무방할 것이다.

이 글은 종교기반 자원봉사활동과 단체를 중심으로 주로 문헌적 자료에 근거한 종교자원봉사의 이론적 틀을 만드는 데 초점을 두었으므로 앞으로 자원봉사에 참여한 종교 신자나 단체의 구체적 성과에 대한 경험적 고찰이 보완되어야 할 것이다. 더 나아가 이러한 논의가 단지 종교의 영역을 넘어 정책적으로 어떻게 기여할 수 있는 기반이 되는지에 대해서도 관심을 기울여야 할 듯하다. 그러나 본고는 무엇보다 종교의 사회적 역할이 시간, 물질과 신체적 헌신, 그리고 빈곤과 질병에 시달리는 사람들에 대한 따뜻한 관심과 봉사에서 출발하는 것이지만, 여기서 한 걸음 더 나아가 갈등 극복을 통한 사회통합이나 세계평화를 위한 더 높은 차원의 활동에서도 '자원봉사'가 매우 중요한 역할을 담당할 수 있다는 가능성을 재확인했다는 점에서 의의를 지닌다.

제5장 종교기반 시민사회단체의 사회적기업, 그 특성과 과제: YMCA와 YWCA를 중심으로*

사회적기업의 이상적인 형태는 … 공동체에 이익이 되는 명백한 목적을 포함하는 것으로 정의된다.

– EMES, Kerlin, 2006: 249

Ⅰ. 문제제기

우리나라 사회적기업의 운영주체는 민법상 법인, 조합, 회사, 또는 비영리민간단체 등인데, 여기서 종교기반 사회적기업은 종교사회복지법인이 운영하는 것이 많고 그밖에 사찰, 교회 등의 종교기관, 종교자활공동체, 종교기반 민간단체와 사회복지관 등 비영리민간단체들의 참여가 많다. 이들 중 주목되는 것은 비영리민간단체인 YMCA와 YWCA의 사회적기업으로, 이 두 단체는 한국에 개신교가 수용된 이후 창립된 종교기반 단체이지만 서구에서는 그 이전부터 이미 종교 전파보다는 '서비스' 제공으로 그 중심 활동이 변화되었다(Zald and Denton, 1963: 215). '종교기반' 단체란 운영주체가 종교기관 또는 종교관련 단체이거나 종교인이라는 것이다. 한국 YMCA · YWCA는 역사적으로 생활개

* 이 장은 『신학과 사회』 제29집 3호(2015)에 게재된 내용을 기반으로 YMCA와 YWCA가 운영하는 사회적기업 관련 최근 자료를 적극적으로 보완하여 수정한 것이다.

혁, 교육, 여권, 스포츠 관련 다양한 사회적 이슈를 다룬 바 있고, 최근에는 환경, 생태, 소비자보호운동과 같은 시대적 요구에 부응하는 시민운동을 전개하는 한편 주로 교육과 사회체육분야에서 여러 가지 수익성 사업을 수행하고 있어 사회적기업을 운영할 수 있는 든든한 기반을 갖추고 있다.

그러나 비영리, 비정부 단체로, 자율성과 공공성을 핵심 기반(임희섭, 2007: 196-199)으로 하는 시민사회단체의 사회적기업의 참여는 좀 낯설게 보인다. 무엇보다 정부의 지원을 받는 단체의 경우 그 독립성에 대한 회의적인 시각도 있다(이진수, 2009: 80-82). 그러나 최근 종교사회복지의 개념에 가난한 이들에 대한 돌봄과 함께 정의구현이 포함되면서 시민사회단체와의 연계가 요구되고 있다는 점에서(전명수, 2015a: 73-74, 78-81) 사회복지의 범주 안에서 다루어지는 사회적기업에 시민단체의 참여는 바람직해 보인다. 사회적기업은 취약계층의 취업이라는 복지적 측면[사회적]과 이윤을 추구하는 경제적 측면[기업]의 양 날개를 갖고 있거니와, 시민사회단체의 사회적기업은 복지적 측면에서 단순히 취약계층의 일자리 찾기와 같은 돌봄의 차원을 넘어 그들의 권익 보호나 더 나아가 사회적 문제들에 대한 공공성 확보에도 기여할 수 있을 것이다. 특히 종교기반 시민단체의 경우 종교가 갖고 있는 힘이나 윤리적 기반이 시민단체가 지향하는 공공성과 함께 사회적기업이 추구하는 사회복지적 측면과 경제성에도 영향을 미칠 수 있을지를 고찰해볼 필요가 있다.

한국 YMCA와 YWCA에 관해서는 이미 그 역사와 성취에 대한 자료 정리와 연구들이 상당히 축적되어 있으나 시민사회단체로서 수행하는 복지활동과 사회적기업에 대해서는 거의 연구가 되어 있지 않다.[1)] 본

1) YMCA와 YWCA의 사회적기업에 대해서는 사회적기업연구원에서 발행하는『사회적기업』에 실린 방문소감에서 부분적으로나마 그 특성을 엿볼 수 있다. 이나영, "[우리동네 착

연구는 두 개신교기반 시민단체가 중심이 되었으나 궁극적인 목적은 이를 통해 종교기반 시민단체가 운영하는 사회적기업의 특성과 과제를 추출하여 시민사회에서의 종교의 역할을 전망하는 데에 있다.

Ⅱ. 종교와 시민사회의 관계

시민사회는 제3섹터, 비영리, 자원부문, 비정부 조직들, 사회적 경제, 공익기관들과 같은 명칭과 유사하게 또는 다르게 사용되지만 이를 모두 포괄하는 개념으로 쓰이기도 한다. 핀란드의 실천신학자이면서 종교사회학자로 YMCA에서 활동한 바 있는 마티 무코넨(Martti Muukkonen)은 이러한 모든 명칭 중 가장 오래된 것은 시민사회로, 그것은 한편으로 국가의 공적 영역과 보통 사람들의 풀뿌리 활동 사이의 구분과, 다른 한편 시장과 보통 사람들의 삶의 세계 사이의 구분을 강조하는 것으로 정의한다(Muukkonen, 2009: 684-685). 요약하면 시민사회는 비정부 비영리가 핵심이라는 의미이다.

그렇다면 시민이란 무엇인가. 벤자민 바버(Benjamin Barber)는 시민사회의 '시민'은 소란을 일으키면서 충돌하고 대립하는 '대중'과 달리 '숙고하고(deliberate)' '행동하며(act)' '관여하고(engage)' '공유하며(share)' '기여한다(contribute)'라고 규정한다(Barber, 1984: 154-155). 다시 말해서, 대중들이 숙고하고, 행동하며, 관여하고, 공유하며, 기여

한기업_서울YMCA아가야[아가야, 우리와 함께 놀자", 『사회적기업』 12(2010), 12-13; 사회적기업연구원 편집부, "[고마워요 사회적기업_YMCA '마당']삶의 지혜와 여유를 배우는 YMCA '마당'", 『사회적기업』 12(2010), 28-29; 신종석, "[우리동네 착한기업_청수아리랑김치/ 제주YWCA 다인]제주도에서 만난 따뜻한 마음 하나, 둘", 『사회적기업』 14(2010), 14-15; 최보연, "[고마워요 사회적기업_제주YWCA 다인]계속해서 공부할 수 있게 도와준 제주YWCA 다인", 『사회적기업』 15(2010), 30. 본고에서는 그밖에 이들 사회적기업에 대한 언론보도, 기업 홈페이지, 전화인터뷰, 참관 자료들을 활용했다.

할 때 그들은 시민이 되고, 이 때 비로소 그들은 참여(participate)한다는 것으로, 강한 민주주의는 이러한 능동적인 시민들에 의한 참여적 정치에 의해 규정된다는 것이다. 숙고와 관여와 공유는 개인의 입장에서 말하는 것이지만 기여는 그들을 포함한 사회 전체와 관련된다. 이것은 개인이 경험하는 어떤 문제가 한 개인에게 국한되지 않은 사회적 문제라는 인식과, 그러한 인식에 대한 사회적인 공감을 불러일으킴으로써 그것이 지향하는 가치가 사회 일반에 의해 공유되고, 궁극적으로 사회문제의 해결이라는 공익성과 공동선을 부각시키면서 사회에 기여한다는 관점이다. 바버가 숙고, 행동, 관여, 공유, 기여의 여러 단계를 설정한 것은 어느 한 개인의 의식에서 성찰되었을 사회문제가 그 해결을 위해서는 반드시 행동으로 이어지고, 동일한 문제의식을 가진 이들이 집단을 형성하여 그 문제에 대한 인식을 공유하는 과정을 거친다는 것이다. 이것은 시민이 개인보다는 사회 또는 사회단체와의 연계에서 그 역할이 이루어진다는 의미로 이해된다.

그렇다면 시민사회와 종교는 어떤 관련성을 갖고 있을까. 2000년부터 시작된 우리나라 비영리민간단체지원법[법률 제6118호]의 제2조 등록요건 제3항에 의하면 특정정당 또는 선출직 후보에 대한 지지 · 지원이나 특정종교의 교리전파를 주된 목적으로 설립 · 운영되지 않아야 함을 규정하고 있다. 시민단체의 자격요건에서 특별하게 비정부 비영리와 함께 '비종교'가 포함된 것인데 이것은 개신교 · 가톨릭의 교회, 불교의 사찰 등은 시민단체에서 배제된다는 의미여서, 기독교 전통을 가진 서구에서 '비종교' 항목이 없는 것과 다르다. 무코넨은 사회가 가족(혈연), 국가(강제력), 시장(경제력), 그리고 종교(신성)의 네 가지 주요 제도들을 가진 것으로 간주하고 이에 따라 시민사회를 이들 네 가지 제도들 사이의 중간 영역으로 규정한다(Muukkonen, 2009: 697). 특히 가족과 종교를 내세워 시민사회의 특성에 공공성과 종교성을 포함시킨 점이 주로 제3섹터의 관점에서 비정부 비영리에 초점을 둔 기왕의 논의와 차별화된다. YMCA와 YWCA는 국가, 시장, 종교 사이의 중간 영역을 기반으로 하는 시민단체로 간주될 수 있다.

종교와 시민사회의 관계에 관심을 보여준 로버트 우드노우(Robert Wuthnow)는 미국 전 역사를 통해서 시민참여는 그 종교기관들에 대한 국가의 헌신에 의해 깊이 영향을 받았으나, 이제는 시민들을 동원해서 적극적으로 참가시키는 종교의 능력에 대해서 의문이 제기되고 있다고 본다(Wuthnow, 1999: 331). 그는 시민사회의 활력을 평가하는 속성으로 사회적 자본, 개인의 권리, 소통, 제도들에 대한 신뢰, 이타주의, 경제정의, 통합 메커니즘, 고차원적 가치를 들고 이런 각 요소에서 종교가 어떤 역할을 하는지를 분석하면서 이를 통해 시민사회에서의 종교의 역할과 위상을 가늠하고자 했다. 그동안 시민사회는 쇠퇴하고 있어 활성화될 필요가 있으며, 활성화는 특히 풀뿌리 수준에서 개혁 운동을 통해서 그리고 개인과 가족의 '도덕적 회춘'(moral rejuvenation)에 초점을 둠으로써 일어나야만 한다는 가정에 의해 지배되어 왔으나, 시민사회에서의 종교의 역할을 이와 같이 '도덕적 회춘'에 둘 때 종교는 시민사회를 활성화시킬 수 없다는 것이다. 종교가 시민사회를 활성화시킬 수 있는지에 대한 문제의 해답은 종교가 다른 제도와 독립적으로 작동하는 신앙과 확신으로만 간주되는 한 '아니오'라는 주장이다(Wuthnow, 2003: 203-204, 207-209).

이것은 역으로 종교가 시민사회단체와 연합할 때 상당히 이상적인 조합이 될 수 있음을 암시하는 것이다. 우리나라의 경우 본고의 연구대상인 YMCA와 YWCA뿐만 아니라 기독교윤리실천운동, 경제정의실천불교시민연합, 한국가톨릭농민회 등 종교기반 시민단체가 각 종교별로 상당수 존재한다. 비록 종교와 시민단체의 결합이 바람직한 조합이라 하더라도 이들 단체가 도덕적인 측면에서 비종교기반 시민단체보다 우위에 있다는 증거는 없을뿐더러 그들의 활동 중 특히 종교인의 정치참여에 대해서는 부정적 여론(74.6%)이 매우 높다(기독교윤리실천운동, 2014: 22). 이처럼 종교기반 시민단체에 대해서 더욱 엄격한 평가를 하는 것은 최근 종교의 쇠퇴가 거론되고 있으나 종교에 대한 일반인들의 기대치는 변함없음을 역설적으로 보여주는 것이다. 또한 '종교'는 단일한 것이 아니어서, 각 종교별, 교파별로 사회와 현실을 바라보는 시각이 서로 다르거니와, 특히 기독교의 경우 복음주의와 에큐메니즘 중 어느 신학에 기반을 두느냐에 따라 동일한 기독교기반 단체의 활동 내용과 방향에서도 큰 차이를 드러낸다.

그러나 어느 쪽이든 시민사회에서의 종교의 역할을 부인하는 것은 아니고 종교가 교회나 사찰이나 사원을 벗어나 시민사회 속에 들어가 활동한다면 종교의 적극적인 도덕적 역할을 기대할 수 있을 것이라는 의미가 함축되어 있다. 종교가 개인적인 관계에서 도덕성의 회복에 기여하는 것만큼 시민사회에서도 종교의 역할은 충분히 인정되어야 할 것이다. 본 연구는 시민사회에서 종교의 위상을 지나치게 평가하거나 유예하지는 않으면서 종교가 시민사회에서 담당하고 있는 책임과 역할을 주목해야 한다는 입장에서 출발한다.

III. YMCA · YWCA 운영 사회적기업의 배경과 시민사회운동과의 관계

1. YMCA · YWCA의 역사와 수익성 사업의 성과

YMCA의 정신은 1855년 세계기독교청년회연맹 창립총회에서 채택된 '파리기준'과 1973년 우간다 캄팔라의 세계대회에서 채택된 '캄팔라

원칙'에서 잘 나타나고 있다. 전자는 기독교 청년들의 그리스도를 믿는 신앙을 통해, 후자는 그 신앙과 함께 '만인'에게 평등한 기회와 공정이 주어지기 위하여 일한다는 개방적인 회원 정책을 통해 보다 더 큰 사회적 책임과 관심을 강조했다(서울YMCA 편[책임집필 민경배], 1993: 551).

이러한 정신은 1903년 조선에 처음 창설되어 100년의 역사를 쌓은 한국의 YMCA에서 잘 드러난다. 19세기 말 이후 우리나라를 포함하여 동양 여러 국가에 기독교를 처음 전파한 서구 선교사들은 선교가 단순히 종교를 전파하는 것이 아니라 대상국가의 각 분야에서 사회변혁을 수행하는 '사회학적 대행자(sociological agent)'가 되어야 한다고 보았다(Dennis, 1897: 43-46). 한국 YMCA의 창설과 활동 역시 이러한 선상에서 이해될 수 있는 것은 이를 창설한 중심인물들 중 선교사가 다수 포함되어 있기 때문이다. 초대 황성기독교청년회 이사명단 13명 중 선교사가 8명이었고, 회장과 부회장 역시 이들 중에서 나왔다(서울YMCA [책임집필 민경배], 2004: 78-81). 창립 이후 수행한 활동들은 농촌계몽과 생활개혁운동을 비롯해서 질병 치료, 청소년 교육과 인권 신장을 위한 활동과 독립운동의 참여까지 YMCA의 역사는 바로 우리나라 사회운동의 역사였다. 특히 이 단체의 성과는 체육활동에서 잘 드러난다. 본래 YMCA는 스포츠를 문명화 프로젝트로 삼으면서 도덕을 고양하는 서비스로서의 격렬한 신체 운동의 개념을 정립했다. 경기는 일시적 유행이 아니고 필수품이라는 관점이다(Polumbaum, 2002: 179, 191). 우리나라 근대체육을 최초로 시작한 YMCA는 일제에 의한 수많은 탄압 속에서도 꾸준히 체육활동을 전개할 수 있었던 유일한 단체로, 우리나라 근대체육의 발전과 활성화에 이바지하였다.

이와 같이 YMCA가 시대문제에 초점을 두면서 자연스럽게 종교에서 사회봉사로 초점이 전환된 것은 서구나 한국에서나 마찬가지이다. 장윤재는 한국 YMCA의 성격을 하나님나라운동, 민족독립운동, 근대화운동, 시민사회운동의 4가지로 요약했고, 그중 광복 후 수행해온 시민사회운동을 사회개발사업, 청소년운동, 민주화운동, 지역사회조직운동, 시민의식개발운동, 소외계층의 생활문화개선운동, 사회교육운동 등으로 열거했는데(장윤재, 2014: 46-47), 그 사회적 활동과 성과는 특히 근대화운동과 함께 시민사회운동에서 잘 나타나고 있다. 최근에는 정치관련 활동에도 참여하면서 시민단체로서의 면모를 강화하고 있는데, 국제적으로 YMCA는 그간 여러 가지 변화 속에서도 일관되게 정치적인 연루를 피해왔다는(Zald and Denton, 1963: 220) 점에서 이 단체의 성격이 다시 한 번 변화되고 있음을 보여준다.

『서울YMCA운동 100년사 1903-2003』의 연보에 의하면 이 단체는 특히 시민에 대한 관심이 크다는 점이 드러난다. 1968년부터 서울YMCA는 시민논단을 시작하면서 시민단체 중 가장 먼저 시민을 부각시켰고 더 나아가 연구소의 설치와 관련 출판물의 간행으로 꾸준히 시민사회에 대한 연구를 선도하고 있다. 이 단체가 수행한 각종 프로그램, 운동, 캠페인에는 시민중계실과 시민의식개발, 시민자구운동, 시민권익보호변호인단, 시민감시단, 시민문화연구소, 시민토론회, 시민캠페인, 시민운동 등의 명칭이 보인다. 이러한 활동들을 잘 고찰해보면 시민은 주체이면서 보호 또는 계몽의 대상이 되고 있고, 그 시민운동은 '의식개발', '자구운동', '시민감시', '캠페인'과 같이 초점을 시민 자신들의 역량강화에 두었음을 보여준다.

YWCA는 YMCA보다 20년 늦게(1923) 창설되었으나 그간 YMCA에서 불충분했던 여성 회원의 위상을(한국여신학자협의회 편집부, 2006: 183-184) 공고히 하는 역할을 수행했다. 이 단체는 광복 이전에는 문맹퇴치와 생활개선을 위한 농촌계몽운동, 조혼 · 공창제도 폐지운동과 축첩제 반대운동을 포함한 여성들의 권익보호 활동, 물산장려운동과 같은 민족운동을, 광복 이후에는 여권신장과 여성의 직업능력개발 및 취업확대를 위한 활동, 소비자보호운동, 평화운동, 통일운동, 환경운동, 사회복지운동을 수행했다(서울YWCA, 2002: 69-77). 그러나 YMCA에 비해 YWCA는 시민에 대한 강조가 그렇게 분명하게 드러나지는 않는다. 단지 공명선거실천시민운동협의회와 우리경제살리기실천시민운동에 참여하고, 올바른 결혼문화 정착을 위한 대전시민토론회 등을 개최한 것이 보일 뿐이다.

그러나 무엇보다 경실련, 흥사단, 기독교윤리실천운동, 녹색미래와 함께 '시민단체 사회적 책임헌장 및 행동규범 선포식'(2007)을 갖고, "각 단체 활동과 관련해 직접적인 이해관계가 있는 기업, 기관으로부터의 기부는 받지 않을 뿐 아니라 단체의 상징성을 갖는 주요임원은 정당에 가입할 수 없으며 정부 고위 관료의 직을 겸임할 수 없다"는 것을 선언한 점이 주목된다(시민사회신문. 2007. 7. 2). 비록 80주년을 맞이하면서 "여성의 정치세력화와 올바른 정치문화 형성"(서울YWCA, 2002: 77)에 앞장서겠다는 정치참여의 의지를 표명한 바 있으나 주요임원의 정당 가입이나 정부의 고위직 겸임을 허용하지 않음으로써 YWCA가 정치단체로 변질되는 것을 차단한 것이다. 이것은 시민단체로서의 투명성, 도덕성을 확립하면서 이들의 공익성과 독립성을 높이려는 노력의 일환으로 평가된다.

YWCA 역시 캠페인, 실천대회, 서명운동, 공개토론회, 금식기도회 등의 활동이 주가 되지만 이 단체는 YMCA에 비해 여성 회원들의 결집이 공고해 보인다. 특히 YWCA는 지역공동체운동에 대해 깊은 관심을 갖고 이를 시민사회운동으로 연결시켰다. 기독교적인 공동체 개념은 도시빈민공동체운동에서 이미 잘 드러나거니와, 이것은 이 단체가 사회 전체가 공유하는 가치관을 구현하는 체제보다는 오히려 그 체제 속에 진정한 공동체의 선이 실현될 수 있는 소규모의 하위집단에 초점을 둔 온건한 공동체관(황경식, 1999: 10)을 갖고 있음을 보여주는 것이다.

2000년대에 들어 지역사회 발전을 위한 마을공동체운동은 자주 정부 지원의 국책사업으로 수행되었으나 재원의 과도한 의존이나 주민조직의 어려움으로 문제점들이 노정되었다(유성희, 2008: 149-185). YWCA는 1994년 공보처의 민주공동체의식 실천사업에 맞추어 바른 삶 실천, 비전 있는 공동체 이루기, 청소년문화한마당, 따뜻한 가정 만들기 운동 등 공동체운동을 꾸준히 수행하면서 그 역량을 축적해왔다(한국YWCA 연합회 홈페이지).

무엇보다 YWCA의 공동체 사업은 다른 한편으로 지역공동체 형성을 위한 구체적인 실천과 병행하고 있었다는 점을 주목할 필요가 있다. 현재 한국의 지역농업조직 운영사례 중 하나로 거론되는 산청군 차황면의 생태마을 조성은 1990년 부산지역 YWCA와의 직거래를 위해서 작목반으로 출발했다. 부산YWCA는 도농직거래를 시작으로 다양하고 지속적인 지역공동체를 형성하려는 노력을 통해 산청군 차황면 일대를 생태적 지역공동체로 전환시켰다. 먼저 부산YWCA는 스스로 유기농의 정신을 익혔고, 1970년부터 시작한 소비자운동을 통하여 생산자들도 더 책임 있게 먹거리를 생산해야 한다는 문제의식을 갖게 되었다. 무엇보다 부산YWCA는 농산물을 직접 판매하고, 생산지 현황을 파악하면서 농촌공동체를 지원하고 이들이 자립적으로 힘을 갖도록 돕는 일이 도시의 소비자들을 살리는 길과도 연결된다는 점을 확신했다(유성희, 2008: 161-162). 한 지역사회의 프로그램은 그들만의 이익으로 끝나는 것이 아니라 다른 지역의 소비자들에게까지 영향을 주는 공익성을 보여준 것이다.

이와 같이 YMCA와 YWCA의 활동들에는 수익성과 무관한 서비스 활동이나 공익적인 시민사회운동이 많아서 경제적 지원이 필수적으로 요구된다. 처음 이 두 단체는 후원금과 함께 등록된 회원들의 회비에 의존했거니와, 이 경우 회원들의 필요와 기호에 따라 프로그램이 실행되기도 하고 중단되기도 한다(Zald and Denton, 1963: 222). 그러나 사업 영역이 넓어지면서 회비에만 의존하기는 어렵게 되었다. 예로 서울 YMCA의 2012년도 예산총괄표[2011년도 작성]를 보면 회비 수입은 2012년 총예산액의 약 5%밖에 되지 않으나, 반면 스포츠가 중심이 된 활동사업 수입[목적사업]은 총예산의 절반 이상을 차지하고 그밖에 사업 소득으로 기부금과 호텔 · 회관사업 수입[수익사업]이 있어 나머지 부분을 보충하고 있다. 일반적으로 비영리기관의 수익성활동은 사회체육과 교육부문에서 이루어지고, 그중 수익이 큰 것은 사회체육부이다. YMCA 활동사업 수입에서도 강남YMCA와 송파YMCA가 수입이 가장 많고 그 다음이 사회체육부인데, 강남 · 송파YMCA의 사업은 거의 수영 교습이 중심이어서 사회체육부와 이 두 지부의 수익을 합하면 전체 활동사업 수입의 72.3%에 해당한다(서울YMCA, 2012: 594).

이러한 YMCA의 스포츠에 편중된 수익성 사업은 국내외에서 비판을 받고 있다. 국내 한 연구자는 "초창기에 볼 수 있었던 순수하고 참신한 정신적 요소가 불분명해지고, 사업중심의 사업체로 정착하고자 하는 경향이 짙어진다는 비판을 받으면서, YMCA의 고유의 개성을 잃어가고 있다는 비판을 피할 수 없게 되었다"(이은주, 2002: 72)는 문제점을 지적했다. 외국의 경우 이 단체의 프로그램이 수익성이 높은 것은 마케팅이 뛰어나기 때문으로, 미국의 경우 19세기 말 모든 계층을 상대로 하던 본래의 의도를 버리고 중상류층을 타겟으로 삼은 점을 든다. 이 시기 경제적인 여유로 여가시간이 증가하고 육체노동이 감소하게 되자 그들의 관심을 재빠르게 스포츠와 운동으로 전환시켰고, 1950년대에는 그들이 도시에서 교외로 이주하던 시기에 맞추어 그 지역에 지부를 설치했다는 것이다. 반면 영리기관의 헬스클럽들은 YMCA가 국세 및 지방세의 면제를 비롯해서 보조금과 다양한 법적 혜택을 받아 저렴한 가격으로 회원들을 끌어가고 있다고 공격했다(Miller & Fielding, 1995: 76-107).

서울YMCA의 2012년 예산서에 의하면 법인세 지출은 호텔, 골프장, 회관 등 회관사업 수입[수익사업]의 약 3.4%, 총예산의 약 1.3%이고, 그 밖의 헬스나 체육 활동 등 목적사업에는 비영리기관의 법인세 관련 조항에 따라 세금이 부과되어 있지 않다. 한국YMCA의 경우 수영강습의 수요가 높을 것이 예측된 강남과 송파에 먼저 지부를 설립한 데에서 드러나는 뛰어난 마케팅과 비영리민간단체로서의 세금의 혜택이 수익성을 높이는 데에 기여했을 것이다.

YWCA의 수익성사업은 YMCA에 비해 상당히 영세한 편이다. 사업의 내용과 특성은 여성의 일자리 찾기와 관계가 있다. 과거 가정부 훈련과 파견으로 중장년 일자리를 창출했던 데에서 벗어나 본격적으로 돌봄과 살림사업단을 만들었다. 소속 직종으로는 가사돌보미, 산후조리사, 아기돌보미, 요리맘, 세이프맘, 간병사가 있으며, 주방세제, 세탁세제, 음식물발효제, EM제품을 판매하고 매년 문화행사 주관으로 수익을 얻기도 한다. YWCA 역시 보건체육부가 중심이 되어 민속춤, 수영, 스키, 레크리에이션, 생활체조, 건강체조, 호신술 등의 프로그램을 시행했으나 1990년대 이후에는 이를 단체가 운영하는 종합사회복지관, 청소년회관 등의 지부 활동으로 전환해서 수지계산서에는 등장하지 않는다. 홈페이지에 공지된 2011년도 운영수지계산서에 의하면 총수입 중 회비는 전체의 약 6.3%를 차지하고 후원회 보조가 약 13.9%여서 전체 수입의 20%를 넘는다. 다시 말해서 전체 지출의 20%를 회비와 후원회보조가 감당한다는 것이어서 주로 사업 수익이 예산에서 큰 비중을 차지한 YMCA와의 차이를 보여준다. 이것은 이 단체의 경우 수익사업이 없고 목적사업과 특별사업만이 있기 때문인데, 특별사업 중에는 지역아동센터지원사업이 가장 많은 부분을 차지하고 청소년금융교육, 소비자사업, 여성재단사업 등이 비교적 수익을 올리는 항목들이다. YWCA의 기반사업에 들어있는 돌봄과 살림사업단은 이 시기 수익이 매우 미미했다.

이상의 두 단체의 역사와 수익성 사업의 성과가 사회적기업에 요구되는 사회복지적 시선과 경제적 운영능력에 있어 어떻게 반영이 되는지를 살펴볼 차례이다.

2. YMCA · YWCA 운영 사회적기업의 유형과 시민사회운동과의 관계

2018년 7월 현재 YMCA와 YWCA가 운영하는 사회적기업으로는 각각 7개소와 4개소가 개가 있다.[2)]

대구YMCA희망자전거제작소사업단 [사회복지]
대구YMCA신천에스파스사업단 [환경]
김해YMCA아시아문화센터 [문화예술관광운동]
광주YMCA광주아가야 [사회복지]
한국YMCA전국연맹 YMCA서울아가야 [보육]
충남 아산YMCA아가야 [보육]
구미YMCA아가야사업단 [보육]

위 사회적기업 중 시민단체의 성격이 두드러진 것은 '대구YMCA희망자전거제작소사업단'과 '대구YMCA신천에스파스사업단'인데, 이들은 그동안 창업과정에 비리가 있었던 것이 밝혀져 노동부 인증이 취소되고 지원금 반환이 요구되면서(2012) 사업이 중단되었으나 2015년 4월부터 재정비되어 활동을 수행하고 있는 것으로 알려졌다. 대구YMCA의 홈페이지에는 이 두 사업단이 링크되어 있고, 사회적기업진흥원의 2018년도 사회적기업 리스트에도 포함되어 있다.

2) (인증)사회적기업 리스트는 한국사회적기업진흥원 홈페이지에 수록된 자료에 근거한다.

2013년도와 비교해볼 때 '진주YMCA아가야'와 '수원YMCA아가야'가 없어졌으나 2015년에는 전체 13개 사회적기업 중 11개소를 그대로 유지하고 있었다. 2018년 7월 현재는 총 7개소로 줄어들었으나 2013년부터 2018년까지 5년간 절반 이상의 동일 사회적기업을 지속적으로 운영하고 있는 것은 그간 YMCA가 수익성 사업을 오래 수행해온 경험에 힘입은 바 컸을 것으로 판단된다. 이러한 점은 후술하겠지만 YMCA와 YWCA 두 단체의 유사한 성격에도 불구하고 YWCA가 2013년도에 비해 거의 1/3에 육박하는 사회적기업이 중단 또는 폐업된 것과 대조된다. 현재 YMCA 사회적기업은 총 7개소 중 아가야 사업이 4개소를 차지하고 있는데, 아가야가 핵심 사회적기업으로 선택된 것은 어린이를 소중히 여기는 기독교정신에 기반을 두면서 동시에 그 수요에 대한 철저한 마케팅이 바탕이 되었을 것으로 보인다. 그러나 스포츠사업이 총 예산의 70% 이상을 차지하고, 아기스포츠단을 창설해 전국적으로 운영해온 이 단체가 '어린이 스포츠' 대신 보육을 사회적기업의 대표유형으로 삼은 것은 오히려 수익성을 담보하는 이 단체의 대표적인 사업 아이템을 복지활동과 연계된 서비스 유형으로 전환시키기 어렵기 때문이었을 것으로 추측된다.

YMCA의 사회적기업 중 특히 주목되는 것은 '대구YMCA희망자전거제작소사업단'과 '대구YMCA신천에스파스사업단'이다. 보육 역시 단지 개인의 문제가 아닌 사회적 문제로 볼 수는 있지만 공익을 사회 일반이 공유하는 보편적 이익이라는 보다 적극적인 측면에서 보면 이러한 환경 관련 사회적기업이 기여하는 바가 좀 더 큰 것으로 생각된다. YMCA는 1990년에 환경보전캠페인을 시작했고, 환경에 대한 사회적 관심이 확대되자 환경운동에 청소년운동을 결합시킨 녹색청소년단, 한강물살리기 청소년 생태환경감시단을 발족시켰다. 그 후 각 가정에서 사용하던 생활용품을 교환하거나 판매하는 녹색가게운동은 이러한 환경운동의 일환으로 이루어진 재활용운동이었다. '희망자전거제작소사업단'이 추구하던 재활용사업이나 버려진 하천의 복구를 목표로 하는 '신천에스파스'는 모두 환경 관련 사업으로, 이 단체의 이러한 사회운동의 역사가 그 배경이 되고 있는 것이다. 이들은 바로 EMES가 규정한 사회적기업의 이상적인 유형의 특성 중 "공동체에 이익이 되는 명백한 목적"에 해당되는 사업들이다(Kerlin, 2006: 249).

먼저 '대구YMCA희망자전거제작소사업단'의 활동이다. 처음에는 자전거 이용활성화를 통한 건강증진과 온실가스 감축을 목표로 YMCA, 대구도시가스(주), 대구시와 공동으로 도심에 무단방치되거나 버려진 자전거를 수거하여 수리한 재생자전거를 시민들의 출퇴근용으로 활용하거나 예술디자인자전거를 제작하여 도심이나 산천변을 관광하는 투어바이크 사업을 목표로 했다. 단지 현재 폐자전거의 수거라는 사회적 일자리 창출과 저렴한 재생자전거 판매로 시민들의 자전거활용도를 높임으로써 친환경 녹색교통운동에 동참한다는 비전을 갖고 출발한 재생자전거보다는 예술디자인자전거의 제작과 활용에 초점을 둔 것으로 보인다. 제11회 울산쇠부리축제(2015. 5. 15-5. 17)에 희망자전거제작소의 자전거팀이 보이거니와(울산매일. 2015. 5. 14), 자전거를 활용한 거리공연팀의 각종 퍼레이드와 축제공연의 참여, 그리고 자전거 대여는 확실히 친환경적 거리 조성에 대한 일반 시민의 의식과 관심을 환기시키는 데 기여했을 것으로 사회 전체가 공유하는 공익성을 제고시킨 것이다. 2015년에는 대구컬러풀페스티벌 퍼레이드, 광주유니버시아드대회 퍼레이드, 한국항공우주연구원 주최 '인간동력항공기경진대회'(공군참모총장상 수상), 서초강산퍼레이드 등에 참가해고, 2016년에는 대구컬러풀퍼레이드에서 최우수상을 수상했으며, 2017 대구컬러풀퍼레이드에서는 대구YMCA희망자전거제작소가 대구사회적기업협의회와 함께 참여해서 대상을 수상했다(희망자전거제작소 '아트바이크제작팀' 카페, https://cafe.naver.com/ikeart).

'대구YMCA신천에스파스사업단'은 프랑스에서 르노자동차 이전으로 방치된 공장 부지의 환경정비사업에 공장 실직자들을 포함한 주변 소외계층이 참여하여 성립된 단체를 벤치마킹해서 출현한 사회적기업이다. 에스파스공원은 버려진 수변공간을 친환경적인 하천으로 바꾸는 단체로, 중장비 또는 화학약품 등을 전혀 사용하지 않고 사람들의 손으로 최대한 자연에 가깝게 하천 또는 그 주변을 가꾼다. 2007년 2월부터 대구시, 대구YMCA, 대구도시개발공사와 함께 2010년까지 인공습지와 논·밭·연못을 만들고, 500여 종의 희귀한 식물과 꽃을 가꾸며, 정자와 쉼터, 각종 조형물과 곤충모형 등을 설치하여 어린이들의 체험학습은 물론 수많은 가족 단위 관람객이 모여들고 자전거나 조깅을 즐기는 이들이 찾는 장소가 되었다. 그러나 2012년 11월 에스파스사업단이 사회적기업 인증을 받는 과정에 서류를 조작했다는 의혹을 받아 고용노동부로부터 인증이 취소되고 지원금의 반환 결정이 내려진 후 방치되면서 신천에스파스공원은 "생태공원이 아니라 폐허공원이다"라는 비판과(중앙일보. 2014. 9. 26) 이들 사회적기업의 비리를 철저히 조사해야 한다는 신문의 사설이 나오기도 했다(매일신문. 2012. 5. 30). 2015년 3월에 법적으로 의혹이 해결되어 다시 시작하게 되면서 생태체험프로그램을 운영하고, 한평공원과 비오톱·습지 조성사업과 자생식물 등의 육성 및 판매를 기획했다. 이러한 생태공원이 보여주는 공익성은 시민단체가 운영하는 사회적기업이기에 가능했고 그러한 성과를 올린 것은 대구YMCA라는 종교시민단체의 힘이 배경이 되었기 때문인 것으로 판단된다. 사업단이 2016년부터 독립된 법인을 만들려는 노력을 했으나 일단 2018년 현재 여전히 대구YMCA가 운영주체로 되어 있다.

'김해YMCA아시아문화센터'는 문화 공연 및 교육서비스를 목표로 하는 사회적기업이다. 기독교 선교사들이 국가·인종·언어·성별을 뛰어넘어 헌신했던 것처럼 이주민들이 겪는 문화, 언어적 차이와 갈등, 그리고 그들의 인권문제를 사회적기업을 통해 환기시키면서 해결방식을 추구하는 것은 종교기반 시민단체로서 해야 할 일일 것이다. 한국은 다문화사회로, 한국남성이 이주 여성들과 결혼해서 이룬 가정이 많아지고 그 자녀들의 문제까지 발생하게 되면서 다문화가정들이 겪는 어려움은 심각한 사회문제로 부상했다. 안전행정부의 통계에 의하면 2016년도 현재 우리나라에 거주하는 장기체류 외국인 · 귀화자 · 외국인주민 수는 모두 176만 4,664명으로 총인구 대비 3.4%이다. 2015년에 비해 3.1%가 증가했다. 국적별로는 한국계 중국인을 포함한 중국 국적자가 가장 큰 비중을 차지하고 있으며(48.9%), 베트남(9.4%), 태국(5.8%), 미국(3.7%), 필리핀(3.7%) 순으로 많다(지방자치분권실[사회통합지원과], 「2016년 지방자치단체 외국인주민 현황」[2017. 11]). 김해YMCA의 제11회 아시아문화축제(2014. 10. 19)에는 약 26개의 다문화 이벤트와 체험부스를 설치했고, 개막 퍼포먼스와 개회식, 부대행사로 외국인 말하기대회, 다문화길 가족 사생대회 등을 개최했다. 아시아문화센터에서는 다문화카페와 아시아 전통물품을 판매하는 아시아마켓이 운영되고, 아시아문화 체험행사 및 정기적인 포럼과 회의가 열린다. 시민들과 함께 하는 이러한 대규모 행사는 YMCA와 같은 역사적 배경과 경험이 축적된 종교기반 시민단체였기에 가능했던 것으로, 기독교가 수용된 이후 수행했던 사회학적 에이전트로서의 역할과 성과가 함축되어 있다.

YWCA 사회적기업으로는 현재 4개소가 있다.

경기 안산YWCA월드맘 [교육]

광주YWCA드림헬퍼사업단 [간병가사지원]

충북 제천YWCA올리사업단 [기타]

전남 목포YWCA희망지원센터 [기타]

2013년도 사회적기업 리스트에 있었던 '대구YWCA간병단'(간병가사지원), '제주YWCA사회적일자리지원센터'(보육), '논산YWCA올리사업단'(기타), '세종YWCA올리사업단'(기타)[3], '대전YWCA여성인력개발센터 학교방과후전문인력지원사업단'(교육), '포항YWCA육아전문지원센터'(보육), '부산YWCA해운대여성인력개발센터 에듀천사'(교육)는 중단되거나 폐업했다. 2015년도에는 총 7개소가 있었는데, 그중 '충북 충주YWCA올리사업단', '부산YWCA새터민지원센터 떡담은', '부산YWCA브라스밴드'의 3개소가 현재 보이지 않는다.

2018년도 7월 현재 YWCA가 운영 중인 사회적기업 4개소는 교육, 간병가사지원, 먹거리 등으로 나뉘어 있어 특별히 중점사업이 드러나지 않는다. 본래 이 단체의 핵심사업은 친환경먹거리를 생산 판매하는 올리사업으로 볼 수 있으나 2015년에는 논산과 세종이, 2018년 현재는 충주 '올리사업단'이 중단되어 제천 '올리사업단' 1개소만 남아있다. YWCA는 1980년대 먹을거리가 나고 자라는 생태적 환경을 회복시키기 위한 친환경먹을거리 운동을 시작했는데(하선규, 2013: 39-40), 여기에는 "땅은 살리고 시민은 바른 먹거리 권리 회복"이라는 YWCA '땅과 생명운동'의 지향점, 그리고 사회운동을 생활밀착형으로 전개하는 이 단체의 특성이 들어있으나 기업으로 성공하지는 못했다. 제천 '올리'는 친환경 농산물유통매장을 마련하여 콩비지버거, 도시락, 반찬 등을 판매하고 있다(한국사회적기업진흥원 홈페이지-인증기업현황).

YWCA의 사회적기업 중 시민사회단체로서의 특성이 가장 크게 드러난 사업은 결혼이민여성의 2중 언어 능력을 활용해 일자리 창출과 경제적 자립을 돕는 한편 지역사회에 양질의 영어교육서비스를 제공할 목적으로 설립된 '안산YWCA월드맘'이다(월드맘 블로그, https://blog.naver.

3) 기타서비스는 불특정 다수를 대상으로 사업을 하기 때문에 사회적 목적의 실현 여부를 취약계층 고용비율과 사회서비스 제공비율 등으로 판단하기 곤란한 경우이다.

com/worldmomjan). 정부에서는 결혼이민자들을 위해 통번역 인력풀을 구축하여 그들의 취업기회를 보다 확대시키기 위한 노력을 경주하고 있으나, 우리나라는 외국인 특히 우리나라 남성과 결혼한 동남아시아 여성들에 대한 편견이 커서 이들은 단순 노동직 외에는 취업이 쉽지 않은 편이다. '월드맘'은 현재 9명의 원어민(필리핀)을 교사로 임용하여 지역 내 어린이집 · 유치원 대상의 출장강의와 성인 회화 강좌를 운영한다. 여기서 주목되는 것은 "대졸 이상 학력 필수"라는 고용조건으로(프라임경제. 2014. 8. 7), '월드맘'은 취약계층 몇 명의 취업을 해결한다는 의미보다는 고학력 결혼이주여성들을 임용해 '가르치는' 사람으로서의 위상을 확립하고 평가절하된 그들의 국가와 지적 능력에 대한 인식을 제고시키고 있다는 것이다. '월드맘'이라는 이름에서 만방을 포용하라는 기독교적 가르침이 보이거니와, 중요한 것은 포용하는 주체가 바로 그들이라는 점을 함축하고 있다.

서울YWCA의 주요사업은 참여 · 나눔 · 치유로, 특히 다문화운동은 치유의 한 가지 방식이 될 수도 있다. 소외되고 힘든 이방사회에 내던져진 이들에게 가장 필요한 것은 그들 고유의 문화를 체험하는 것을 넘어서 이들의 권익과 능력이 사회에서 보호받고 존중받는 것이기 때문이다. '월드맘'은 종교기반 시민사회단체로서 그동안 수행해온 피해여성의 치유와 함께 여권 보호와 신장에 노력해온 YWCA의 축적된 성과가 반영된 사회적기업으로 평가된다.

Ⅳ. 종교기반 시민단체가 운영하는 사회적기업의 기여와 과제

본고의 고찰 대상인 YMCA와 YWCA는 종교/시민단체/사회적기업이라는 삼중구조를 가지고 있다. 먼저 '종교'기반 단체라는 측면이다.

일반적으로 운영주체들의 종교성이 표면에 드러난 기업, 복지관, 사회적기업의 사업 내용이나 수행 방식은 실제로 비종교기관들과의 차이가 별로 드러나지 않는다. 복지시설에서처럼 사회적기업에서도 종교는 자기전파의 의혹에서 벗어나기 위해 종교적 요인들을 되도록 절제하거나 함축적으로 표현하고 있어 운영주체의 이름을 내세우지 않으면 그 기업이 종교와 관련되었는지 아닌지를 구분하기 어렵다. 그렇기 때문에 문제는 오히려 종교성의 모호한 함축에 있는 것이어서 그 사회적기업에서 종교가 수행하는 역할에 대해서는 세밀한 고찰이 요구된다.

다문화여성들의 언어 · 문화적 배경과 지식을 아동들의 교육현장에 투입시켜 활용하는 비종교기반 사업단의 사회적기업 '이음교육'은 '안산YWCA월드맘'과 별 차이가 없어 보인다. '이음교육'은 다문화여성의 일자리 창출과 자활 및 다문화 인식개선을 위해 설립된 공익형 사회적기업으로 다문화 인식개선교육, 다문화 이해교육, 다문화콘텐츠개발, 세계문화축제 기획 및 운영 등의 활동을 목표로 한다(「시흥저널」 259. 2013. 7. 1). '희망나래노숙인자전거재활용사업단두바퀴희망자전거' (http://www.2bike.co.kr)는 폐자전거의 수거와 수리를 통해 취약계층의 일자리를 창출하고 환경과 건강에 기여한다는 유사한 목적을 갖고 시작한 비종교기반 사업단의 환경친화적 재활용 사회적기업이다. 이 사업은 역시 친환경 재활용 사업을 통해 취약계층의 일자리 찾기, 저렴한 가격으로 가능해진 자전거타기의 일상화를 통해 저소득층의 건강에 도움을 주겠다는 '대구YMCA희망자전거제작소'의 사업목표와 유사하다고 볼 수 있다.

'월드맘'과 '희망자전거제작소'는 YWCA와 YMCA의 명칭을 빼면 '이음교육'[4]과 '두바퀴희망자전거'와 차별화되는 종교성을 발견하기 어렵

4) '이음교육'은 2018년 현재 인증사회적기업 리스트에는 나오지 않는다. 『2014 사회적기업 개요집(eBook)』에 의하면 '이음교육'은 "여성결혼이민자들의 안정적인 경제적 활동과 경제적 자립을 위해 설립되었다. 여성결혼이민자의 강점을 특화하여 국제문화이해교육 강사, 외국어 강사, 다문화인권교육 강사를 양성하며, 또한 다문화콘텐츠와 다문

다. 오히려 그 차이는 이 두 종교기반 단체의 역사와 전통이 부여하는 힘에 있는 것으로 보인다. 이미 위에서 논한 대로 '월드맘'은 다문화여성의 지적능력과 권위에 대한 근본적인 인식의 개혁에 기여하고 있거니와, 이 사업에는 그간 YWCA가 오랫동안 수행해온 피해여성의 치유나 여권신장 운동의 성과가 반영되어 있다. '김해YMCA아시아문화센터'가 다문화축제에서 26개의 이벤트와 체험부스를 설치한 것이나 '희망자전거제작소'의 축제 거리퍼레이드 참여와 같은 것은 소규모 사회적기업이 담당하기 어려운 시민 전체의 '공익성'이 부각되는데, 이것은 김해 · 대구YMCA와 같은 크고 강력한 종교단체가 배경이 되는 사회적기업이기에 가능했을 것이다.

다음은 비종교기반 시민단체의 사회적기업과의 차별성이다. YMCA는 처음 종교단체로 출발하면서 차츰 사회운동에 앞장서 온 단체이다. 그렇다면 종교기반 비시민단체와 비종교기반 시민단체가 운영하는 사회적기업과는 어떤 차이가 있을까. 일반적으로 사회적기업의 운영주체로서 종교기반 단체는 구세군복지재단, 대한불교조계종사회복지재단, 무지개공동회엠마우스산업처럼 대부분 복지시설을 운영하던 비시민단체들이어서 이들이 수행하는 사업은 여기서 일하는 취약계층 개인들에 대한 혜택에 초점이 있다. 이와 달리 환경관련 사회적기업 중에는 비종교기반 시민단체가 참여한 것들이 보인다. 예로 '풀빛문화연대'는 숲을 매개로 교육과 문화복지 사업을 하는 단체이면서 사회적기업의 명칭으로, 목표를 문화운동, 시민사회운동, 환경생태문화운동으로 설정한 것을 보면 비종교기반 시민단체이다. 다양한 프로그램을 갖고 있으나 핵심사업은 숲을 중심으로 한 생태교육사업이다(풀빛문화연대 홈페이지). 대구YMCA의 '신천에스파스' 역시 생태학습이나 탐사 등의 유사한

화교구 개발과 판매 및 이음다문화체험학습관을 운영한다."라고 하여 '월드맘'과 유사한 사업을 수행했다.

사업을 하지만 겉으로 종교성을 드러내지 않기 때문에 두 단체의 사회적기업에는 그 차이가 크게 드러나지 않는다. 그러나 있는 그대로의 자연과 생태의 체험을 넘어 버려진 수변환경을 대대적으로 복구하는 성과는 대구YMCA의 힘이고, 대구시 등 몇 기관의 지원 역시 그 힘을 믿었기 때문에 가능했을 것이다.

이 점은 종교 · 비종교를 막론하고 시민단체가 사회적기업을 운영하는 예가 별로 없거나 중도 폐업하는 사업단이 보이는 데에서도 드러난다. '아름다운부산만들기시민운동본부'는 2010년 7월 설립되어 아름다운 게시판 설치 · 운영관리 및 불법광고물 제거사업을 중심내용으로 2011년 4월 부산예비사회적기업으로 선정되었으나 현재는 중단되었다. 시민단체는 본래 비영리기구로서 수익성 사업에 대한 경험이 없어서 노동부의 국고지원금이 끊어진 후 수익을 맞추기가 쉽지 않기 때문이다. 이러한 중단은 위에서 본 바와 같이 YMCA와 YWCA의 사회적기업에서도 나타난 것이지만 YMCA에 비해 수익성 사업의 경험이 적은 YWCA가 사회적기업의 중단 비율이 더 높은 점에서도 드러나듯이 종교기반 단체라도 그동안 수행해 온 수익성사업의 역사나 경험의 측면에서 축적된 힘과 성과를 무시하기 어려운 것으로 보인다.

그러나 YMCA와 YWCA의 사회적기업들은 몇 명의 취약계층에게 일자리를 주는 데에서 더 나아가 시민사회단체로서 '공익성'을 보여준다는 특성은 분명히 드러난다. 여기에는 재화나 서비스의 생산판매를 통한 수익성뿐만 아니라 수변환경이나 길거리환경 보전과 다문화인의 자존의식 강화와 같은 돈으로 환산할 수 없는 사회적 서비스가 포함되어 있는 것이다. 우리나라의 종교기반 시민단체는 종교별로 그리고 각 종교의 지역 · 교파 · 교구별로 매우 많은데, 이들은 이미 단체의 이름에서 윤리, 정의, 종교개혁, 환경, 생명, 통일, 인권, 농민 등 그 목표를 뚜렷이 드러내고 있어 사회적기업에 대한 참여와 관심을 전환시킬 여지가 크지는 않다. 그러나 이들 중 특히 인권단체, 환경단체, 농민회 등은 기업이나 정부가 하지 못하거나 소홀히 한 환경과 생태학습, 통일과 새터민, 농민과 친환경 먹거리, 인권과 다문화와 같은 사회문제를 공론화하고 그에 대한 대안을 모색하고 실천하는 데에 있어 시위나 캠페인에 의존하는 방식을 넘어 그것들을 목표로 하는 운동의 한 가지 구현방식으로 사회적기업을 상정할 수 있을 것으로 생각된다. 이러한 점에서 종교기반 시민단체의 사회적기업에의 참여는 기존 사회적기업의 틀이나 한계를 넘는 새로운 영역을 개척할 수 있을 것이다.

이상의 논의는 종교적 배경이 비종교기반 사회적기업이나 비종교기반 시민단체의 사회적기업과의 차이를 만들고 있음을 보여준다. 여기서 종교의 힘은 '사회적 자본'에 한정되는 것이 아니다. 우드노우는 종교에 대한 참여는 이런저런 형식으로 사회적 자본에 도움이 된다는 점을 인정한 바 있으나 그는 이 이론이 사람과 사람 사이의 관계나 특히 작은, 지역적이고, 비공식적인 그리고 자발적인 배경 안에서 개인의 행동과 신앙에 초점을 둔다는 점에서 사회적 자본과 시민사회에 대한 현재의 지나치게 단순화된 논의를 벗어나야 한다고 본다(Wuthnow, 2003: 191-192). 전장에서 인용한 대로 안토닌 와그너(Antonin Wagner)는 사랑의 마음으로 하는 자비로운 기부와, 교회의 집회에 참석하고 종교적인 삶의 한 방식으로 때때로 관여하게 되는 자원봉사활동은 널리 확산되어 있는 시민사회의 부패에 대한 치료제가 되지 못한다고 주장한다. 그러한 종교적 활동이 공유된 가치를 증진하고 정치공동체의 보다 광범위한 문제로 향하지 못하는 한 충분한 민주적 효력을 창조하지 못한다는 것이다(Wagner, 2008: 627).

YMCA나 YWCA는 회원들이 단순히 어느 한 개신교교회의 교인인 동시에 개신교신자라는 신뢰로 이루어진 사회적 자본이면서 또한 종교 안에 안주하지 않고 시민사회로 나와 공익을 위해 함께 활동하는 종교기반 시민사회단체이다. 이러한 점에서 종교가 이들 활동의 가장 근간이 되는 힘인 것은 확실하지만 다른 한편 종교가 자신들의 힘을 과신하는 데에서 발생하는 문제에 대해서도 유의해야 할 것이다. YMCA의 사회적기업에서 발생한 문제는 다른 비종교기반 사회적기업에서도 존재했을 수 있으나 이 기업의 문제가 더 크게 부각된 것은 이것이 사회의 큰 권력으로 관심을 받고 있는 종교에 기반한 단체이고,[5] 종교기반 단체에게는 더 엄격한 윤리와 도덕의 잣대가 주어지기 때문으로, 바로 이 점이 종교기반 시민사회단체가 운영하는 사회적기업의 의의이면서 동시에 과제가 될 것이다(전명수, 2014: 37-38).

V. 결론

사회적기업은 취약계층에 대한 배려에서 출발한 것이라는 점에서 사회복지의 맥락에서 이해될 수 있고, YMCA와 YWCA는 종교기반 단체여서 종교사회복지의 틀 안에서 고찰될 수 있다. 특히 종교는 어느 것이나 대부분 사회적 약자에 대한 자비, 자선, 사랑 등의 가치를 갖고 있어서 종교사회복지는 돌봄, 긍휼 같은 의미가 일반사회복지에 비해 더욱 강조되는 느낌이 든다.

그러나 최근 종교사회복지도 돌봄과 정의구현이 함께 가야 한다는 논의가 나오면서 이를 위해 사회복지가 시민사회와 손을 잡아야 한다는 주장이 제기되고 있거니와, 종교기반 시민단체의 사회적기업 역시 종교복지활동과 시민단체의 정의구현활동이 함께 수행될 수 있는 가능성을 보여준다는 점에서 평가할 만하다. 현재 사회적기업은 비록 수적으로

5) 대구YMCA와 사회적기업의 비리를 탐사 보도한 기자는 '대구에서 YMCA를 어떻게 건드려'라는 질타를 받았다고 한다(일요주간, 2013. 6. 17).

증가하고 있지만[6] 그 기업의 현존 여부를 일일이 점검해야 할 정도로 그 존립이 불안해 보인다. 이것은 고용노동부의 지원이 끝난 후 수익성의 문제가 발생하기 때문이어서 취약계층 몇 명의 취업이나 그들에 대한 서비스 활동을 넘어 그 영역을 새롭게 개척할 필요가 있어 보인다. 이것은 시민 일반의 보편적인 공익성에 초점을 둔 시민사회단체의 사회적기업이 수익성을 보장한다는 의미는 아니다. 위에서 예시한 대로 시민사회단체의 사회적기업 역시 어려움을 겪고 중단되기도 한다. 그러나 적어도 불교, 가톨릭, 개신교, 원불교 등의 종교를 기반으로 하는 시민사회단체는 비록 YMCA와 YWCA가 갖고 있는 사회서비스와 수익성 사업의 오랜 역사와 성과에는 미치지 못하더라도 그들이 갖고 있는 힘과 그간 수행해온 복지활동의 경험을 통해 충분히 새로운 영역의 사회적기업을 발전시킬 수 있을 것으로 판단된다.

본 연구는 종교적 배경이라는 힘과 시민사회단체의 운동 경험이나 시각이 사회적 약자를 돕는다는 사회적기업의 개념을 사회 일반을 위한 공동선의 지향이라는 좀 더 확대된 개념으로 발전시키고 있음을 확인해 주었다는 점에서 의의가 있다. 단지 전술한 대로 정부의 지원을 받는 시민단체들의 독립성과 그들이 운영하는 사회적기업 역시 다른 공공서비스의 위탁과 같이 시민단체가 점점 운동의 주체가 아닌 공공서비스의 말단 전달체계로 전락할 수 있다는 우려(조철민, 2013: 251-252)는 YMCA · YWCA의 경우 크지 않으나[7] 앞으로 이에 관한 좀 더 확장된 논의가 요구된다. 동시에 시민사회단체의 사회적기업이 추구하는 '공익성'과 '공동선'의 의미에 대해서도 심도 있는 고찰이 필요하거니와 이 역시 차후의 과제로 남겨둔다.

6) 2013년 10월 노동부 인증 사회적기업은 총 913개소였는데, 2014년 6월 1,082개소, 2015년 4월 1,299개소였고, 2018년 7월 현재 1,978개소로 증가하였다.

7) YMCA와 YWCA는 진보성향의 시민사회단체연대회의에 소속되어 있다.

제3부 종교와 공공사회학

제6장 공공성의 재검토와 종교의 역할: 종교공공사회학의 구현*

공공사회학에 대한 점증하는 관심은 좀 더 넓은 사회에서 사회학자들의 기질과 사회 정치 그리고 경제적 경향들 간 갭이 증가하고 있음을 보여준다. 공공사회학은 도덕적 그리고 정치적 이슈들에 사회학 이론과 연구를 불어넣음으로써 그 이슈들에 관한 공적 논쟁을 풍성하게 하는 것을 목표로 한다.

– Burawoy, 2004: 1603

Ⅰ. 문제제기

본 연구는 현대사회의 핵심 키워드인 '공공성'의 강화 내지 확장을 위한 종교의 사회적 역할과 과제를 모색하는 것을 목적으로 한다. 이를 위해 먼저 사회학 분야 중 공공성이 핵심인 공공사회학(public sociology)의 이론을 고찰하고, 여기서 드러나는 문제점의 보완에 종교의 역할이 필요하다는 점을 다룬다. 본고는 바로 공공사회학과 종교가 만나 구현하는 공공성에 대한 시론적 고찰이다.

현대는 '공공'의 시대이다. 최근 공공성 담론이 도처에서 보이고 있어 공공성이 오히려 수사적 개념으로 사용되고 있다는 우려도 제기되었다(조한상, 2010: 16). 이것은 그만큼 현대사회에서 공공의 현실적 영향

* 이 장은 『종교와 문화』 제32호(2017)에 게재된 내용을 중심으로 연구대상인 종교기반 시민단체인 회정치료공동체 관련 자료를 보충하여 수정 보완한 것이다.

력과 비중이 크다는 것을 의미하거니와, 2000년대에 들어와 확립된 공공사회학은 '공공'을 내세우면서 사회학이 학계를 넘어, 그리고 이론에 치우치는 불균형을 극복하여 사회 일반과 긴밀한 관계 속에 접근하는 것을 목표로 그 모습을 드러냈다. 본고는 일차적으로 공공사회학의 이러한 핵심 취지에 대한 공감에서 출발하고 있지만, 그러나 공공사회학이 지지와 함께 많은 비판을 받았다는 점을 주목하고 바로 이를 보완하는 길에 종교의 역할이 있다는 인식 하에 수행된다. 흥미 있는 것은 두 분야 모두 당면한 위기를 극복하기 위한 변화를 도모하면서 동일하게 이론에의 경도에서 벗어나려는 노력을 보이고 있다는 것이다. 사회학이 위기 극복이라는 관점에서 공공사회학이나 이와 연계된 '세상물정의 사회학'(정수복, 2014: 285-288)이 제기된 것과 유사하게 종교사회학에서도 종교 교리에 대한 지나친 강조에서 이제 좀 더 현실에 밀착된 '생활종교'로 전환되어야 한다는 요구가 나온 바 있다(전명수, 2005: 49-55).

본고에서는 먼저 공공성 개념의 연구사적 고찰을 통해 특히 사회학적 의미를 살펴보고, 공공사회학의 이론적 틀을 세운 뷰러워이(M. Burawoy)의 2004년 미국사회학회 회장 취임연설과 뷰러워이의 이론을 일단 받아들이면서 그 논리를 심화시키려고 한 하트만(D. Hartmann)이 2016년 미국 중서부 사회학회 회장 취임연설에서 제시한 공공의 이론을 고찰한다. 다음 이들에 대한 비판적 논의들을 검토하면서 공공사회학이 지닌 문제들의 해결에서 종교가 기여할 수 있는 가능성을 진단해보고, 끝으로 시민사회에서의 '공공성'의 구현을 위한 종교의 사회적 역할과 과제를 종교기반 시민사회단체, 그중 공동체 관련 종교시민단체인 '회정치료공동체'를 중심으로 탐색해 볼 것이다.

II. 공공성 개념의 연구사적 검토

우리나라에서 사용되고 있는 공공성이란 술어는 영어의 public (publics)에 해당되는데, 이 단어는 공중, 대중, 공적인 것, 공개 등의 여러 의미를 지닌다. 각 분야에서 자주 보이는 공공성의 개념 역시 초점을 어디에 두느냐에 따라, 더 정확하게 말하면 이를 기술하는 학자의 전공영역에 따라 다양하게 규정된다. 경제적 차원에서 공익성과 공정성, 정치적 차원에서 공민성과 공개성(구혜란, 2015: 25), 법학자의 시각에서는 인민(시민), 공공복리, 의사소통(조한상, 2010: 9)이 거론되고 있다. '공공성'이란 '공적인 것의 특성'을 의미하는데, '공적인 것'의 일상적인 의미로 가시성과 비가시성[공개성], 개방성[접근성], 행위자의 지위, 그리고 개인과 집단에 따른 구분의 네 가지 기준이 제시되었다(이승훈, 2010: 15-16). 공공[公共]의 한자 어의를 중시하여 공적인 것과 공동적인 것의 결합으로 보기도 하는데, 공공성에서 공(公)과 공(共)의 결합을 중시하는 것은 특히 정부와 시민사회 간의 거버넌스를 중시하는 학자들에게서 나온다(이동수, 2014: 46-49).

본고는 공공사회학과 종교사회학이 지향하는 공공성에 초점을 두었으므로 주로 사회학적, 종교적 관점에서의 의미를 살펴보기로 한다. 사회학 측에서는 공동체, 시민사회가 주 대상이다. 많은 공동체주의자들이 공공성의 주체를 어떤 특정 계급이 아닌 탈계급적 연대에서 찾고 있는데, 이것은 개인들이 시민으로 성장하면서 자발적 결사체를 구성하고 이 결사체가 곧 공공성의 진정한 주체가 될 수 있다는 관점이다. 현재 많은 사회학자들이 주장하는 공론장이나 사회의 자발적 영역, NGO, 시민사회 등이 바로 이러한 주체 혹은 공간으로 주목받고 있거니와, 시민사회를 공공성의 주체로 보는 이 시각에는 국가에 대한 불신이 포함되어 있기 때문에 국가에 대한 감시와 비판이 공공성의 핵심으로 설정된다. 그러나 시민사회는 정치적 관심 외에도 시민적 도덕성을 키우는 또 다른 역할이 있다는 점에서 개인과 공동체가 도덕성을 공유하면서 사회의 결속성을 확보하는 것 역시 공공성의 중요한 측면이다(김동노, 2014: 86-87).

공공성을 구성하는 분석적 요소로 공민성, 공익성, 공개성의 세 가지 핵심요소를 내세운 조대엽과 홍성태는 우리 시대의 새로운 공공성 프레임을 '생활공공성'으로 유형화하면서 그 질서를 최근의 사회변동과정에서 시민사회영역과 지방정부의 수준에서 의미 있게 확산되고 있는 새로운 공적 질서로 규정한다. 생활공공성의 프레임은 개인의 자아실현성을 증대시킴으로써 억압적이고 객체화된 국가공공성의 한계를 넘어설 뿐만 아니라, 다른 한편으로는 시장주의로 해체된 공동체를 새로운 공적 질서로 복원함으로써 대안적 공적 질서로서의 의의를 가질 수 있다는 것이다(조대엽 · 홍성태, 2013: 37-39). 반면 조희연은 시민사회에서의 공공성 구현을 계급적 측면에서 접근한다. 우리사회에서 공공성 확장의 구조적인 장애물은 바로 너무 강력해진 계급적 기득권 세력으로, 자본주의 사회에서는 민주주의를 통해 국가에게 '강제된 비계급성'이 공공성이라는 주장이다. 이렇게 보면 시민사회는 국가에 대해 친노동자적, 친민중적, 친시민사회적 정책을 강제할 수 있을 때, 그리고 자본과 시장의 식민화 영역을 방어할 때 공공성을 이야기할 수 있게 된다는 것이다(조희연, 2007: 55-61).

이와 달리 종교 측에서는 공공성을 공공윤리와의 관계에서 접근한다. 공공성의 가치와 공공윤리는 나와 더불어 타자와의 관계에서 형성되는 가치이며 실천윤리라는 것이다. 대체로 '공(公)'은 개인의 사적인 영역을 넘어선 사회집단, 민족, 국가뿐만 아니라 지구촌 전체와 세계 시민사회로 확대된다. 반면 '공(共)'은 집단 내 구성원들 간에 서로 함께 공존하며 소통하는 것으로, 개인과 개인뿐만 아니라 개인과 집단 · 국가 ·

세계와의 관계성이 전제된다. 따라서 공공성은 공적 영역을 손상시키지 않으면서 개인의 자유의지 · 인권 · 재산권 등을 확보하고 공공성의 보편적 실천윤리를 제공하자는 것이다(박광수, 2014: 117). 이진구는 어떠한 도덕이나 가치, 종교라도 공적 영역으로 진출할 권리를 지니고 있으며, 중요한 것은 특정 종교가 공적 영역에서 얼마나 공공의 가치와 공동선의 증진에 기여할 수 있는가라고 본다(이진구, 2014: 108). 이로 보면 공과 사의 대립적 측면을 강조하는 사회학과 달리 종교 측에서 보는 공공성은 나와 타자, 개인과 집단, 또는 국가가 공존하는 관계를 좀 더 강조하는 것처럼 보인다. 따라서 공공성은 보편적 실천윤리이고, 공동선이며, 나와 타자로 이루어지는 시민사회와의 공존과 소통으로 요약된다.

이와 같이 사회학과 종교 측의 공공성 개념은 왜 공공사회학과 종교의 만남이 요구되는지를 함축적으로 보여준다. 아래에서 이 점을 구체적으로 살펴본다.

Ⅲ. 공공사회학의 이론: 공공의 개념과 그 전개

1. 시민사회의 중시와 공중과의 대화: 뷰러워이의 공공사회학

뷰러워이는 자신이 제창한 사회학을 '공공사회학'(public sociology)으로 명칭했다. 따라서 그의 공공사회학은 공공의 의미를 고찰하면 어느 정도 그 개념과 특성이 드러날 것이다. 존 듀이의『공공성과 그 문제들』에서 쓰인 public은 공적인 것, 공공성, 공중, 공적 영역 등의 의미를 보여주거니와,[1] 이러한 공공의 다양한 의미는 공공사회학에도 그대로

1) John Dewey의 *The Public and Its problems*는 우리나라에서『공공성과 그 문제들』로

적용된다.[2] 공공사회학의 이론적 고찰은 바로 공공성의 의미에 대한 탐색이 될 것이다.

공공사회학의 출발을 갠즈(H. Gans)의 사회학과 공중들에 관한 미국 사회학회 회장 취임연설(1988)로 보기도 하지만(Gans, 1989: 1-16), 이에 대한 논의가 활발하게 이루어진 데에는 뷰러워이의 미국 사회학회 회장 취임연설(2004)인 '공공사회학을 위하여'가 기폭제가 된 것으로 판단된다. 그는 그 연설문에서 지난 18개월간 공공사회학의 가능성과 위험, 잠재성과 모순, 성공과 실패를 확인하기 위해 미국 내 그리고 다양한 국가의 학자들과의 심도 깊은 논의를 거쳤음을 강조했다(Burawoy, 2005: 5). 실제로 그의 취임연설 이전에 발표된 논문인 "공공사회학: 모순, 딜레마와 가능성"에서는 먼저 공공사회학의 목적이 좀 더 넓은 사회에서의 사회 정치 그리고 경제적 경향들 간 갭의 증가를 인식하고, 도덕적 그리고 정치적 이슈들에 사회학 이론과 연구를 불어넣음으로써 그 이슈들에 관한 공적 논쟁을 풍성하게 하는 것이라 했다. 다음 공공사회학이 정책·전문·비판사회학과는 차별화되어야만 한다는 것으로 사회학의 특정 기여는 시민사회와의 관계에, 따라서 국가와 시장의 침범에 대항하는 인간의 관심을 방어하는 데에 있다고 보면서 공중을 학계를

번역되었다. 그러나 역자들은 the public이 공적인 것, 공공성, 공중, 공적 영역 등의 의미를 포괄할 수 있음을 기술하면서 그 책에서 공공성을 주요 번역어로 택하고 문맥에 따라서 공중, 공적인 것, 공적 영역 등을 혼용한다고 했다. "'사적인 것'(the private)과 대조되어 쓰일 때에는 모두 공적인 것으로 번역했고, 사람들을 가리키는 것이 분명하면 '공중'으로 번역했다. 한편 이 모든 것을 포함하는 포괄적인 의미에서 사용될 때는 '공공성'이라고 번역했다. 그럼에도 이들 중 어느 하나로 결정하기 어려운 때도 종종 있었음을 밝혀둔다(듀이, 2014: 1)." 이것은 공공성이 여러 의미들을 포괄하고 있음을 분명하게 보여주는 진술이다. 우리나라에서 발표된 공공성 관련 논문들은 대부분 '공공성'을 publicness로 번역했다.

2) 특히 공공의 의미 중 사람을 대상으로 할 때 사용하는 '공중(公衆)'은 시민사회가 중시되는 대중의 시대에 현대의 용법으로 적당한지 여전히 논의의 여지가 있다. 본고에서는 일단 '공공'의 의미를 살리기 위해 공중을 선택했으나 이것은 때로 시민, 대중과 의미가 중첩된다.

넘어 정치적 도덕적 관심사에 관한 대화로 끌어들인다. 뷰러워이는 공통의 공익을 형성하고 도움이 되는 것을 전통적 공공사회학으로, 이웃 그룹, 신앙공동체, 노동조직 등등과 좀 더 제한된 대중의 특정한 이익에 관여하는 것을 유기적 혹은 풀뿌리 공공사회학으로 부르면서 두 형태의 공공사회학 모두가 필요하고 상호 보완적이기는 하지만 유기적 공공사회학을 입증하기 위한 노력을 강조함으로써 이에 대한 편향성을 보여준다(Burawoy, 2004: 1603-1618).

공공사회학의 공식적인 출발을 알린 뷰러워이의 '공공사회학을 위하여'란 글은 위의 논문을 포함해서 그가 이전의 몇 논문들에서 이미 밝혔던 것들을 재정리하는 차원에서 쓰여진 것이다(http://burawoy.berkeley.edu/Public Sociology). 사회학의 위기 대책, 사회학의 네 유형과 상호관계, 전통적 공공사회학과 유기적 공공사회학의 분류, 다중 공중, 시민사회에 대한 강조 같은 것이 그러하거니와, 그에 의하면 공공사회학은 먼저 사회의 운명에 영향을 줄 수 있는 이슈들에 관한 대화를 활성화하고, 다음 사회학을 아카데미 넘어 대중들에게 가져오는 것이다. 뷰러워이의 공공사회학이 그간 사회학이 고도의 추상적인 이론에 치중해서 위기를 초래한 데 대한 하나의 방법으로 제시된 것이라는 점에서 보듯이 그가 의도하는 공공성은 사회학을 넘어서 또는 사회학과 사회학 밖과의 대화를 시도하기 위해 현장 참여를 중시한다는 특성을 보여준다. 그는 이를 학문적 차원[전통적 공공사회학]과 언론의 차원[유기적 공공사회학]으로 나누어 설명하고 있으나 무엇보다 언론인들이 학문적 연구를 대중의 영역으로 가져올 수도 있다는 점을 강조하고 있어 아마도 뷰러워이에게 공공사회학의 중심은 바로 이 유기적 공공사회학일 것이다.

뷰러워이가 거론한 유기적 공공사회학의 예는 중죄인 공민권 박탈이 갖는 정치적 의의에 대한 크리스 우겐과 제프 만자(Christopher Uggen and Jeff Manza)의 논문(Uggen and Manza, 2002: 777-803)과 수형자들의 재취업에서 흑인들이 받는 불평등에 관한 디바 페이저(Devah Pager)의 논문(Pager, 2002)이다. 앞의 논문은 중범죄인의 경우 대부분 가난한 소수자 인종그룹이 많기 때문에 공민권 박탈법은 민주당 후보의 표를 잠식하는 경향이 있어 공화당이 작지만 분명한 이득을 본다는 논의이고, 후자는 흑인 수형자들의 재취업의 어려움을 다룬 것으로 전과가 있는 백인의 경우 고용주로부터 다시 연락을 받은 비율이 17%인 데 비해서 흑인 전과자의 경우 단지 5%만이 연락을 받았다는 것이다. 뉴욕타임스와 이코노미스트 같은 언론들이 이 논문의 성과를 공공의 사회문제로 확산시켰고, 그 결과 공민권 박탈법에 대한 법 개정(Staples, 2014)과 BMW와 같은 기업에서 전과가 있는 흑인의 재고용 비율을 높이는 데에 기여한 것이다(http://www.economist.com/ "Hiring ex-convicts: Between a rock and a lawsuit"[Jun 22nd 2013]).

뷰러워이는 취임연설에서 그의 관점을 11가지 명제로 나누어 설명하는데, 그중 핵심은 명제2의 다중 공중에 대한 것과 명제11의 시민사회에 대한 그의 입장이다. 명제2에서는 상이한 유형의 공중과 그들에 접근하는 다양한 방식들을 반영하는 다수의 공공사회학이 있다고 보면서, 특히 공중들은 파괴될 수 있으나 다시 창조될 수 있고, 어떤 이들은 결코 사라지지 않는다고 강조한다. 사회학자로서의 일은 에이즈 환자, 유방암 여성, 게이처럼 일정 정도 인간의 범주를 규정하는 것이고, 그들과의 공동 작업으로 그렇게 한다면 그것은 바로 공중을 창조하는 것이라고 설명한다. 이처럼 뷰러워이의 공중은 항상 약자와 주변부 사람들, 아니면 적어도 사회적 진보와 변동을 추동하는 사람들로, 그는 더 나아가 다른 공중들을 창조하는 것을 넘어서 그들 자신과 특히 여성, 그리고 자신들이 가르치는 학생들을 중요한 공중으로 평가한다. 명제11에서 뷰러워이는 사회학의 관점이 시민사회이고 사회적인 것의 옹호로, 시장

횡포와 국가 압제의 시대에 사회학은 특히 그 공공의 얼굴로서 인간성의 관심을 방어하는 것임을 강조한다. 그는 시민사회를 19세기 말 국가와 경제 밖에 있는 정당, 노동조합, 학교교육, 신앙공동체, 프린트미디어와 다양한 자원봉사단체들을 산출한 서구 자본주의의 산물로서 정의한다. 시민사회가 번성할 때 사회학 역시 번성하는데, 이것은 사회학이 태어날 때부터 사회에 연결된 것이기 때문이다. 반면 뷰러워이는 국가와 시장에 대해서는 지극히 큰 반감을 드러내거니와, 시민사회는 시장과 국가들에 의해 식민화되고 흡수되어 왔다고 판단한다(Burawoy, 2005: 7-9, 24-25).

이상에서 요약한 뷰러워이의 논의는 미국사회학회와 많은 학자들에게 긍정적으로 수용된다. 먼저 미국사회학회(American Sociological Association, ASA)는 TF팀을 가동해서 공공사회학이 그 시대의 사회문제들에 대한 공중의 이해와 그 문제들에 조치를 취하는 능력에 오랜 기간 기여한 것을 인정한다는 보고서를 내놓으면서 이를 위한 몇 가지 가이드라인을 제시했다(American Sociological Association Task Force, 2007: 1-4). 뷰러워이의 입장에 적극적으로 동조한 더글러스 클레이맨(Douglas Klayman)은 공공사회학이 사회변동을 가능하게 하는 이론에 기반하고 경험적으로 건전한 지식의 생산과 응용에 기여하는 것으로 평가한다. 그는 공공사회학이 항상 그 분야의 한 중요한 부분이었다고 결론짓고, 만약 응용 임상적 정책과 비판사회학들과 함께 공공사회학을 포용하지 않는다면 우리가 생산하는 지식은 계속해서 우리가 도우려고 하는 이들에게 무용하고 무관하게 될 것이라는 우려를 표명했다. 공공사회학이 사회변동을 가능하게 하는 사회학적 연구의 활용을 촉진하는 점 때문에 불필요하게 불안한 상황에 있다는 관점이다(Klayman, 2007: 34-41).

뷰러워이의 관점을 받아들이면서도 다른 한편 문제점을 지적한 논문도 여러 편 보인다. 한 예로 칼레버그(Ragnvald Kalleberg)는 뷰러워이의 논문 '공공사회학을 위하여'를 공공사회학 분야의 고전으로 평가하면서 뷰러워이의 논문이 자극을 주고 중요하다는 것을 인식하고, 기본적으로 그와 의견이 일치한다는 점을 확실히 했다. 그러나 그는 공공사회학과 다른 형태의 사회학적 작업과의 관련성에 대한 뷰러워이의 견해에 회의를 표하면서 뷰러워이의 신조어 공공사회학 대신 '대중화', 공공담론과 '대중' 각성에 관해 이야기하는 것이 좀 더 흔할 것이라고 했다. 뷰러워이가 '대중'과 접촉하고 그리고 대중의 발전을 고무하는 중요성과 공공사회학의 제도화의 중요성을 주장한 것에 대해서는 이것이 덜 추상적으로 만들어질 필요가 있다고 하여 그의 이론이 구체성을 결여했음을 지적했다(Kalleberg, 2005: 387-393).

2. 공중과의 관계와 참여의 재구성: 하트만의 공공사회학

하트만(D. Hartmann)은 2016년 미국 중서부 사회학회 회장 취임연설에서 뷰러워이의 공공사회학을 적극적으로 옹호하면서도 동시에 그를 넘어 나아가야 할 필요성을 역설하면서 이에 대한 사회학자들의 헌신을 요구했다. 따라서 그의 이 글은 단순히 뷰러워이의 계승이나 비판이 아니라 그로부터 출발해서 뷰러워이의 아이디어와 틀을 넘어가려는 의도를 보여준 것이다.

그는 이 연설에서 사회학자들이 일반적이고 비학문적인 공중, 조직들과 관심사들에 참여해야 하지만 사회학과 그 공중 간의 관계에서 다차원적 비전을 포괄하는 것이 단지 좀 더 나은 공공 참여를 위한 기반을 제공할 뿐 아니라 또한 사회학을 갱신하고 활성화하는 것을 돕는다는 점을 강조했다. 하트만은 역사적으로 사회학이 단지 사회만을 공부하는 분야가 아니라 사회적 변화를 가져오는 독립된 힘이었으나, 그럼에도 일찍이 사회사업과 분리되면서 자주 보다 큰 비학문적 세계에 간여하는 것을 꺼리던 것을 직접적이고 성찰적인 상아탑 밖의 세계에 관여하는 분야로 방향을 전환하도록 추동한 대표적인 학자가 뷰러워이라고 규정한다. 그의 학문적 이론적 기여는 첫째, 학문적인 연구와 비학문적 작업 사이에 그은 분명한 구분이고, 둘째, 그가 후자[비학문적]에 둔 갱신된 강조로, 이러한 논의에 힘을 얻어 공공 참여에 대한 새로운 형태와 헌신, 그리고 모든 형태의 공공 참여의 가치와 기능에 관한 새로운 대화와 건강한 토론이 나오게 되었다고 단정한다. 하트만은 이것이 훌륭하고, 올바르며, 그리고 필요함에도 계속 이어지지 않고 있는 현대의 사회학에 대한 우려를 표명한다(Hartmann, 2017: 3-4).

무엇보다 하트만은 뷰러워이의 이론 중 특히 사회참여와 관련해서 공중[공중들]을 주목했는데, 그는 특히 자신의 관점에 도움을 준 연구자로 갠즈(H. Gans)와 힐리(K. Healy)를 거론한다. 갠즈는 공공 관심에 대한 그의 연구에서 학자들이 좀 더 넓은 문화에서의 사회학적 지식과 통찰력의 유통과 유포에 초점을 두도록 고취하면서 그러한 역할의 담당자[presenters]로 교사들, 언론인들, 편집인들, 그리고 웹사이트와 블로그, 서적 출판인, 전자 미디어와 소셜미디어를 제시했다. 그는 사회학과 언론을 공적 참여의 과정에서 파트너로 본 것이지만, 그 핵심은 적어도 단수의 단일적인 공중으로 부르기보다는 상이한 사회학적 공중들을 구분하는 것으로, 여기에는 사회학 또는 비사회학 대학생들, 미디어와 공중들이 포함된다. 이에 비해 힐리는 전자 · 온라인 세대의 리더 중 하나인 사회학자로 그가 최초로 쓴 중요 기고문인 "소셜미디어 시대의 공공사회학"에서 사회학자가 참여하고 공중과 상호 교류하는 사회적, 제도적 그리고 기술적 조건들이 뷰러워이가 이 분야를 처음 개척하던 십년 전과는 기본적으로 다르다고 본다. 블로그, 페이스북, 트위터, 아이폰과 같은 신소셜미디어와 기술들은 기본적으로 사회학자들이 공중과 참여하고 상호 교류하는 방식을 변형시키는 쪽으로 나아갔기 때문이다. 그러나 힐리는 공중보다는 시민사회에 초점을 두었는데, 그에게 시민사회는 권력과 돈에 맞서는, 국가와 경제 밖에 남아있는 모든 것으로, 뷰러웨이가 거론했던 정당, 노동조합, 학교교육, 신앙공동체, 프린트미디어와 다양한 자원봉사조직 모두가 귀속된다(Hartmann, 2017: 8-9).

갠즈, 힐리와 함께 하트만은 공중의 개념을 듀이(J. Dewey), 리프만(W. Lippman)과 하버마스(J. Habermas)의 이론을 통해 설명한다. 듀이에게 공중은 다소간 견문이 넓은 개별 시민들의 배열과 집합이었다. 그러나 하트만은 한 국가 아니면 공동체의 모든 가능한 개별 시민들로 구성된 듀이의 공중 개념은 본질적으로 환상적이고 유토피아적 신화라고 단정한 리프만의 비판에 동조한다. 현대 산업사회에서의 사회조직과 의사 결정(decision making)의 실제 구성이나 운용은 개별 시민들 안에서 그리고 그들을 통해서 발생하는 것이 아니라 선출된 지도자들과 제도적 관리자들에 의해 조직되고 운용되며, 그리고 운영되는 대규모 조직과 관료 사회 안에서 발생하는 것이다. 리프만의 이러한 조직상의 지향은 훨씬 더 개인 행위자들의 총합 이상으로서의 이 시민영역(civil sphere)을 깨닫는 것을 돕는다는 것이다. 그러나 하트만은 좀 더 도움이 되는 이론을 하버마스에게서 찾는다. 그는 하버마스가 공중을 단지 분석적 범주로서뿐만 아니라 또한 민주주의의 제도들이 제도적 힘과 권위에 맞서는 방식을 추동하도록 돕는 도덕적 힘으로 간주하면서 공론장이란 술어를 통해 공중이 사회적 힘과 집합적 행위자로 자신들을 구성하는 제도들과 조직들 모두를 가리키는 것으로 보았다(Hartmann, 2017: 9-11).

어느 경우나 하트만이 위의 학자들의 이론을 통해서 보여주려 한 것은 공중이 다차원적이고 다중적이라는 점이다. 공중은 현대 시민사회를 구성하는 개별 시민들과 조직 구성원들, 그리고 제도적 행위자를 포함하는 것이어서 참여와 사회적인 것과의 관련성에 관심 있는 사회학자들은 만약 이러한 다중 공중이 있다면 또한 많은 상이한 얼굴의 공공사회학이 있다는 것을 깨달아야만 한다고 본다. 하트만이 사회학의 다중 역할로 전문가 증언들[목격자], 엔지니어와 스토리텔러로 구분한 마리스(P. Maris)의 분류에 "철저하게 참여적이고 행동 지향의 학문과 비판을 하는" '종합하는 사람(synthesizer)'을 추가한 것도 그의 '다중'에 대한 강조와 관계있어 보인다. 사회학은 단지 시민사회를 연구하는 것이 아니라 사회생활의 시민 · 정치 · 경제적인 모든 측면들이 어떻게 우리들을 둘러싼 세계를 합치고 건설하는지를 연구하는 것이며, 사회학적 종합을 통해 우리 주변 세계를 이해하고 간여하며 변화시키려는 약속을 지키는 것이기 때문이다(Hartmann, 2017: 11-16).

하트만의 이론에 동조한 학자들 중 윙필드(Adia Harvey Wingfield)는 하트만이 공중들의 다중성과 사회학의 다양성에 좀 더 큰 관심을 갖고 공공사회학을 재평가하기 위한 중요한 도덕적 분석을 시도한 것은 이 분야를 활성화하기 위한 중요한 함축으로 바로 누가 그리고 무슨 그룹들이 대중을 구성하는지에 관해 좀 더 비판적으로 생각하도록 만들고 있다고 보았다. 동시에 그는 사회학적 연구가 우리 대중에게 알려져야 한다는 점에서는 하트만에 동의하면서, 한걸음 더 나아가 이들 대중에의 도달이 우리의 학문적, 정치적 또는 연구 이념에 상관없이 사회학적 연구자들의 목표가 되어야 한다고 주장한다. 그러나 그는 어떻게 이미 계층화된 사회에서 가장 효과적으로 대중에게 도달하는가, 매일의 시민과 정당들 사이의 점점 증가하는 거리를 감안하면 우리는 어떻게 둘 다 정책사회학에 기반하고 대중의 의지에 대해 말하는 정책을 만드는가, 어떤 전략들이 사회학자가 역사적으로 정책에 영향을 미치는 일에 적극적으로 참여하거나 권리를 박탈당하고 배제된 대중에게 말하고 관계 맺는 것을 허용하는가에 문제가 있다고 본다(Wingfield, 2017: 26). 공공사회학은 여전히 이를 구체화시키는 방법에서 문제가 제기되고 있는 것이다.

그러나 아마도 이것은 윙필드가 하트만의 이론화를 어떻게 그 목적을 성취할 수 있는지의 토론을 키우는 중요한 출발점으로 간주한 이유일 것이다. 그는 이러한 작업이 상아탑 속에 격리되거나 주로 생각이 같은 연구자들 사이에서 통용되어서는 안 되지만, 그렇다고 뉴욕타임스 같은 몇 언론의 칼럼에 만족해서는 안 된다는 점도 분명히 했다. 임금 불평등, 이민, 교육 개혁 등 사회적 이슈들처럼 시민들이 처한 삶과 제도들 속으로 사회학적 통찰력을 가져올 수 있을 때 공공사회학의 힘과 잠재력을 최대화할 수 있다는 주장이다(Wingfield, 2017: 27).

Ⅳ. 공공사회학에 대한 비판과 종교의 역할: 종교공공사회학의 구현

1. 시민사회와 다중 공중에 대한 비판적 인식

이상에서 살펴본 대로 뷰러워이는 꾸준하게 공공사회학 관련 논저를 출간했고 하트만은 이를 수용하면서 좀 더 심화시키고자 했다. 공공사회학에 대해 비교적 긍정적인 학자들도 얼마간 비판적인 관점을 보여준 것과 유사하게 비판적인 학자들 역시 뷰러워이나 하트만의 논의에 많은 점에서 공감을 표한 바 있다. 비판적인 학자들이 제기한 문제점에는 공공사회학과 정책사회학, 또는 공공사회학과 비판사회학과의 구분이 모호하다는 지적이 제일 많았고, 그 외에 19, 20세기 미국과 독일의 사회학자들이 제시한 사회개혁 논의가 모두 실패했다는 점에서 공공사회학의 거창한 시도 역시 성공하기 어렵다고 본 비판도 주목할 만하다(김경만, 2011: 14-22). 공공사회학에 대한 회의가 뷰러워이, 하트만 등 대부분의 공공사회학자가 가장 중요한 공중으로 인정한 사회학과 학생에게서 나온 것도 흥미롭다. 전문계층으로서 사회학자들이 시민사회와 주변화된 사람들의 동지로서 공적 위치를 떠맡아야만 하거나 할 수 있는지에 의문을 갖는다는 것이다(Noy, 2009: 235, 242-244).

그러나 일단 공공사회학의 취지나 목표에 동의한다는 입장에서 보면 공공사회학이 갖는 문제점을 좀 더 확실히 해야 이를 극복하여 기대하는 성과를 거둘 수 있을 것으로 그중 특히 뷰러워이가 중시한 시민사회와 하트만이 제시한 다중 공중이 어떻게 인식되고 비판을 받았는지를 검토할 필요가 있어 보인다. 누구보다 먼저 뷰러워이의 논문에 문제를 제기한 대표적인 학자가 브래디(D. Brady)이다. 그러나 그 역시 대부분의 사회학자들이 사회학이 사회에서 더 큰 공적 역할을 가져야만 한다는 것을 동의할 것이라는 점, 다른 미국사회학회 회장들이 이 토픽을 이전에 제기했으나 뷰러워이는 이를 키우고 학자들을 고취시켰다는 점, 공공사회학이 성취할 수도 있는 가장 중요한 일들 중 하나가 사회학 분야의 위기라는 비관적 관점을 약화시킨 것이라는 점들을 솔직히 인정한다. 그는 공공사회학의 목표인 공중에게 도달하는 것과 그들의 웰빙을 개선하기 위해 봉사하는 것을 모든 사회학자들이 동의하거나 아니면 동의해야만 하는 것으로 보고 있어 그 역시 공공사회학을 단순히 비판하는 입장은 아닌 것으로 보인다(Brady, 2004: 1629-1630).

그러나 브래디는 '공적 참여'를 핵심으로 하는 뷰러워이와 달리 적어도 사회학자들이 즉각적인 직접 행동에 참여하는 것에는 회의적이다. 그가 공공사회학의 결점으로 든 몇 요인들 중 아마도 가장 핵심적인 것이 뷰러워이의 시민사회에 대한 지나친 중시와 국가에 대한 적대적 관점일 것이다. 전술한 대로 뷰러워이는 사회학이 시민사회와 함께 태어나고 시민사회와 함께 죽는 것으로, 사회학의 특별한 기여는 시민사회와의 관계 속에 국가와 시장의 침해에 맞서 인간적 관심을 옹호하는 데에 있다고 주장했다. 이에 대해 브래디는 뷰러워이가 시민사회를 첫 번째 위치에 두면서도 이에 대한 증거를 거의 제공하지 않는다는 점과 함께 그가 국가를 악령으로 묘사하면서 철저하게 적대적인 관점을 보인 점에 대해서 국가가 만약 사회학적 연구와 이론에 의해 인도된다면 성취할 수 있는 많은 좋은 일을 인정하지 않는다는 점을 비판한다. 그는 공공사회학이 흠모할 만한 장중한 테마처럼 보이지만 궁극적으로 공공사회학의 운명은 실패하거나 제한적일 것처럼 보인다고 결론짓는다(Brady, 2004: 1629-1636).

국가와 시장의 압제 아래에서 시민사회는 공중들이 의지할 수 있는 유일한, 또는 마지막 보루라는 점에서 보면 뷰러워이가 공공사회학의 초점을 시민사회에 부여한 것은 크게 문제되지 않을 수 있고, 이와 같은 점에서 브래디의 비판은 지나친 것일 수도 있다. 그러나 국가, 시장과 시민사회가 상호 적대적, 배타적이기보다는 상호 견제하면서 보완하는 관계로 설정되어야 한다면 브래디의 비판 역시 긍정적으로 받아들여질 수 있을 것이다. 공공성의 公共의 의미가 정부의 공적인 역할과 시민사회의 의견을 모두 모으는 공동적인 것의 결합을 의미한다면 정부와 시민사회 간 거버넌스가 필요하기 때문이다. 이 점은 시민사회와 기업 · 복지 · 교육 등과의 관계에서도 마찬가지이다.

뷰러워이의 시민사회에 대한 비판과 함께 하트만의 다중 공중에 대한 문제점도 제기되었다. 첫째, 공중의 문제이다. 공중의 구성이 다양해서 자신들의 이해관계에 따라 상이한 입장을 갖기 때문에 그 연구 결과에 대해 항상 수동적이고 긍정적인 태도로 받아들이는 것은 아니며, 오히려 그 연구 결과는 복수의 공중들에 의해 상이한 함축을 가질 수 있다는 것이다. 둘째, 사회학자의 문제이다. 관객들은 항상 사회학적 분석이나 연구를 환영하지 않을뿐더러 연구자 개인들을 공격함으로써 사회학자들이 그들의 메시지를 통제할 수 없게 되는 험한 환경을 일으키거나, 고도로 정치화된 이슈들의 표적이 될 수도 있다는 것이다. 셋째로 하트만이 공중은 복수이고 그들을 구성하는 한 개별 시민으로 환원될 수 없다고 기술한 점이다. 질적인 연구를 하는 사회학자들은 자주 개별 시민들의 개인 스토리를 담은 서사에 현실 문제를 교묘하게 다루고 있어 다중 공중에 대한 연구자들의 주장은 공격을 받을 수 있다는 것으로, 이러한 경쟁적인 환경에서 어떤 학자의 연구로부터 사회학적 분석의 완전성을 유지하는 것은 어려울 수 있다는 것이다(Lareau and Muñoz, 2017: 19-21).

시민사회와 다중 공중에 대한 뷰러워이와 하트만의 중시나 대표적 몇 학자들의 이들에 대한 비판에서 어느 쪽을 취하든 공공사회학에서는 이들이 문제의 핵심인 것으로 보이거니와, 만약 그 비판이 받아들여질 만한 것이라면 종교가 그 문제점을 보완할 수 있다는 것이 필자의 입장이다.

2. 종교사회학의 관점에서 본 종교공공사회학의 구현과 기여

시민사회의 중심에는 시민들의 자발적 결사체인 시민사회단체가 있어 중요 역할을 수행하고 있으나 우리나라처럼 시민사회단체가 보수와 진보의 이념적 대립이 확연한 경우 공공사회학이 강조하는 시민사회의 참여 역시 이념적으로 편향성을 보일 위험이 있다. 종교기반 시민단체의 활동도 마찬가지이기는 하나 이들 단체의 경우 개혁을 위한 대정부 저항운동과는 별도로 대체로 일단 돌봄을 중시한다는 공통분모를 갖는다(전명수, 2016b: 8-13). 특히 공공사회학의 주요 고찰 대상인 복지, 빈곤, 무주택자, 자원봉사 관련 종교시민단체는 대부분 돌봄이 중시되고 있어 국가나 시장과 그렇게 대립적인 모습을 보이지는 않는다. 다중 공중 역시 다양한 이해관계에 따라 공공사회학자들을 공격할 수 있다는 비판이 제기되었지만 종교는 개별 신자보다는 일단 종교적 가치를 공유한 종교공동체가 중심이 되고 있어 그 우려를 어느 정도 불식시킬 수 있다. 종교가 개인적이기는 하지만 개인보다는 집단[집회]이 더 많은 역할을 한다는 점에서 보면 공공사회학이 비판을 받는 그 자리에 분명히 종교의 역할이 보인다.

종교가 공공사회학과 결합한 것을 '종교공공사회학'으로 개념화한 마르코프스키(W. Markofski)는 종교공공사회학을 종교사회학 하위분야로서 사회학자들과 다양한 공중 사이에 성찰적 대화를 만들어내고, 종교를 포함한 공공문제들에 대한 규범적인 관점을 알려주며, 시민사회에서의 종교의 자리와 실천을 탐구하는 학문으로 정의한다. 종교공공사회학은 사회학에서 '종교'와 '공공성'을 그 특성으로 내세우고 있어, 여기서 '종교'를 중심으로 할 때에는 종교사회학의 하위분야가 되고, '공공성'에 주목할 때에는 공공사회학의 한 분야가 된다. 마르코프스키는 종교에 초점을 두고 있어 전자의 입장에서 접근한 것이다. 이러한 점에서 그는 1960년대부터 종교사회학을 지배하던 세속화 이론이 1990년대를 지나 생활종교(lived religion)의 일상적 실천에 대한 연구에서 새로운 지적 활력을 찾았으나 이것은 불평등의 구조를 합법화하는 힘의 문제와 종교의 역할에 집중하지 못한 데 대한 비난을 받았고, 여기서 종교공공사회학의 필요성이 제기된 것으로 판단했다. 마르코프스키는 종교공공사회학이 시민사회에서의 종교의 위치와 실천에 특별히 초점을 두고 공공생활에서의 종교의 역할을 공공서비스, 공동체 발전, 공동체 조직으로 규정하면서, 종교공공사회학은 특정 도덕적 지향이나 미리 조정된 정치적 아젠다에 대한 헌신보다는 오히려 사회학적 지식을 종교를 포함한 공적 중요성의 문제에 대한 규범적 성찰로 통합시키는 헌신을 그 특성으로 보았다(Markofski, 2015: 459-466).

이러한 점에서 보면 종교공공사회학의 본질은 정의구현이나 정치 개혁과 같은 정치적 이슈보다는 시민사회에서의 공공성에 대한 종교의 역할을 고찰하는 것이다. 종교기반 시민단체는 공통적으로 주로 사회적 계층에 대한 돌봄 서비스 지원을 중시하기는 하지만 서비스와 함께 공동체의 발전과 공동체 조직 등에 힘을 쓰는 단체도 적지 않다. 예로 복지 부문 시민단체에 포함되어 있는 '독립문평화의집'은 가톨릭 기반 단체로 가사도우미 알선, 복지상담, 지역공부방 연계 활동 등 봉사활동과 함께 직접 그 지역주민들과 주민공동체운동을 전개했다(시민운동정보센터, 2012: 1947). '굿뉴스코해외봉사단'과 같은 국제교류단체[개신교]는 대학생들이 약 1년간 세계 각국으로 흩어져 현지인들과 함께 생활하면서 서비스를 제공하고 공동체 발전을 위해 노력하는 단체이다(시민운동정보센터, 2012: 3387). 이것은 이들 단체가 공공서비스, 공동체 발전, 공동체 조직 중 어느 하나 또는 둘 이상 간여하면서 종교공공사회학이 주목하는 종교의 사회적 역할을 광범위하게 수행했음을 말해준다.

V. 시민사회의 공공성과 종교의 사회적 역할: 종교기반 시민단체의 기여

공공사회학에 대해 긍정적이든 비판적이든 공공성과 관련하여 가장 주목받는 영역이 바로 시민사회이고, 일반 대중들을 아우르고 그들의 이익을 대표하기에 가장 적합한 것이 시민사회라는 점에는 이의가 있을 수 없다. 시민사회가 공공성과 거의 동의어로 사용되면서 공공성 이념의 구현을 위해 시민사회단체가 중요한 역할을 담당할 수 있을 것으로 기대되는 것은 이 때문이다. 본고의 고찰 대상인 '회정치료공동체'[이하 회정]는 『2012 한국민간단체총람』의 대안사회 항목 중 공동체 부문에 귀속된 알코올 중독자를 치료하는 돌봄 단체이다(시민운동정보센터, 2012: 3682-3683). 현재 개신교 대학인 평택대학교 상담대학원의 학연협정 체결기관이고, 기타 알코올 중독 관련기관 등과 연계해서 활동하고 있는 종교기반 단체로, 회정치료공동체는 "하나님에 대한 믿음과 인간에 대한 사랑을 바탕으로" 중독의 문제와 마음의 상처로 인해 어려움에 처한 본인과 그 가족들의 치유와 성장을 위해 노력하는 전문적인 치료 및 연구기관으로 소개하고 있다(회정치료공동체 홈페이지). 알코올 중독 관련 기관은 대체로 AA를 모델로 하는데, 알코올중독자갱생회 또는 익명의 금주동맹(Alcoholics Anonymous)이라 불리는 이 단체는 기초 기독교공동체를 모델로 한 단체로(Bellah et al., 1991: 208), 단지 AA가 자신들의 지향이 종교적이기보다는 영적이라고 주장한다는 점에서 유사종교에 포함시키기도 한다(Rudy and Greil, 1989: 46, 49).

먼저 알코올 중독이 우리나라에서 공공사회학자가 주목해야 하는 사회적 이슈인지에 관한 것이다. 한 언론은 '알코올 중독'으로 불리는 알코올 사용장애가 20-30대에 가장 많이 발병하지만 정작 치료는 만성중증 상태가 된 40-50대에 받아 사회문제가 되고 있다고 보도했다(한국일보. 2017. 2. 13). 본고에서 치료공동체를 대상으로 한 것은 알코올 중독을 다루는 기관들이 대체로 병원이거나 상담기관이어서 대부분 개별 중독자에 초점을 두는 데에 비해 공공성이란 개인이 아닌 전체의 입장에서 접근하는 것이고, 공공성 자체가 '공동체의 조화'를 내용으로 하는 이념이기 때문이다. 알코올 중독자들은 대부분 중독을 모두 자기 자신의 책임으로 간주하거니와, 비록 그 잘못이 어느 정도 중독자들 개인에게 기인하는 것이 사실이기는 하지만 사회나 국가 역시 그 책임을 함께 해야 하는 공동체의 문제인 것이다. 여기에 공공사회학의 역할이 요구되는 것으로 중독자들이 겪는 고통을 온전히 그들 혼자 담당하도록 내버려두지 않고 그들과의 대화를 통해 그 문제들을 공론화할 필요가 있다는 것이다. 실제로 바로 그 개인적인 책임 때문에 알코올 중독자들은 사회적 취약계층 중에서 가장 소외되고 배제되고 있어, 이러한 점에서 그들은 가장 대화가 요구되는 사람들인 것이다. 그러나 알코올 중독은 사회문제이고, 이에 대한 논의가 개인의, 또는 사적인 것이 아닌 공익의 문제라는 점에서 이들의 문제를 공론화함으로써 사회적 관심을 제고시킬 수는 있으나, 이러한 공론화가 중독자들에게 긴급히 요구되는 치유로 직결되는 것은 아니다. 본고에서 종교기반 치유공동체를 선택한 것은 대부분의 종교가 무엇보다 신체적 정신적 영적 치유를 강조하는 데에서 보이는 것처럼 그 치유 과정에서 종교가 담당할 수 있는 역할 때문이다.

시민사회를 공공성의 주체로 보는 관점에는 국가에 대한 불신이나 아니면 적어도 국가의 관심이 충분하지 않다는 인식이 전제되기는 하나 우리나라에서 알코올 중독 관련 국가적 대책이 크게 부족하다고 볼 수는 없다. 알코올에 기인한 사회경제적 비용은 총 14조 9천억 원으로 나왔는데, 더욱 우리나라는 음주의 폐해가 다른 국가에 비해 더욱 가중될 수 있는 문화를 갖고 있어서 일찍부터 국가가 정책적 목표와 수단을 가지고 다양한 방식으로 알코올문제에 접근하려는 노력을 경주했다(김춘진, 2006: 9-19). 문제는 먼저 정책이나 법률 등에서 중독자는 피의자 또는 가해자 신분으로 중독자들이 일으키는 가정적 사회적 경제적 문제 또는 결과만을 대상으로 하고 있고, 여기서 중독 당사자들의 입장은 배제되어 있다는 점이다. 따라서 그들의 입장을 이해하기 위해서는 무엇보다 그들과의 직접적인 대화가 필요하지만 본고에서는 '회정사랑방'에 게시된 치료공동체 참여자들의 글을 중심으로 이를 대신하기로 한다(회정치료공동체 홈페이지). 소셜미디어의 발달로 공중은 다양화되었고, 이들 게시자 역시 공중의 일부이면서 종교공동체의 특성상 사회학자들과의 갈등관계를 형성하지는 않을 것으로 추측된다. 아이디가 4045(이하 게시일자 2010. 1. 10)인 게시자는 교육 과정 중 '겁나게 유명하신 교수님'이 가난한 사람이 가난할 수밖에 없는 이유로 나태함, 나쁜 습관, 게으름과 정신이 썩어빠진 것을 거론했는데, 자신이 매우 가난하기 때문에 이 말을 듣고 불쾌했고, 가슴에 멍이 들었다고 고백한다. 그는 회정에서는 가난해도 이런 말을 듣지 않고 상처가 치유되는 동안 비난이나 평가 또는 경멸을 받지 않는 그런 낙원의 삶을 살았다고 하면서 감사를 표했다. 사회학자에 대해 느끼는 공중의 불편한 감정이 갈등으로 확대되지는 않았다는 점에서 종교공동체의 특성과 미덕을 잘 보여주는 글이다.

'회정사랑방'에 올려있는 게시자들의 이러한 성찰적인 글은 대부분 2008년에서 2011년 사이에 올려진 것이 많고 최근에는 참여자와 직원들의 경조사를 알리는 내용들이 주를 이룬다. 조회수는 대부분 1,700명 이상이고 특성은 익명이다. 이 글들에서 보이는 가장 큰 특징은 절망감으로 공동체 참여자들은 대부분 죽음의 문턱에서 간신히 생의 자락을 붙들고 있는 사람들이다. 그러나 알코올 중독이 개인의 문제로 치부되면서 사회적 관심에서 배제되고 있음을 전술한 바 있거니와, 회정에 참여한 이들 역시 절망 속에서도 중독에 이른 것을 모두 자신의 잘못으로 자책한다. shin720509(2010. 3. 22)는 "누군가가 나에게 잘못해서가 아니다./누군가가 의도적으로 나를 무시한 것도 아니다…/내 잘못이다./내 문제다…모든 것은 나의 잘못이다./그러니 해결도 반드시 내가 해야 한다…"라고 거듭 중독이 자신의 잘못임을 고백한다. 그러나 게시된 글들을 자세히 읽어보면 그들이 사회의 희생자임이 드러난다. 위의 shin720509가 "누군가는 그냥 그 자리에서 자신이 하고 싶은 대로 한 것뿐이다./누군가가 나에게 맞출 의무는 당연히 없다."라고 쓴 구절에서 중독이 나와 사회적 타자와의 불편한 관계에서 비롯된 것임을 암시한다. mumble48(2009. 1. 8)이 "세상에서 변화되어야 할 필요가 있는 것에 대해 정신집중하기보다 그보다는 내 자신 안에서와 나의 태도들 안에서 변화될 필요가 있는 것들에 보다 집중할 필요가 있었다."라고 올린 글에서도 그의 중독이 세상과의 갈등에 기인하는 것임이 암시된다. 그는 특별히 게으르지 않게, 아니 보다 열심히 보다 부지런하게 살아온 자신이 바로 나를 변화시키기 위해 열심히 살았던 것이 아니라 세상을 변화시키기 위해 쓸데없는 에너지를 소비해 버렸기 때문일 것으로 결론을 내린다. 말하자면 그의 중독은 자신보다 사회를 위해서 일한 결과인 것이다.

알코올 중독자의 일반적인 성향분석에 의하면 조사대상자 중 약 80%가 고졸 이하의 학력이고 대졸이 가장 적었다. 이것은 알코올 중독에 사회적 불평등이 개재해 있음을 의미하고(최도선, 2007: 19), 따라서 중독이 전부는 아니더라도 일부 사회적 문제임을 인정해야 함을 말해주는 것이다. 그렇기 때문에 이들에게 무엇보다 요구되는 것은 모든 것이 내 탓이라는 자기 질책에서 벗어나는 것으로, 이것이 바로 공공사회학의 역할로 간주된다. 그들이 자신들의 잘못을 인정하고 새로운 삶의 의지를 갖는 것은 필요하지만 그들을 단지 사회경제적 비용을 야기한 피의자 또는 가해자로 몰아가는 것은 옳지 않아 보인다. 공공사회학은 중독자들에게 중독이 자신만의 문제가 아니며, 이를 공적 담론화하여 이제 그렇게 자신을 몰아간 사회와 맞서서 중독도 치료하고 자신의 권익도 찾으려는 의지를 고취할 것이다. 그러나 이러한 사회와의 대결은 그들의 권익을 옹호할 수는 있겠으나 그보다 앞서 필요한 것은 더 나은 삶을 위해 노력하는 그들을 도와주는 것이다.

이 점은 공공사회학에서 왜 종교가 필요한지를 말해주거니와, '회정사랑방'에 나타난 그들의 내면 의식에는 신께 의지하고 싶은 종교적 갈망이 보인다. 그들은 우거진 숲을 헤치면 나타날 오솔길 하나로 인도해 달라고 신께 기도하고(tj4078469, 2009. 7. 28), 혼자 힘으로는 아무것도 할 수 없는 불쌍하고 나약한 자신에게 지혜를 주시고 힘을 달라고 기도한다(mumble48, 2009. 1. 8). 어떤 의미에서 회정사랑방에 올라온 중독인들의 글들은 모두 기도문이고, 치유의 과정으로 읽혀진다. 그러나 가장 중요한 것은 종교공동체의 일원으로서 중독자들에게 대화의 상대가 있고, 마음껏 터놓고 이야기를 할 수 있다는 나와 남과의 관계가 시작된다는 것이다. 전술한 대로 종교공공성은 보편적 가치, 공동선, 소통과 공존을 그 특성으로 하거니와, 이것이 바로 치유에 도움이 되는 종교공동체의 힘인 것이다. 먼저 "이 세상은 혼자 살기에는 너무나 힘든 곳입니다. 단 한 사람이라도 믿어야 하며, 단 한 사람에게라도 나의 모든 것을 보여줄 수 있어야 합니다. 동행의 기쁨이 있습니다."(wkim6209, 2009. 12. 18), "우리들의 이야기.. 너의 얘기지만 나의 얘기고.. 나의 얘기지만 너의 얘기인.. 함께 하는 그 속에서 나는 창피하지 않았다. 세상 속에서 하지 못한 내 안의 이야기를 꺼내놓으며 편할 수 있다는 것.. 이런 것을 느낄 수 있다는 것. 너무도 감사했다."(shine1007, 2010. 1. 19)와 같은 구절에서 보이는 나와 남과의 소통은 아마도 종교공동체여서 더 가능해 보인다. 그러나 이 회정은 단지 중독자만의 공동체가 아니라 그 가족들과 함께 하는 곳이라는 점도 특성이다. shimji70(2009. 12. 10)은 자신이 회정공동체의 나사회원이면서 나도회원임을 밝힌다. 나사모임은 "배우자와 가족들의 나와 가족을 사랑하는 모임"이고, 나도모임은 "성인자녀들이 나는 도움을 주고받는다는 모임"이어서 이 게시자는 중독자 가족으로 보인다. 그는 복지관의 상담실에서 일하게 되었는데, 그동안 회정 안에서 사랑받고 배우고 자란 덕분임을 감사하며 회정을 생각하며 힘을 내겠다고 한다. 이 역시 종교공동체가 지닌 특성을 잘 보여준다.

이들의 사회복귀와 재취업 문제는 정책적으로 고려되지 않고 있다. 대체로 중독 치료를 받고 사회에 복귀한 이들은 무직자가 다수이고, 직업을 갖더라도 단순기술직을 포함한 비전문직으로 조사되었다(최도선,

2007: 22-25). 치료를 받기 시작한 것이 40, 50대라면 치료 후의 재취업은 기대하기 어려울 수도 있다. 그렇기 때문에 좀 더 적극적인 공공사회학적 고찰이 이루어지고 그 성과가 미디어의 도움을 받아 공론화되면서 그들이 너무 늦지 않게 사회적 관심과 배려 속에 치료를 받을 수 있다면 그 이후의 삶에 대한 기대도 가질 수 있게 될 것이다.

VI. 결론

공공사회학이 초점으로 삼는 공공성은 학계 밖의 공중과 사회학적인 지식을 공유하는 것이다. 그것은 사회학이 사회 일반의 일상적인 삶과는 유리된 고도의 추상적인 이론적 틀에서 벗어나 좀 더 광범위한 공중에 다가감으로써 이 분야가 당면한 위기를 타개하려는 의도가 숨겨져 있는 것이 사실이다.

이와 같이 공공사회학은 한편으로 특정 시민 조직들 또는 다양한 공중들과의 협동 연구로 성과를 도출하고, 다른 한편으로 언론이나 공공미디어의 사용으로 그 성과를 학계의 담을 넘어 일반 공중들과 공유하게 한다는 기본적인 관점은 대부분 동의할 것으로 보인다. 비록 정책사회학이나 비판사회학과 중복되는 부분이 있어 사회학의 한 분야로서 그 독자성에 문제가 있고, 실제 학계 밖의 공중들과의 대화가 쉽지는 않겠지만 공공사회학이 내세운 공공성이 현대사회가 절대적으로 필요로 하는 가치라는 점에서, 특히 국가와 시장의 권력 앞에 시민의 권익을 보호하는 시민사회의 역할이 증대되고 있는 최근의 상황에서 좀 더 주목을 받을 만한 영역으로 간주된다.

본고는 이와 같이 공공사회학의 필요성을 적극적으로 수용하는 입장에서 '회정치료공동체'를 살펴보았다. 공동체 사랑방에 게시된 내용들은 수적으로 그렇게 많지는 않지만 다양한 각도에서 공공사회학적 고찰이 요구되는 내용들이 많다. 여기서는 알코올 중독자들의 익명성, 중독을 온전히 자신의 책임으로 돌리는 점, 무엇보다 정책이나 법 제정에서 사회경제적 비용의 측면에서만 접근한다는 점에 문제를 제기하고 그들을 다시 일으켜 사회로 복귀시키는 것이 바로 공익이라는 점에서 이를 주로 사회문제로 공론화하여 치유와 복귀를 위한 사회적 담론을 형성해야 한다는 데에 초점을 두었다. 본고에서 사랑방 게시자들을 시민사회의 소중한 공중으로 간주한 것은 새로운 시도이지만 앞으로 댓글이나 이메일을 통한 쌍방향 소통에 근거하는 방식을 취할 필요가 있어 보인다. 무엇보다 본고는 공공사회학의 가능성을 확인하면서 동시에 이 분야가 받는 비판을 극복할 수 있는 종교공공사회학의 의의를 부각시키는 것을 목적으로 했거니와, 종교공공사회학은 종교의 공공성과 그 사회적 역할을 논하는 학문인 것이다. 여기서 종교는 공동체적 삶을 통해서 오히려 먼저 개인과 개인, 개인과 사회와의 소통과 공존을 고취하면서 그들을 다시 일으키는 힘과 가능성을 보여주고 있는 것으로 판단된다.

그러나 전술한 대로 문제는 알코올 중독자의 경우 20, 30대에 알코올 장애가 발생하지만 그 치료는 40, 50대에서야 시작하는 사람들이 많아서 그들이 치유된다 하더라도 다시 사회에 나왔을 때에는 이미 너무 늦을 수가 있다는 점이다. 이것은 40, 50대에 들어가면 재취업이나 그밖에 사회적 활동이 여의하지 않기 때문으로, 이러한 문제에도 사회공론화가 요구되고, 그 단서를 공공사회학자들이나 종교공공사회학자들이 제공해야 할 것이다. 본고는 아직 여기에 미치지 못해서 후일의 작업으로 미룬다.

제7장 좋은 사회를 위한 사회통합의 실천과 종교공공사회학의 기여*

종교공공사회학은 사회학자들과 다양한 공중 사이에 성찰적 대화를 만들어내고, 종교를 포함한 공공문제들에 대한 규범적인 관심을 일려주며, 시민사회에서의 종교의 자리와 실천을 탐구한다.

– Markofski, 2015: 459-475

Ⅰ. 문제제기

본고는 좋은 사회를 위한 종교의 사회적 역할에 대한 고찰의 일환으로 종교와 사회통합의 문제를 다루는 것을 목적으로 한다. 역사적으로 '좋은 사회'에 대한 논의가 많았으나 본고에서는 로버트 벨라(Robert N. Bellah)가 서술한 '좋은 사회'의 개념에 초점을 둔다. 벨라는 교회의 도덕적 비전과 사회적 책임을 거론했거니와(Bellah et al., 1991: 192), 그가 추구하는 사회는 상호 관심, 도덕적 책임의식에 기반을 둔 돌봄이 중심이 된 '좋은' 사회이면서 그 안에 정의에 기반한 '옳은' 사회를 포괄하는 것이다. 지리(Ananta Kumar Giri)는 벨라가 선과 악 사이의 이원론에 얽매이지 않고, 자아와 사회적 제도 양편에 대한 옳음과 법의 추구, 그리고 윤리와 공공미덕의 구현이 '동시적으로' 나아가는 것을 '좋은

* 이 장은 『신학과 사회』 제31집 3호(2017)에 게재된 내용을 기반으로 한다.

사회'를 위한 비전으로 삼는다(Giri, 2011: 2-3)고 분석했다.

벨라의 좋은 사회가 추구하는 이러한 돌봄과 정의의 균형은 바로 종교, 그중 특히 기독교의 정신이기도 하다. 구약의 선지자들은 종교인들이 가난한 자들을 돕지 않는 것에 대해 질책하면서 이와 함께 약자에 군림하고 박해하는 통치자와 종교지도자들에 대해 진노했거니와, 종교는 가난한 자들에 대한 돌봄과 함께 그들의 권력과 복리를 위한 정의구현의 책임을 갖고 있다는 것이다(Bane and Coffin, 2000: 1). 결국 종교가 추구하는 가치를 전자에 두느냐 후자에 두느냐는 복음주의 신학과 에큐메니칼 신학과 연관되는 것이어서 이에 따라 종교 자체 내에서의 분열과 대립이 나타난다고 볼 수 있다.

종교가 사회통합의 힘을 갖고 있다는 것은 이미 사회학이 배태된 초기부터 제시된 바 있으나 동시에 사회학자들은 종교가 사회통합과 함께 사회갈등을 촉진한다는 점을 주장하고 있어 종교가 갖고 있는 이중성에 주의해야 할 것이다. 사회갈등은 종교적 가치인 돌봄과 정의구현이 동시적으로 나아가지 못하는 데에 기인하는 것으로, 이러한 종교의 이중성이 분명히 드러난 것은 한국 민주화운동 시기이고, 이 특성은 민주화 이후 등장한 종교기반 시민단체[이하 종교시민단체]의 활동에서도 지속적으로 나타난다. 중요한 것은 이 대립이 단지 종교 내부의 문제가 아니라 한국사회 전반에 만연된 갈등과 분열에 연계되었다는 것으로, 여기서 종교가 그 갈등의 유일한 발생 원인이 아닐 수는 있으나 매우 중요한 원인들 중 하나였다는 점을 주목해야 하고, 그렇다면 그 해결을 위해서도 종교가 적극적으로 나서는 것이 의무이고 책임이라는 것이다.

무엇보다 중요한 것은 사회갈등을 해결하는 종교의 역할에 대한 일반인의 기대치가 높다는 점이다. 2017 기독교윤리실천운동[이하 기윤실]에서 수행한 한국교회의 사회적 신뢰도 여론조사에 의하면 '한국교회가 사회문제 해결이나 사회통합에 기여하고 있다'는 질문에 응답자의

34.9%만이 긍정적으로 답변했고, 19대 대선에서 기독교가 수행해야 할 역할 중 갈등의 해소와 국민통합을 꼽은 응답자의 비율(36.9%)이 가장 높았다(기독교윤리실천운동, 2017: 74-75, 78). 이러한 조사 결과는 향후 한국교회가 진보와 보수로 나뉘어 분열의 중심에 서지 말고 화해와 공동체의 회복이라는 성경적 가치에 집중해야 함을 반증하는 것으로 분석되었다(데일리굿뉴스. 2017. 3. 3).

그간 우리나라에서는 정부 주도로 통합위원회가 설치되어 활동했다. 노무현 정부의 '국민대통합연석회의', 이명박 정부의 '사회통합위원회', 그리고 박근혜 정부의 '국민대통합위원회'가 그것으로, 이들 정부 주도의 사회통합은 거의 실패했다는 평가를 받았다(김인영, 2013: 152-153). 이러한 평가는 국가가 사회갈등의 해결자가 될 수 없음을 의미하거니와, 사회통합에서의 종교의 역할이 주목되는 이유는 여기에 있다. 종교의 개념과 기능에서는 사회통합이 매우 중요한 요소로 설명되고 있으나 최근 중동 등 여러 지역에서 발생하는 사건을 통해 종교가 사회통합과 함께 사회갈등을 촉진하는 양면성을 갖고 있음을 확인해준다.

그간 사회통합과 관련된 연구는 각 분야에서의 접근이 이루어졌으나 비교적 적극적으로 이론을 전개한 것은 사회학과 사회복지 분야이고, 종교 분야에서도 이에 대한 많은 관심을 보여주었다. 우리나라의 경우 이에 대한 연구는 아마도 노무현 정부가 국민대통합연석회의(2006)를 설치한 이후일 것으로, 특히 진보에서 보수 정권으로 교체가 이루어진 이후 집중적으로 나타나고 있다. 복지적 측면에서는 빈곤, 실업 등 경제적 불안정성과 사회적 격차에 초점을 두고 이를 사회지표화해서 사회통합의 문제에 접근하고,[1] 사회학적 접근은 사회적 갈등, 특히 구성원과

1) 노대명, "사회통합의 현황과 향후 정책과제", 『보건복지포럼』 150, 2009; 김준영 · 김혜영, "사회통합 지표 개발 및 16개 광역시도별 사회통합 수준 평가", 『복지행정논총』 22(2), 2012; 김종인 · 원석조, "사회통합을 위한 복지정책", 『보건과 복지』 3, 2000; 정해식, "사회통합의 결정 요인: 통합 상태를 중심으로", 『보건복지포럼』 221, 2015.

공동체의 관계, 사회통합의 주체로서의 시민사회에 초점을 두고 있다.[2] 종교와 사회통합의 관계는 종교 간 또는 종교에 기인한 갈등에 초점을 두는 것이 많은데, 이것은 그 갈등이 단지 종교내부의 문제가 아니라 인간관계의 균열과 함께 사회의 공동체성을 해치는 위험을 야기시킴으로써 사회통합에 영향을 주기 때문이다. 종교는 갈등 해결을 위해서 한편에서는 신앙에 기반한 화해와 관용을 제시하고, 다른 편에서는 정의의 우선적인 구현을 주장하는 대립적 시각이 보인다.[3]

사회통합에 관한 기존 연구 성과는 제Ⅱ장 이론적 고찰에서 좀 더 구체적으로 살펴볼 것이다. 본 연구는 최근 종교와 우리나라 사회갈등과의 관계를 검토하고 이를 극복하고 사회통합을 도모하는 길에 종교가 수행할 수 있는 역할을 살펴보는 것을 목적으로 한다. 무엇보다 이를 해결하는 한 가지 방식으로 최근 출현한 공공사회학과 종교가 결합된 종교공공사회학적 접근을 시도해 보고자 한다. 종교는 민주화운동 시기와 그 이후 적극적인 사회참여를 통해 민주화에 기여했으나 다른 한편 타 종교에 비해 종교적 또는 사회적 갈등의 중심에 서있는 개신교가 중심이 될 것이다.

---

2) 조대엽, "한국사회의 전환과 사회통합의 패러다임", 『한국사회』 7(1), 2006; 전상진, "통합은 사회갈등과 문제의 해결책?: 통합에 대한 사회학적 고찰", 『한 · 독 사회과학논총』 16(2), 2006; 장용석 외, "지표를 통한 한국의 사회통합 분석: 국제사회와의 비교를 중심으로", 『국제 · 지역연구』 20(4), 2011; 장용석 외, "사회통합의 다원적 가치와 영향요인에 관한 탐색적 연구: 국가주의, 개인주의, 공동체주의, 세계시민주의를 중심으로", 『한국사회학』 46(5), 2012; 이재열, "사회통합과 사회의 질", 『보건복지포럼』 221, 2015.

3) 문영석, "종교적 편견이 인간관계와 사회적 통합에 미치는 역기능에 관한 고찰", 『한국인간관계학보』 4(1), 1999; 김은규, "기독교의 사회통합: 구약 예언자들의 사회정의와 평화운동을 중심으로", 『종교문화학보』 10, 2013; 박병진 · 김병수, "사회균열의 축으로서의 종교: 종교 간 가치 및 태도의 차이를 중심으로", 『동양사회사상』 27, 2013; 이원규, "종교와 정치, 그리고 사회통합", 한국종교사회학회 엮음, 『한국의 종교사회학』, 서울: 늘봄, 2013; 이상구, "포스트 세속 사회에서 종교와 사회통합", 『2015년도 한국사회학회 후기사회학대회 발표논문집』, 2015; 강문규, "한국 사회갈등의 요인들에 대한 화해의 기독교 교육적 모색", 『신학과 실천』 51, 2016.

Ⅱ. 사회통합과 종교의 역할: 이론적 고찰

사회'통합'의 의미에는 사회적 약자를 '포용'하는 것(Social Inclusion), 모든 사람에게 동등한 기회와 권리를 제공함으로써 사회적 '통합'을 추구하는 것(Social Integration), 공동체의 구성원들이 동등한 기회를 누리면서 강력하고 긍정적인 '유대' 관계를 발전시켜 나가도록 하는 것(Social Cohesion) 등이 포함된다(노대명, 2009: 7-8). 이들은 상호 긴밀한 관계를 가지고 있으나 그중 보편적으로 또는 특히 복지 분야에서 포용 또는 유대로서의 사회통합을 우호적으로 사용한다면 동등한 기회와 권리의 제공이라는 평등에 초점을 둔 사회통합은 사회학 분야에서 자주 만날 수 있는 것으로 본고에서도 이러한 의미로 사용한다. 이 사회적 통합은 연대(solidarity)와 동의어로 사용되기도 한다(Redekop, 1967: 149). UN 사회발전연구소는 사회통합의 개념을 이해하는 적어도 세 가지 상이한 방식을 거론한 바 있다. (1) 모든 인간들을 위한 동등한 기회와 권리를 함축한 포괄적인 목표로, 이 경우 통합이 좀 더 많이 이루어진다는 것은 삶의 기회들이 개선된다는 것을 암시한다. (2) 획일성의 이미지를 상기시키면서 부정적인 함축을 갖는 것과 (3) 긍정이나 부정과 관계없이 단순히 어느 주어진 사회에서 인간관계들의 확립된 패턴을 기술하는 한 가지 방식이다(Alcántara, 1995: 61).

본고가 다루는 사회통합의 개념은 (1)에 가까운 편이기는 하지만 이미 지적된 바와 같이 '모든 인간'이란 정의 속에 숨겨진 문제들, 특히 그동안 정치 경제적으로 배제되었던 이들과 다문화 이주민, 사회적 취약계층을 포함함으로써 발생할 수 있는 문제들이 그렇게 해결하기 쉬운 것이 아니라는 점을 일단 전제하면서(Alcántara, 1995: 61-62) 이를 단서로 삼아 사회통합의 특성을 살펴보고자 한다. 첫째, 사회통합은 단일적이 아닌 다원적인 요소를 포괄한다. 이 점은 여러 분야에서 사회통합의 차원을 분류하거나 지표적 고찰을 수행하는 데에서도 나타난다. 복지 분야에서는 경제, 정치, 사회문화의 세 영역으로 나누어 경제 영역은 포용과 평등, 정치 영역은 정당성과 참여, 사회문화 영역은 인식과 소속감의 하위영역으로 구분하여 지표를 선정하였다(김준영 · 김혜영, 2012: 71-104). 이에 비해 경제 · 사회 분야에서는 한국의 사회통합[social integration]을 구성하는 세 가지 수준을 '개인 보호', '공동체 건설', '국제사회 기여'로 보고, '개인 보호' 지수는 '자유와 민주', '안전과 보호'로, '공동체 건설' 지수는 '다양성과 관용', '신뢰와 참여'로, '국제사회 기여' 지수는 '국제사회 참여'와 '국제협력'이라는 중분류 지수로 구성한 후 이를 다시 3, 4개의 소분류로 구성한다(장용석 외, 2011: 15-16). 이러한 지표들은 사회통합이 얼마나 다양한 요소들을 포함하는 다원적인가를 말해주는 것이다. 단지 그 분류가 모두 동일한 차원이나 수준에서 고려될 수 있는지에 대한 문제 제기가 있으나(전상진, 2006: 229-256) 위의 지표들은 대체로 분석의 체계가 아닌 동일한 사회적 수준에서 추출된 것으로 판단된다(Mouzelis, 1974: 395-409).

둘째는 사회통합이 지향하는 가치이다. 사회통합은 갈등의 반대어이지만 갈등 없는 사회는 있을 수 없고 또 갈등이 반드시 부정적인 것만은 아니다. 반면 통합에 대한 지나친 강조는 개인의 자율성을 훼손시킬 수 있다는 점에서 역시 문제가 된다. 이재열은 사회통합이 지향하는 가치를 '기계적 균형'이나 '결과의 평등' 혹은 '평준화'가 아니라 다양한 개인이나 지역들이 고유한 개성과 능력, 그리고 특성을 유지하고 서로 어울려 '역동적인 조화와 상생'을 이루는 성숙함으로 규정하면서 사회통합이 사회의 질(social quality)을 높이는 것으로 본다(이재열, 2015: 2). 이것은 위의 UN에서 사회통합이 삶의 기회들을 개선하는 것이라는 정의와 유사한 관점이다. 사회통합은 전통적인 보수와 진보, 그리고 좌우대립, 국가와 시장, 개인과 집단, 내국인과 이주민 간 이분법을 넘는 상생과 공존을 강조한다. 이념의 중도 통합은 통합이 아니며(김인영, 2013: 164), 다문화사회가 겪는 이질적 특성의 동화 역시 통합이 아니다(김학태, 2015: 127-170).

셋째, 갈등 극복과 화합의 주체이다. 이것은 개인 구성원과 사회 갈등을 관리하는 체계 두 측면에서 접근할 수 있다. 전자는 사회성원들이 개인 선호와 공동체의 지속가능성을 함께 포용할 수 있는 사회적 타협을 만들어야 한다는 것으로(권혁주, 2016: 111), 사회적 다름에 대한 관용의 미덕과 정치인의 타협을 기다릴 줄 아는 인내 그리고 적극적으로 행동하는 시민의식을 갖는 교양시민의 역할에 주목해야 한다는 주장이나(김인영, 2013: 160) 사회통합에서 개인의 인격완성과 자아실현을 중시해야 한다는 관점은(이재열, 2015: 2) 갈등의 해결을 개인 구성원에서 찾는 것이다. 이와 달리 후자는 사회통합에서 공적 관리 체계를 중시하는 측면이다. 과거 사회갈등의 관리와 사회통합의 중심이었던 국가가 위축되면서 그 공적 기능을 시장과 시민사회의 기능으로 보완해야 한다는 관점이다(조대엽, 2006: 9). 주목되는 것은 사회갈등 해소에 제시된 공공사회학적 접근이다. 공공사회학에서는 사회갈등을 다루기 위해 사회학계와 정부 그리고 시민사회가 긴밀한 소통과 함께 협력관계를 구축해 나가야 한다고 본다(정일준 · 김상돈, 2010: 235-242).

그러면 사회통합에서 종교의 역할은 어떻게 수행될 수 있을까. 종교와 사회통합의 상관관계에 대한 논의는 이미 20세기 초 종교사회학자들에게서 나타났다. 대표적인 학자가 뒤르켐(Emile Durkheim)으로 그는 종교를 성스러운 것에 대한 믿음과 실천의 통일된 체계로 정의하면서 그 믿음과 실천은 그것을 믿는 모든 사람들을 교회라고도 불리는 하나의 도덕적 공동체로 규합시킴으로써 사회를 통합하는 기능과 역할을 수행한다고 보았다(Durkheim, 1965: 62). 그는 중세기의 그리스도교가 현대의 인간성의 종교로 변하였으며, 이 인간성의 종교는 아직도 현대사회 안에서 통합적인 기능을 수행하고 있다고 주장하였다(오경환, 1990: 391). 유사하게 이원규는 한국에서 1960년대 이후 급속히 전개되었던 산업화와 도시화가 허다한 영세 이농민을 도시로 집중하게 함으로써 생활공동체의 붕괴와 자아정체의 상실을 초래하였는데, 이들에게 소속감을 제공하고 삶의 의미와 방향을 부여하여 공동체성과 정체성을 마련해 준 것은 바로 한국의 종교들이었다고 본다(이원규, 2015: 707-708). 종교는 신도들의 공동체를 통하여 사회적인 통합에 기여하고 어떤 특정 목적을 위해 사회적 동원을 용이하게 해준다는 것이다.

이와 달리 최근에는 종교가 사회통합과 함께 사회 분열의 이중적 기능을 갖고 있다는 점을 주목한다. 퍼트넘(Robert D. Putnam)과 캠벨(David E. Campbell)은 미국이 종교다원주의의 나라이지만 최근 미국인들은 고도로 종교적인 이들과 세속적인 이들로 양극화되어 종교의 영역을 넘어 정치적 당파싸움의 진원지가 되고 있다고 보았다(퍼트넘 & 캠벨, 2013: 11-53). 우리나라에서도 종교가 사회균열의 축으로 작용한다는 논의가 나왔거니와, 종교 간 갈등은 단순히 종교 간의 문제를 넘어 사회통합에 부정적이라는 것이다(박병진 · 김병수, 2013: 221-252). 종교가 보여주는 분열은 먼저 종교와 비종교 간의 갈등이다. 퍼트남과 캠벨은 종교적인 사람들이 이방인, 다른 인종의 사람들을 포함해서 모든 사람들에게 더 신뢰를 나타내고 자신의 시간과 돈을 자선단체에 더 많이 기부하지만 단지 다른 사람에 대한 관용도에서는 떨어진다고 했다(퍼트넘 & 캠벨, 2013: 534-590). 반면 우리나라에서는 한 집단 내에서 부를 축적하고, 교육을 받고, 인간관계가 활발한 사람일수록 오히려 낯선 사람에 대해 신뢰하지 못하는 집단성이 종교공동체에서도 동일하다는 연구 결과가 나온 바 있다(이상구, 2015: 255).

다음은 종교 간의 배타성에 기인한 분열과 갈등이다. 종교는 사회구성원들에게 자기정체성과 사회구성원으로서의 질서의식을 심어주는 이론과 논리의 준거를 마련한다는 순기능을 갖고 있다. 그러나 반대로 종교 간의 대립이나 갈등이 인간관계의 균열뿐만 아니라 종교 본연의 목적과는 거리가 먼 사회적 균열과 긴장을 가져오고 결국 사회통합을 와해시키는 역기능을 보여주기도 한다. 이것은 종교가 타인과 다른 집단에 대한 관용을 갖고 그들과 끊임없이 대화함으로써만 해결할 수 있는 것이다(문영석, 1999: 141-162). 그러나 종교 간 갈등도 문제이지만 동일 종교 내에서 사회참여를 둘러싼 신학적 차이에 기인한 갈등 역시 매우 치열하다는 점도 심각한 고려 대상이다. 흥미 있게도 동일 종교 내의 이러한 이념적 대립은 사회참여와 관련된 갈등에서 오히려 이념을 함께 하는 타종교와의 단합으로 나타난다.

이와 같이 종교가 분열을 야기시키기는 하지만 종교 본래의 기능은 사회통합을 촉진하는 것으로, 종교가 어떻게 분열을 통합할지에 대해서는 두 가지 비판적 인식이 제시된 바 있다. 하나는 기독교 교육을 통한 화해로 나아가야 한다는 것으로, 한국교회가 개교회 중심주의여서 사회적인 문제에는 관심이 결여된 개인 구원주의 신앙에 몰두함으로써 사회적 갈등과 화해에 적극적이지 못했다는 것이다(강문규, 2016: 461-499). 이와 달리 기독교가 '값싼 은총'과 '값싼 화해'를 부추기는 것으로 비판하면서 정의구현 없는 화해는 기독교의 화해가 아니고 죄라는 주장도 제기되었다(Volf, 2000: 867에서 재인용; 전명수, 2012: 22). 이러한 논란들은 종교와 사회와의 관계는 말할 것도 없고 종교 간 또는 신학 간의 분열과 대립을 극복해야만 가능한 사회통합이 그리 쉽지 않음을 보여주는 것이다.

Ⅲ. 한국 사회갈등의 종교적 배경과 전개: 민주화 운동기와 그 후

1. 민주화운동 시기 종교계의 분열과 갈등

위에서 논한 대로 종교는 사회갈등을 야기하기도 사회통합에 기여하기도 한다. 따라서 사회통합을 위한 종교의 역할을 고찰하기 위해서는 먼저 갈등의 내용에 대한 고찰이 선행되어야 할 것이다. 한국사회에서 종교계가 겪고 있는 갈등은 특히 개신교의 경우 독립운동과 친일 양쪽의 신도들 간의 대립이 있었던 일본 강점기부터 이미 오랜 역사를 갖는다. 독립 운동 시 개신교의 기여가 컸던 것이 사실이지만 당시 대부분의 지도자급 종교인들은 자의든 타의든 일제에 협력한 것으로 조사되었다(김승태, 2011: 35). 종교계의 유사한 대립이 다시 나타난 것은 민주화 운동 시기로, 이 시기 종교가 배경이 된 사회갈등은 기독교 내 복음주의와 에큐메니칼에 기반한 신학 간의 갈등이었으나, 이 대립이 당시 정권을 탈취한 군부를 중심으로 이를 인정하는 측과 그들에게 저항했던 측의 대립이라는 점에서 일제시대와 비슷한 양상을 보인다.

정종훈은 민주화운동에서 드러난 이러한 갈등을 다음과 같이 묘사했다.

> 5.16 군사쿠데타와 한일국교정상화 그리고 유신선포 등 전제적인 군사독재가 한반도를 억압할 때, 한국의 기독교인들 다수는 침묵했고, 국가조찬기도회와 대규모 신앙집회 등을 통해서 오히려 군사독재를 지원하기까지 했다. 그러나 소수의 양심적이고 예언자적인 기독교인들은 군사독재 하에 신음하던 민중의 울부짖음을 대변하기 위해 민주화운동, 인권운동, 통일운동에 뛰어들면서 한국의 사회운동을 주도한 바 있다(정종훈, 2004: 372).

여기서 침묵한 다수 기독교인들 중에는 행동으로 나서지는 않았으나 심정적으로 민주화운동에 동조하는 이들이 더 많았을 것으로 판단되지만 일단 이들을 논외로 하면 둘로 나누어진 종교계의 분열 구도가 분명하게 드러난다. 한편에는 군사정권을 지원한 이들이, 다른 한편에는 민주화, 인권, 통일 운동 등을 주도한 이들이 있었다. 전자는 특히 조찬기도회의 참석과 대규모 신앙집회의 개최와 관련이 있어 1970년대 이후 개신교의 급격한 성장이 친정부활동과 연관된 경제성장에 기반을 둔 것이라는 관점이 드러난다. 이것은 교회의 물량주의적 가치관과 성장지상주의가 1970년대 군사 정권의 그것과 유사하다는 점 때문에 민주화세력과 산업화세력으로 분열된 종교계의 갈등이 사회갈등의 한 축을 차지하게 된 것이다.

실제로 일부 교회들이 친정부활동을 통하여 이익을 꾀하였다는 주장이 제기되었지만(노치준 · 강인철, 1995: 187), 그러나 군사정부 시기 신도수의 증가와 거대 교회당 건축으로 상징되는 일부 개신교의 교세성장을 친군부의 관점에서만 설명하기 어려운 측면이 있다. 오히려 조찬기도회 참석자들을 포함한 일부 개신교 인사들의 친군부적 행태는 반공주의와 관계가 긴밀한 것으로 판단된다. 그들의 반공주의는 현재 기독교의 청산 과제로 제시되고 있으나 이들 참석자들이 군사정권을 우호적으로 받아들이게 된 것은 그들이 반공을 국시로 내세웠기 때문이고, 따라서 마르크스주의를 영입한 에큐메니칼 신학을 받아들일 수 없었던 것으로 보인다. 대표적인 예로 한경직은 비폭력, 부저항 정신을 강조했고, 특히 국가의 안보를 우선하여 "정치노선에 유관한 것은 나는 국가의 안보적 차원에서 심사숙고한다. 안보문제를 정치적으로 이용하여 통제정책에 이용하는 폐단과 위험이 있다 하더라도, 그 자체가 정말 국가안보에 미칠 가능성이 없다고 단언할 수 없는 한 안보 위주의 길을 걷고자 하는 것이 나의 생각이다."라고 했다(유장춘, 2009: 153-159).[4]

4) 유장춘은 한경직의 이 말이 이만열, "한경직 목사를 만남", 『한국기독교와 역사』(창간

이와 같이 군사 정권과의 관계 설정에서 종교 내부의 분열은 안보와 반공, 화해와 통일 문제가 가장 큰 요인으로 보인다. 현재 이 문제는 진보와 보수를 구분하는 척도가 되기도 하지만 당시 일부 저명한 종교계 지도자들이 군사 정권에 친화적이었던 것을 단순히 좌우, 또는 진보-보수의 개념으로 판단하기 어려운 점이 있다. 민주화 인사들에게 그들이 대항해야 할 악이 군사정권이었다면, 군사정권에 협조했던 인사들에게 방어해야 할 가장 큰 악은 공산주의였다. 이것은 역으로 양측이 추구하는 가치가 다름을 의미하는 것이다. 군사정권이 자신들의 정권 찬탈을 정당화시키기 위해 종교를 이용 또는 악용한 것은 사실일 수 있으나 한경직, 강신명, 조향록과 같은 이들이 반공을 자신들을 합리화하는 도구나 방패막으로 삼은 것으로 보는 것은 문제가 있어 보인다.

이와 달리 민주화운동에 참여한 개신교 지도자들은 대부분 에큐메니칼 신학에 기반한 WCC의 설립과 그 이후의 여러 차례에 걸친 총회 활동에 참여한 교파, 교회 출신들이다. 동서 냉전시대에 유럽의 기독교인들은 양쪽 진영의 화해를 위한 에큐메니칼 운동을 펼쳤거니와, 1967년 기독교와 마르크스주의의 대화를 위한 에큐메니칼 협의회가 개최되었고, 기독교는 마르크스주의에게서 역사 속으로 깊숙이 들어와서 사회를 변혁하는 법을 배웠다는 것을 인정하고 있다(임희국, 2008: 89-93). 1948년 창설된 WCC 역시 처음 교회의 사회적 책임을 강조하는 데에 초점을 두었으나 1968년 웁살라 총회에서는 마르크시즘과 같은 사회학적 통찰을 기독교신학에 적극 수용했고, 1975년 나이로비 총회에서는 복음이 정의와 인간 존엄성을 위한 투쟁에의 참여, 인간의 보편성을 저해하는 모든 것을 배격해야 할 의무, 목숨까지도 버리는 참여를 포함하는 것임을 선언했다(이형기, 1990: 43-44, 61-62). 이들 종교인들은 정

호, 1991)에 근거한 것으로 말하고 있으나 이만열의 해당 글에는 이 구절이 없다.

치계, 학계, 재야인사들과 함께 발족한 '민주주의 국민연합'(1978)이 그 후 '민주주의와 민족통일을 위한 국민연합'으로 명칭을 변경한 데에서 보이는 것처럼 반공이념에 맞서 통일문제의 해결에 대한 좀 더 적극적인 자세를 보여주었다.

반공과 남북공존이라는 양측의 이러한 상반된 입장은 지금까지도 상대방을 각각 종북주의자, 안보장사로 매도하면서 사회적 갈등의 한 축을 형성하고 있는 것이다.

2. 민주화 이후 종교의 정치참여와 사회갈등

전술한 대로 민주화운동 시에 나타난 종교계의 분열은 상이한 신학을 배경으로 하면서 가장 핵심적인 요인으로 부각된 것은 반공의 문제였다. 이 점은 민주화 이후에도 지속되었으나 이 시기에는 종교계 내부의 분열보다는 종교계의 정치참여 문제로 논의가 전환된다. 단지 이러한 정치참여의 주체가 민주화운동 시기에 비해 좀 더 조직화된 종교시민단체로 바뀐 것으로, 민주화운동 당시에도 개신교의 도시산업선교회, 가톨릭의 천주교정의구현전국사제단[이하 사제단]과 같은 단체들의 기여가 컸고, 종교지도자들은 재야 학자, 타종교 지도자들과 연합으로 활동했으나 시민단체와 같은 어떤 조직적인 단체가 있었던 것은 아니다. 현재 1만여 개의 시민단체 중 약 90%가 민주화 이후에 설립되었다고 하므로(정상호, 2017: 301) 종교시민단체 역시 유사한 비율을 보일 것으로 간주된다.

1987년 민주화 이후 출현한 종교시민단체들은 민주화운동의 연장선상에서 주로 복지, 돌봄 서비스를 중심으로 하는 단체들과 정치 개혁, 환경, 통일 등 에큐메니칼 신학을 기반으로 정의구현을 내세운 시민단체들로 이원화된다. 종교시민단체의 이러한 양면적 특성은 하나는 종교에 더 초점이 주어진 것이라면 다른 하나는 일반시민단체와 같이 시민운동을 강력하게 추진한다는 것이다. 전자는 특히 사회취약계층에 대한 돌봄이 중심이 되어 일반 종교단체의 특성과 큰 차이가 없고, 후자는 정부와 시장 정책의 개혁 또는 저항이 중심이 되어 일반시민단체의 활동과 유사하다고 볼 수 있다. 본고에서는 전자를 돌봄단체, 후자를 정의구현단체로 부르기로 한다.

그러나 시민단체의 '운동'이 모두 반드시 정부의 정책에 대한 저항운동은 아니다. 이들 운동 중에는 일반 시민의 삶과 밀착된 생활운동이 더 많은 부분을 차지하는데, 예컨대 쓰레기제로운동, 빈그릇운동을 하는 '에코붓다'[331-333][5]처럼 생활운동이 중심이 되는 종교시민단체도 있다. '창조보전을 위한 기독교환경운동연대'는 지리산 식수댐 건설 반대 성명서 발표, 동강댐 건설 반대 서명운동 같은 정책과 관련된 운동도 있으나 대체로 환경친화적인 음식문화정착을 위한 생명밥상운동, 지구온난화 억제운동, 내복입기운동과 같은 생활운동을 중점적으로 수행한다. '한국YMCA'[녹색가게운동전국협의회, 234]도 시민운동, 사회복지운동, 사회체육운동 등 여러 운동을 시행하면서 특히 녹색가게운동과 같은 생활운동을 전개했다. 이 운동은 인간의 도리를 지키는 녹색소비실천운동으로, 자원절약운동, 쓰레기감량운동, 재사용 · 재활용운동, 지속가능한 소비양식실천운동이 포함된다.

이와 달리 돌봄과 정의구현운동의 바로 중간에 위치해서 두 쪽 중 하나와 관계를 맺는 생활운동도 보인다. 먼저 돌봄과 함께 생활운동을 벌이는 종교시민단체의 대표적인 것은 의료단체들로 기독교를 배경으로 한 '선한사마리아인운동본부'[3442-3443]는 위급환자 구명에 초점을 두면서 한편으로 응급환자 돕기 자원봉사 운동, 인명존중사회 만들기 운동

5) 여기서 종교시민단체의 자료는 주로 『2012 한국민간단체총람』(서울: 시민운동정보센터, 2012)에 근거한다. [ ]안의 숫자는 이 책의 페이지를 가리킨다.

을 전개하고, '사랑의장기기증운동본부'[2107-2109]는 장기기증으로 위급한 생명을 살리는 것이 중심이면서 이를 사랑의장기기증운동으로 실천하고 있는 것이다. 반면 정의구현운동과 생활운동을 함께 하는 단체는 주로 환경 부문의 단체들로 '가톨릭환경연대'[360-362]는 경인운하건설 백지화를 위한 토론, 새만금간척사업반대 대책위 구성 등과 함께 아바나다 가정 만들기 운동, 인천시 승용차 요일제 참여운동 등의 생활운동을 전개하고, '불교환경연대'[307-308]는 북한산 국립공원 · 천성산 살리기 운동 등과 함께 발우공양의 생활화 빈그릇운동을 전개했다.

중요한 것은 이러한 단체들이 비록 정부시책에 대한 반대 운동에 참여하면서도 정치단체로보다는 환경단체로 인식되고 있는 이유 중 하나가 그들이 무엇보다 생활운동을 병행하기 때문일 것이라는 점이다. 반면 정의구현단체들의 활동은 인권 · 평화/통일 항목에 소속된 것이 많고, 대부분 국책 사업에 반대하는 운동을 전개한다. 이 단체들의 특성은 첫째, 돌봄 서비스는 하고 있지 않다는 것이다. 개신교 단체로 '생명평화기독연대'[546-547]의 주요사업은 경인운하건설 저지, 계양산골프장건설 저지와 시민자유공원 조성이고, '정의평화를위한기독인연대'[553-554]는 기독교총선연대, 한반도대운하저지를 위한 생명의 강지키기 기독교행동과 광우병쇠고기 국민대책위에 참여했다. '천주교정의평화위원회'[이하 정평위, 557]와 사제단은 정치적 현안, 예컨대 '한일 위안부 합의문', 세월호 참사 대책, 한국사 교과서 국정화 추진과 밀양송전탑 건설 강행을 반대하는 등 입장이 동일한 것이 많다(전명수, 2016c: 274).

둘째, 이들 정의구현단체는 민주화운동의 계승 형태를 보인다. 이 단체들은 대부분 평화, 화해, 민족, 통일 등을 내세우면서 이 시기를 민주주의의 위기로 보고 있다. 사제단은 '10월 유신 40주년에 대한민국을 다시 생각한다'는 주제로 시국기도회(2012. 10. 22)를 주관했고, 3 · 1 민주구국선언 40돌을 기념하여 "더 높은 민주주의, 더 넓은 민주주의,

더 깊은 민주주의를 선언한다!"라는 주제의 미사와 강연회(2016. 3. 1)를 개최했다. 2015년부터 매주 월요일 열리는 '독재 타파 천주교 시국기도회'는 다시 '신종 쿠데타, 신유신독재 타파를 위한 천주교 시국기도회'로 명칭이 바뀌어 대부분의 정치 현안에 대한 비판과 비난을 보여주었다.

셋째, 이들 단체들은 정부의 정책이나 기업의 사업을 반대하는 것이지만 19대 대선 이전까지는 궁극적으로 정권 교체 내지는 정권 퇴진이 목표였다. 사제단은 시국기도회[2015년 12월 7일 강론]에서 "박근혜 여인과 그 무리의 정권"이 공권력으로 국민의 존엄성을 짓밟았다고 비난하면서 대통령과 공권력의 명령에 따르지 않을 권리와 의무를 선언했다(천주교정의구현전국사제단 홈페이지 2015년 12월 7일 강론: 한만삼 신부, "독재자의 음모에 저항하지 않는다면"). 정치참여 문제가 거론되는 개신교 단체인 '생명평화기독연대'[546-547]는 18대 대선이 부정선거라는 이유로 박근혜 대통령 퇴진운동을 전개한 30개 개신교단체 중 하나였고, 19대 대선 시 특정 후보 지지를 선언한 개신교 모임에 참여했다. 여기에는 '전국목회자정의평화실천협의회'[이하 목정평, 553]도 참여했는데, 목정평은 대부분의 활동을 정평위와 함께 한다.

넷째, 이들 단체들의 활동에 대해 찬반의 입장이 극명하게 분리됨으로써 사회적 갈등의 원인이 된다. 양측 모두 상대방을 국론 분열의 원인으로 지목하고 있는 것으로, 사제단의 3 · 1민주구국선언 40돌 미사와 강연회에서는 민주주의와 역사정의, 남북의 화해와 일치를 요구하는 시민들의 지당한 외침을 겸허하게 받아들이기는커녕 이를 종북 행위로 매도하고 민심을 교란함으로써 '국론분열'을 일으켰다고 비난했다(천주교정의구현전국사제단 홈페이지 성명서/보도자료 "[3 · 1민주구국선언 40돌을 맞아] 더 높은 민주주의, 더 넓은 민주주의, 더 깊은 민주주의를 선언한다!"). 이와 반대되는 측에서는 "이들의 정의구현은 미군이 철수하고 북한 김정은이 무력 도발을 통해 남한을 적화 통일시키는 데 있다. 종교인이면 신성 모독을 하지 말고, 종교에서 말하는 사랑을 실천하고, 정치에 참여해서 '남남갈등'을 조장하지 않았으면 한다."라고 비판했다(정의구현전국사제단, 시국선언 참여 사제 명단[http://juggernaut.tistory.com/155]).

다섯째, 위에서 말한 것처럼 북한이 언제나 분열의 핵심에 있어 양측의 갈등이 비록 종교의 정치참여 문제로 전환되었으나 사실은 남북한 문제가 중심에 있는 것이다. 사제단은 "기어코 보습을 녹여서 칼을 만들려느냐?"라는 사드배치 반대 성명서에서 "평화를 살리고 경제를 키우는 남북 공존공영의 길을 극구 외면해 온 대통령이 이번에는 우리의 금수강산을 아예 제3차 대전의 화약고로 만들고 있다."(천주교정의구현전국사제단 홈페이지 성명서/보도자료 "[사드배치 반대 성명서] 기어코 보습을 녹여서 칼을 만들려느냐?"[2016. 7. 13])라고 하여 상대방이 남북화해와 평화를 외면하고 있음을 비난했다. 그러나 이념적으로 그들과 대척점에 있는 북한인권 관련 단체들, 탈북민 보호 또는 지원 단체들 역시 크게 정의구현의 범주에 포함될 수 있다. 이 단체들은 돌봄보다는 인권 개선이나 이들과 관련된 난민지위 획득, 탈북민 강제송환 중지 촉구 등을 전개하지만, 이들은 보수정권의 지향과 함께 하고 정부의 정책 비판 내지는 반정부, 반체제적 활동으로 나아가지 않아서 상대적으로 종교의 정치참여란 비판에서는 벗어나고 있다.

문제는 종교인의 정치참여가 정책이나 부정선거와 같은 이슈들을 넘어 반체제운동으로 확장되는 것을 '종교'의 범주 내에서 다룰 수 있는 것인지 아니면 이를 종교인이 아닌 국민으로서 수행하는 정치운동으로 보아야 하는지에 대한 논란이 제기되고 있다는 것이다(김종서, 1990: 201-210). 종교인들 측에서도 이 단체들의 정의구현 활동에 반대하는 이들이 나온다. 천주교 서울대교구 염수정 대주교는 2013년 명동성당 미사에서 정의구현사제단 전주교구의 시국미사에 대해 “가톨릭 교회 교리서에는 사제가 직접 정치적-사회적으로 개입하는 것을 금지하고 있다. 정치 구조나 사회생활 조직에 직접 개입하는 것은 교회 사목자가 아닌 평신도의 소명”이라고 비판하였다(동아일보. 2014. 1. 13). 대한민국수호천주교인모임에서는 사제단 해체를 요구했고(뉴시스. 2014. 9. 22), 사제단의 활동을 종북 행위로 보고 이에 대응하기 위한 천주교정의구현평신도단(정구평)이 조직되었다(천주교정의구현평신도단 카페). 보수단체 중 군산시 안보단체협의회는 경우회, 재향군인회, 한국자유총연맹 등 10여 개의 보수단체와 함께 사제단을 규탄하는 집회를 개최했다(전라매일. 2013. 11. 25). 특히 일반인들을 대상으로 한 조사에서도 종교인의 정치참여에 대한 국민인식이 60% 이상 부정적으로 나타나고 있거니와, 여기서 정치참여란 정치인 공약 검증이나 정책 제안, 종교단체 혹은 종교지도자의 부정선거 감시활동 참여, 성직자가 종교행사에서 정치적 견해를 밝히는 것 등을 가리킨다(대한불교조계종 불교사회연구소, 2012: 37-40; 한국갤럽 데일리 오피니언 제94호[2013년 11월 4주], 12).

이와 같이 종교의 정치참여는 이념적 성향에 따라 그 당위성을 역설하는 측과 이에 대한 회의나 부정적 시선을 보내는 측으로 나누어지고 있어서 어느 쪽이 더 정당성을 확보할 것인지를 아직 확인하기는 어렵지만 일단 그것이 국론분열, 남남갈등과 같은 사회 갈등을 일으키는 요인이 된다는 점은 확실해 보인다. 사회통합의 이론 중 종교적 측면에서 살펴본 바와 같이 갈등 치유에서 종교적 화해, 관용, 용서 등을 제시하는 측과 정의구현 없는 화해를 반대하는 측의 양쪽 입장 역시 팽팽한 편이다. 이러한 점에서 종교가 한 축을 차지하는 갈등 극복과 사회통합으로 나아가는 길은 참으로 험난해 보인다.

Ⅳ. 좋은 사회를 위한 사회통합의 실천과 의의: 종교공공사회학의 역할과 기여

로버트 벨라가 제시한 좋은 사회의 개념을 다시 살펴보는 것은 무엇보다 그가 갈등이 선과 악의 이원론에 얽매여 있기 때문임을 포착하고 돌봄과 정의의 균형과 도덕적 실천을 중시한 것이 현재의 우리에게도 요구된다는 관점 때문이다. 2017년 기윤실 조사에서도 종교에 대해 봉사 및 구제 활동(31.6%)보다 윤리와 도덕 실천(45.3%)을 가장 우선적으로 요구하고 있어 벨라의 견해를 뒷받침하고 있거니와, 그 다음 순인 '환경, 인권 등 사회운동'(10.8%), '교육사업 활동'(5.4%), '문화예술 활동'(3.0%) 등은 구제와 도덕성보다 훨씬 낮게 나왔다(기독교윤리실천운동, 2017: 35-36).

벨라는 정의구현이 선과 악의 이원론으로부터 벗어나 정의와 돌봄을 동시적으로 구현하는 균형과 도덕적 실천으로 완성될 수 있다는 관점을 보여주었다(전명수, 2016c: 259-293). 도덕적 실천이란 자신을 선으로, 상대방을 악으로 규정하는 이원론적 시각을 극복하는 데에서부터 출발해야 한다는 의미로 이해된다. 본고에서는 종교가 개입된 사회적 갈등을 종교계의 분열과 종교의 정치참여로 나누어 살펴보았거니와, 전술한 대로 민주화운동 시기 종교계의 분열은 각 진영이 극복해야 할 악이 서로 달랐던 데에 기인한다. 친군부 측 종교계는 주적이 공산주의여서 반공이 추구해야 할 가장 큰 가치였고, 이것은 군부의 입장과 같은 것이었다. 반면 민주화운동 참여자들에게는 주적이 인권을 침해하고 정당성을 보유하지 못한 집권 군부였고, 그들은 군부나 친군부 종교인들과 달리 북한은 소멸의 대상이 아닌 함께 살아야 하는 대상이라는 점에서 통일 문제에서 전향적 사고를 보여주었다.

이와 같이 양측이 선과 악의 이원화가 분명하게 드러나면서 그 논의의 핵심에 자리 잡고 있는 남북한 문제를 중심으로 반공, 안보와 화해, 통일이라는, 또는 상대방을 종북과 통일반대세력으로 규정하는 이념적 갈등을 어떻게 극복해서 통합으로 나아갈 수 있는가가 문제였다. 민주화 이후 반공이냐 화해 협력 통일이냐의 이념적 갈등은 여전하고, 때로 정치적 함의를 갖고 표면으로 분출되기는 하지만 이 갈등은 점차 종교계의 문제로 한정되지 않게 된다. 오히려 민주화운동에 기여했던 종교인이나 단체들이 새로이 시민단체로 태어나거나 그 조직을 강화해서 과거 군부에 집중했던 공격을 보수정권으로 돌렸고, 상대측에서도 이를 종교의 정치참여 문제로 규정하면서 대립하게 된 것이다. 전자에게 보수정권은 군사정권을 계승한 악이고, 후자에게 전자는 종교의 테두리를 벗어난 것이다.

이러한 갈등 극복의 하나의 길은 선과 악의 이원론을 돌봄과 정의의 균형으로 대체하는 것이다. 돌봄과 정의 사이에 '긍휼(compassion)'의 존재를 주목하면서 일반적으로 돌봄의 편파성을 완화하기 위해 정의의 필요성을 제기하기는 하지만 이방인들의 고통에 대한 관심을 일으키는 것은 돌봄도 정의도 아닌 바로 긍휼임을 주장하는 연구자도 있다(Frakes, 2010: 79-99). 그러나 종교적 의미에서 돌봄은 긍휼과 거의 동의적으로 설명될 수 있는 것으로 우드노우(R. Wuthnow)가 정의로운 사회는 긍휼하는 사회이고, 긍휼하는 사회는 정의를 고양하는 사회(Wuthnow, 1991: 250-253)라고 했거니와, 긍휼과 정의는 바로 돌봄과 정의를 대신한 것이다. 돌봄의 개념은 페미니즘, 정치철학이나 종교윤리 등 다양한 측면에서의 접근이 가능해서 그 의미가 그렇게 단순하지 않다. 그러나 한 가지 확실한 것은 돌봄을 '위대한 도덕 이론'으로 다루어서는 안 되고, 그 본질과 범위에서 윤리이면서 동시에 일련의 실천적 활동, 구체적으로 사회적 그리고 정치적 사상과 실천에의 참여로서 간주된다는 점으로, 돌봄이 정의와 양립할 수 있다는 가능성이 제기되는 것은 이러한 관점에 근거하는 것이다(Deveaux, 1995: 117-118).

그럼에도 현재 활동 중인 종교시민단체들은 종교에 더 초점을 두거나 아니면 시민운동에 더 집중하고 있으나 돌봄과 정의는 본래 대척점에 있는 것은 아니다. 돌봄 윤리는 자주 도덕 문제들에 대한 상이한 그리고 심지어 모순적 접근을 제공하는 것으로 정의 윤리와 서로 양립할 수 없는 상치되는 것으로 간주되어 왔으나, 이와 달리 이 둘은 상호보완적이며 공존할 수 있다는 주장들이 여러 논문에서 제시된 바 있다. 먼저 돌봄과 정의는 상호 연결되는 것만큼 상이한 두 단계의 도덕적 추론 중 하나에 적용하기 때문에 담론 윤리의 관점으로부터 두 접근들이 매우 기본적 의미에서 보완적이라는 것이다. 정의가 규범의 정당화와 고양에 관심을 가진 반면 돌봄은 구체적인 도덕적 상황을 위한 해결을 발견하는 데에 관심을 가지고 있다는 주장이다(Ruiz, 2005: 773-800). 특히 관심을 끄는 것은 조직 안에서 정의의 미덕과 돌봄이나 긍휼의 미덕을 시너지 효과를 주는 방식으로 통합하는 가능성이다. 돌봄과 긍휼은 주관성의 요소를 갖고 있고 그리고 본질에서 역동적이나 반면 조직상의 정의에 대한 문헌은 이들 두 개의 매우 중요한 현상이 우세하기 때문에 정의를 객관적이고 정적이며 선적 구조로서 서술했다는 것이다. 다시 말해서 돌봄과 긍휼은 비교적 역동적 구성이고, 반면 조직상의 정의는 정적이고 선적인 구성으로 개념화된 것이어서 조직상의 정의의 역동적 측면을 탐구하고 이해함으로써 돌봄과 긍휼 그리고 정의의 상호 공존하는 양립성 원리는 창조될 수 있다고 본다(Shahzad et al., 2014: 167-181). 정의의 역동성이란 정의구현 없는 화해는 불가능하다는 입장을 극복할 수 있는 이론적 기반을 놓아준다는 점에서 성찰의 가치가 있어 보인다.

이러한 관점은 현재 마치 양극화되어 있는 듯한 양 갈래 종교시민단체들이 따로 또는 함께 서로 시너지 효과를 내는 통합적 활동을 영위할 수 있음을 말해주는 것이다. 말하자면 이념의 중도화가 통합이 될 수 없다는 점을 확인하면서, 이념보다는 좀 더 구체적으로 돌봄과 정의의 특성을 제시하고 그 양립성과 공존성을 확인하면 종교의 정치참여 문제에 대한 해결이 가능할 수 있을 것으로 보인다. 이것은 모든 종교시민단체가 동일하게 돌봄과 정의구현의 기계적 균형을 유지해야 함을 의미하는 것은 아니다. 단체의 목표에 따라 어느 하나에 더 중점을 두겠으나, 그럼에도 돌봄단체는 정의구현에 관심을 기울여야 하고, 정의구현단체는 반드시 돌봄을 소홀히 하지 말아야 된다는 것으로, 그러할 때 정치에 대한 과도한 무관심이나 몰두에서 한 걸음 물러날 수 있을 것으로 판단된다.

그러나 문제는 이원론의 극복이 사회통합을 향하는 길인 것이 분명하지만 어느 쪽에서나 그들의 신학에 근거한 선악 논리에서 한 걸음 물러서기는 쉽지 않을 것이라는 점이다. 벨라는 옳은 사회를 포함하기는 하지만 그가 궁극적으로 추구하는 것은 좋은 사회인 데 비해, 정의구현단체의 목표는 옳은 사회이기 때문이다. 이를 도와줄 수 있는 실천적 방식 중 하나가 '공공사회학'이고 그 하위분류인 '종교공공사회학'이다. 공공사회학(public sociology)은 현대사회가 당면한 주요 문제들에 대해서 사회학자가 직접 공중을 찾아가 대화하고 소통하면서 해결하려는 시도로서, 이는 더 나아가 사회학자들이 학계를 넘어서서 사회변혁에 적극 참여한다는 의미이다. 실제로 공공사회학은 학문영역에서 산출된 지식을 학계 내부에서만 소통시키지 않고, 사회학자와 일반 대중이 각각 제기한 문제를 두고 같이 고민하고 대화하며 언론을 통해 이를 이슈화하면서 지속적으로 소통하고 협력한다는 특성을 지닌다(Burawoy, 2005: 4-28). 위에서 논한 대로 통합의 주체는 개인 구성원과 사회 체제 두 측면 모두와 관련되거니와 이 점은 바로 시민사회와 공중이 초점이 되는 공공사회학의 핵심이기도 하다.

그러나 비록 공공사회학이 시민사회 활동이라는 측면에서 공중[6]과의 대화를 통해 살펴보는 것이지만, 시민사회에 대한 지나친 중시가 국가에 대해서는 적대적 관점을 가지게 한다는 점(Brady, 2004: 1629-1638), 공중의 구성이 다양해서 연구 결과가 자신들의 이해관계에 따라 상이한 입장을 갖는다는 한계가 지적되었다(Lareau and Muñoz, 2017: 19-23). 공공사회학이 지닌 이러한 한계를 극복하는 데에는 종교사회학이 어느 정도 기여할 수 있을 것으로, 이는 발전과 사회통합, 사회문제 해결을 위한 종교의 사회적 역할을 주목하는 종교사회학과, 공중과의 대화와 소통을 통한 사회문제 해결을 강조하는 공공사회학 사이에 공통분모가 존재한다는 사실에 토대한다. 벨라가 제기한 도덕적 책임의식의 중시는 공동체에서의 개인의 역할에 좀 더 주목하는 것이어서 공공사회학자가 다가가는 공중의 개념과 가깝고, 여기에 공동선과 공익, 그리고 공론을 강조하는 '공공성'의 윤리는 종교가 담당할 수 있어 사회문제를 해결하는 데에 일정한 역할을 할 수 있을 것으로 기대된다. 종교가 공공사회학과 결합한 것이 바로 '종교공공사회학'이다.

종교공공사회학은 사회학자들과 다양한 공중 사이에 성찰적 대화를 만들어내고, 종교를 포함한 공공문제들에 대한 규범적인 관점을 알려주며, 시민사회에서의 종교의 자리와 실천을 탐구하는 학문이다. 종교공공사회학은 특정 도덕적 지향이나 미리 조정된 정치적 아젠다에 대한 헌신보다는 오히려 사회학적 지식을 종교를 포함한 공적 중요성의 문제에 대한 표준적 성찰로 통합시키는 헌신이 그 특성이다(Markofski, 2015: 459-475). 특히 공공사회학이 중시하는 공중과의 대화는 시민단체에 접근하는 데에 매우 중요한 역할을 할 것이다(전명수, 2017a: 65-70). 시민단체는 시민들의 자발적 결사체이기는 하지만 일반적으로 종교시민단체의 경우 개인의 목소리가 별로 들리지 않는다. 예로 어느 단

6) 여기서 공중(public)은 시민 또는 대중으로 대체될 수 있으나 '공공성'의 의미가 연계된 함축을 중시해서 사용되었다(듀이, 2014: 1).

체가 사회적 이슈가 발생해서 이를 반대하는 선언문을 발표하거나 집회에 참여할 경우 그 단체의 홈페이지에는 이에 대한 회원들 간의 논의가 있었다는 단서는 물론 게시조차 보이지 않는다. 평화 부문에 속해 있는 단체인 '예수살기'는 행동강령에서 "우리는 진리를 따르고 사랑을 실천하는 이들과 연대한다."(예수살기 홈페이지)는 조항이 있기는 하나 이것이 어느 이슈나 집행부의 결정을 무조건 따르라는 강제성을 지닌 것일지는 회의적이다.

이러한 점에서 종교공공사회학은 시민단체의 개인 구성원들과 소통함으로써 사회문제에 대한 견해를 듣고 사회갈등의 내용과 특성을 파악하여 사회통합을 위한 구체적인 길을 찾아볼 수 있을 것이다. 무엇보다 시민단체에 참여하는 구성원들은 사회의식이 뚜렷해서 공공사회학이 필요로 하는 가장 뛰어난 공중이 될 것으로 판단된다(Hartmann, 2017: 11). 잘 통합된 사회는 공정한 사회이고, 공정한 사회는 정당성을 가지고 지속가능한 사회를 뜻한다는 점에서(이재열, 2015: 2) 공공사회학이 추구하는 공공성은 사회통합에서도 핵심 요인이 되는 것이다. 종교공공사회학이 지향하는 공공성은 그간 종교시민단체가 내세운 정의의 개념도 새롭게 접근할 수 있다는 의의를 지닌다.

V. 결론

본고는 사회통합에서의 종교의 역할을 다루면서 동일 종교 간 신학적 차이에 기반해서 일어난 갈등, 그중에서도 민주화운동기의 반공주의와 민주화 이후 정의구현 종교시민단체들의 정치활동이 일으킨 사회적 갈등과 그 극복 방식을 고찰한 것이다. 특히 종교시민단체는, 돌봄과 정의구현 둘 중 어느 쪽에 중점을 두던, 사회통합으로 나아가기 위해서는 일단 돌봄과 정의의 균형을 추구해야 한다는 점을 강조했다. 이 둘은 상호보완적이어서 공존할 수 있을 뿐 아니라 이러한 균형은 종교시민단체와 비종교 일반시민단체를 구분할 수 있는 가장 큰 특성이 될 수도 있는 것이다. 이것은 돌봄단체는 단순히 취약계층에 대한 서비스뿐만 아니라 그러한 사회적 모순을 가져온 이유와 그 개선에 좀 더 관심을 가져야 한다는 것이고, 정의구현단체는 사회를 개혁의 대상으로 볼 뿐만 아니라 더 나아가 돌봄의 대상으로 간주함으로써 그들의 활동이 종교의 테두리에 들어가는 것인지에 대한 회의나 비판에서 벗어날 수 있다는 것이다. 기독교의 이념은 약자에 대한 돌봄과 함께 불의를 용납해서는 안 된다는 공의(公義)가 동일하게 중요한 것이 사실이지만 그 공의 역시 긍휼이나 돌봄이 밑받침되어야 하기 때문이다.

그러나 2016년 10월 이후 2017년 봄까지 박근혜정권 퇴진 비상국민행동[퇴진행동]의 주최로 국정농단에 항거하는 촛불시위가 있었고, 그 과정에서 대통령의 퇴진과 정권 교체라는 변화가 일어났다. 비록 이와 대립된 또 다른 집회가 있기는 했으나 참여 인원수로 볼 때 당시 새로운 정치 변화에 대한 열망이라는 점에서는 어느 정도 사회통합의 분위기가 형성되고 있었다. 어떻게 보면 촛불시위로 시작된 정치권의 변화는 그동안 정의구현 종교시민단체들이 지속적으로 요구하던 것이어서 만약 촛불시위의 성격과 지속을 많은 부분 이들 단체들과 연대한 단체들의 활동에 기인한 것으로 본다면 돌봄을 수용함으로써 정의구현단체의 정치지향성을 약화하거나 방향을 전환해서 돌봄과 정의구현을 균형 있게 운영해야 한다는 본고의 주장은 덜 설득력을 갖게 될 것이다.

그러나 이 집회에는 개인이나 참석단체들이 진보와 보수를 망라했다는 점, 더욱 이 촛불시위를 '정치운동'으로 볼 것인지에 대해서도 고려와 성찰이 요구된다는 점에서 아직 이에 대한 논의는 좀 더 시간이 필요해 보인다. 무엇보다 이 시위가 가져온 변화에는 특히 과거 사회갈등의 중심 역할을 한 남북한 문제가 여전히 잠재되어 있다는 점도 소홀히 할 수는 없을 것이다. 이러한 점에서 종교시민단체들이 돌봄과 정의의 균형과 공존을 취하는 것이 필요하고, 동시에 이를 위해 종교공공사회학의 구체적인 실천이 반드시 요구된다는 본고의 입장에는 변화가 없다.

제4부 종교 · 복지 · 문화의 공공성과 상호관계

제8장 문화 · 복지 · 종교의 상호관계와 특성: 사회적기업의 문화 · 예술 · 관광 · 운동 서비스를 중심으로*

종교는 문화의 부분이 되기도 하고, 문화를 조직하며, 문화를 포함하고, 그리고 초월한다. 또한 종교는 문화에 의해 영향을 받고, 문화를 형성하며, 인식, 정서, 행위에 영향을 주면서 문화와 상호 교류할 수도 있다.

– Saroglou and Cohen, 2011: 1309

Ⅰ. 문제제기

본고는 사회적기업의 문화 · 예술 · 관광 · 운동 서비스를 중심으로 문화, 복지, 종교의 상호관계와 여기서 드러나는 특성과 과제를 살펴보면서 궁극적으로 종교 서비스 유형의 필요성을 제기하는 데 목적을 둔다. 사회적기업의 서비스에는 간병가사지원, 환경, 사회복지, 보육, 문화 · 예술 · 관광 · 운동, 보건, 교육, 산림보전 및 관리, 기타가 있는데, 이들 중 최근 문화 · 예술 · 관광 · 운동 서비스를 제공하는 사회적기업이 특히 수적인 증가를 보여주고 있어 주목할 만하다.[1)]

---

* 이 장은 『종교와 문화』 제27호(2014)에 게재된 내용을 기본틀로 하면서 당시 사용된 2014년도 자료를 2018년 7월 현재 문화 · 예술 · 관광 · 운동 사회적기업으로 대체하여 재고찰한 것이다.

1) 2018년 7월 23일 현재 노동부 인증 사회적기업 총 1,978개소 중 문화 · 예술(227개소), 관광 · 운동(49개소) 서비스 사회적기업은 총 276개소이다. 이 연구를 수행했던 2014년도에는 노동부 인증 사회적기업은 총 1,082개소였고, 그중 문화 · 예술 · 관광 · 운동 서

'문화'는 영문으로 culture, 한국에서는 文化로 표현되고 있으나 어의적으로 전자가 양육이나 경작을, 후자가 인문에 의한 교화 또는 교양의 뜻을 가진다는 점에서 상당히 유사한 측면이 있다. 문화의 개념은 학문 분야별로, 또는 접근 방식과 용법, 그것이 기반하는 이론적 배경에 따라 매우 다양하게 사용되었으나 20세기 후반 문화 연구의 선구자인 레이먼드 윌리엄스(Raymond Williams)는 그간 사용된 문화의 용법을 첫째, 지적, 영적 그리고 미학적 발전의 일반적 과정을 묘사하는 자립 추상 명사, 둘째, 국민, 시대, 그룹, 인류 전체 중 어느 하나의 특정 생활양식을 가리키는 자립 명사, 셋째, 지적이고 특히 예술적 활동의 작품과 기량을 묘사하는 자립 추상 명사의 세 가지 종류로 구분했다. 그는 이들 중 셋째 용법이 가장 널리 확산된 것으로, 문화란 음악, 미술, 조각, 연극, 영화를 의미하고 여기에 철학, 학문, 역사를 첨가할 수도 있다고 말한다(Williams, 1983: 90).

이와 유사하게 '21세기 사회학총서'(뉴욕주립대)에서 문화사회학을 저술한 로라 에들스(Laura D. Edles)는 지금까지 제시된 '문화'의 개념들을 인문학적 정교함과 엘리트 예술활동(고전발레, 오페라), 어떤 국민이나 그룹의 모든 생활방식, 공유하는 상징체계 또는 양식으로 요약했다. 그는 이를 심미적, 민족지적, 상징적인 세 가지 유형으로 범주화하면서 각 정의들이 갖는 한계를 지적했다(Edles, 2002: 1-8). 이러한 논의에 기반해서 위 세 가지 정의를 모두 포함해 살펴보면 문화는 예술이나 정신적인 유산들과 함께 오랜 기간 사람들의 삶을 형성한 사고방

비스는 172개소로, 2013년 10월 사회적기업 총 913개소 중 문화 · 예술 · 관광 · 운동 서비스 143개소와 비교해보면 97개소가 증가한 '기타'서비스를 제외하고 증가율(17.2%)이 가장 높았다. 2018년도 문화 · 예술 · 관광 · 운동 서비스 자료를 2014년도의 것과 비교해보면 약 2배 가까이(1.9배) 증가해서 전체 사회적기업의 증가 수(1.8배)보다 높은 편이다(한국사회적기업진흥원 홈페이지[http://www.socialenterprise.or.kr] 사회적기업 리스트 참고).

식, 행동방식이나 물질, 또는 인간 집단이 만들어낸 모든 생활양식과 상징체계이다. 관광은 이 유산들을 직접 체험하게 함으로써 문화의 인식과 계승에 한 몫을 담당하고, 운동은 여가문화를 목표로 한다는 점에서 크게 문화의 범주에서 다루어질 수 있다.[2] 따라서 핵심은 문화와 예술이다. 우리나라 문화예술진흥법(제2조 1항)에서는 '문화예술'이란 문학, 미술(응용미술 포함), 음악, 무용, 연극, 영화, 연예, 국악, 사진, 건축, 어문, 출판 및 만화를 말한다. 이 글에서 사용된 '문화예술'은 문화 · 예술 · 관광 · 운동의 줄임말이면서 동시에 이 서비스의 핵심인 문화와 예술을 가리킨다.

사회적기업은 한편으로 취약계층에게 일자리나 서비스를 제공하고 다른 한편 이윤을 추구해서 이를 기업에 재투자하는 것을 목적으로 하는 복지지향 기업이다. 사회적기업의 한 유형으로서 문화예술서비스 기업은 취약계층의 경제문제에 초점을 둔 다른 서비스 유형과는 달리 그 수혜자들의 정서적 또는 문화적 욕구에 초점을 둔다. '문화복지'란 용어는 처음 정책적으로 사용된 것이어서 아직 학술적인 위상이 확립된 것으로 볼 수는 없으나 여기에는 문화에 대한 계층별 유형별 차이를 극복하는 민주주의의 이상이 포함되어 있어 그 의의가 작지 않아 보인다. 그간 문화복지 관련 연구는 정부의 문화정책 및 그 법제화의 문제와 관련된 것이 많고 사회적 취약계층의 사회복지서비스로서의 문화복지, '문화복지'의 개념, 지역사회발전이나 교육의 측면에서 접근한 문화복지 고찰이 뒤를 잇고 있다(이현서, 2014: 65-68).[3]

---

2) 「문화기본법」 제9조의 7에는 여가문화에 관한 것이 있다.

3) 2014년도에 나온 고찰 결과에 의하면 전공 학술지별로 보면 사회복지학계와 행정 및 정책학계 학술지 논문 수가 각각 9편으로 가장 많아 문화복지 연구를 주도하고 있었고, 연구 주제는 사회적 취약계층에 대한 문화복지 서비스 연구, 문화복지정책 역사 연구, 예술교육 대중화 연구, 지역문화시설 확대에 대한 연구, 문화복지 개념정의 및 인식 연구, 문화권 연구의 여섯 가지 유형으로 분류되었다.

이와 달리 종교복지는 주로 종교기반 법인이나 기관이 설립한 복지시설이 중심이 되어 각 종교의 이념이나 가치를 취약계층에 대한 돌봄으로 구현시키는 것을 목적으로 한다. 그러나 이제 종교는 이러한 돌봄을 넘어 중요한 문화자원의 보고로서 그 의의와 가치가 새롭게 추구되어야 할 분야로, 이러한 점에서 종교는 사회적기업의 문화서비스 범주에 포함시키기보다는 독립서비스 항목으로 예술문화와 병존시킬 필요가 있는 것이다. 종교복지는 이미 어느 정도 다양하고 깊이 있는 담론이 형성되어 있으나(전명수, 2013: 279-312) 사회적기업의 문화예술서비스와 관련해서 종교문화자원의 활용에 대한 논의는 아직 시작되지 못했다.

이 글은 문화 · 복지 · 종교의 상호관계를 고찰하고 사회적기업에 우리의 문화자원인 종교의 자리를 마련하는 것을 목적으로 한다. 이것은 문화 · 예술 · 관광 · 운동 서비스가 문화 · 종교 · 예술 · 관광 · 운동 서비스로 확장되어야 함을 의미한다. 본 연구는 2018년 9월 현재까지 노동부의 인증을 받은 문화예술서비스 사회적기업에 대한 분석적이고 이론적인 고찰이지만, 관련 기업들의 행사에 대한 참여관찰방식을 병행한다.

Ⅱ. 문화예술서비스의 복지적 특성

1. 문화서비스 기업의 특성

윌리엄스는 세 가지 차원의 문화 분석을 제시한다. 첫째, 특정 시간과 공간에 살고 있는 사람만이 완전하게 접근할 수 있는 실제생활문화(lived culture)이다. 둘째, 특정 시대의 예술로부터 가장 일상적인 사실까지 모든 종류의 기록된 문화로, 한 시대의 문화(period culture)라고 규정할 수 있다. 셋째, 실제생활문화와 시대문화를 연계하는 요소로서 선별적 전통문화(culture of selective tradition)이다. 윌리엄스는 한때 살아있는 문화였던 것이 점차 새로운 시대에 의해 선택되거나 거부되는 문화전통의 선택성을 이해하는 것이 특히 중요하다고 본다. 그는 전체로서, 그리고 개별적인 활동의 총체로서의 사회에서 문화적 전통이란 조상들에 대한 지속적인 선택과 재선택의 과정이라고 말한다(윌리엄스, 2007: 95-100).

일단 윌리엄스의 분류 방식에 따라 2018년 9월 현재 문화·예술·관광·운동[문화예술] 서비스를 제공하는 사회적기업 283개소[4]를 중심으로 살펴보자. 먼저 사회적기업 중 '경주고택', '(사)한옥문화원' 등의 사업 내용은 특정 시대의 삶이 기록된 '시대문화'이다. '(사)전통문화연구회 얼쑤', '한국전통음식체험교육원', '한국전통예술단 아울'처럼 사업명에 '전통'이 들어가 있는 것은 대부분 이 유형에 속한다. 과거 문화유산들을 기억하고 탐구하는 것은 한 나라 또는 한 지역사회의 과거에 대한 좀 더 분명하고 좀 더 넓은 이해를 촉진시킨다(Sen, 2004: 41-42). 이 기업들은 전통시대 사람들의 생활양식뿐만 아니라 그들의 삶이 지향했던 가치와 태도를 보여주면서 모두 특정 시대의 사회적 구조와 긴밀히 연계되는 시대문화를 사업 기반으로 한다. 그러나 한 시대의 문화로 보존되고 있지만 이러한 시대문화 역시 그대로 과거로만 존재하지 않고 끊임없이 선택되고 변형되어 새로운 문화의 기반이 되고 있음은 전통가옥이나 음식의 현대적 변형이 지속적으로 이루어지고 있는 데에서도 드러난다.

이에 비해 '선별적 전통문화'로는 과거 전승 예술, 즉 전통적인 국악, 도예, 춤, 놀이 등이 있다. 이들 역시 기록된 그 시대 문화이다(Crane,

---

4) 이 수치는 사회적기업진흥원에 게시된 사회적기업 리스트 중 문화·예술·관광·운동 서비스 제공 기업을 대상으로 한 것이다.

1994: 2-3). 그러나 위의 전통문화의 예와 다른 점은 이들은 좀 더 적극적으로 그 틀과 미의식을 보존하여 전승시키고 있을 뿐만 아니라 새로운 현대적 감각으로 사회의식을 포함시키면서 변형된 또는 재창조된 작품으로 탄생되고 있다는 것이다. 예로 사회적기업 '사단법인 마당극패 우금치'는 전승 놀이에서 마당극이라는 틀과 형식을 사용하고 있다는 점에서 확실히 전통문화의 선택이다. 마당극은 열린 공간에서 관객과 직접 소통하며 즐기는 우리 민족 고유의 연극으로, 테마는 설화, 민속, 소설 등을 재해석한 연극도 있고 현대의 다양한 사회문제를 비판적으로 접근한 것도 있다. 우금치 마당극 〈선녀와 나무꾼〉은 설화의 모티브를 빌려 농촌과 다문화가정의 문제를 다루면서 한국사회의 뿌리 깊은 '한민족'이라는 순혈주의의 문제까지 함축적으로 제기하고 있다(조훈성, 2013: 122). 이러한 예술 양식은 '선택'과 '변형', 또는 '전승'과 '재창조'로 간주될 수 있다.

사회적기업의 문화예술서비스 사업에는 위의 시대문화, 선택된 문화 외에 이 시대의 실제생활문화를 대상으로 한 것이 가장 많은데, 크게 농촌살림연구와 같은 지역문화, 현대음악 · 대중 · 예능 · 여가 · 생태 · 책과 스토리텔링 관련 문화예술사업 등이 포함된다. 그중 이주민의 애환과 학교폭력을 다루는 뮤지컬, 탈학교 청소년 음악밴드, 여성영화제, 코미디, 춤 등과 같은 현대 대중문화가 매우 중요하게 다루어지고 있다. 국내 최초의 다문화극단으로 알려진 '(주)샐러드', 부산 '환경문화연합', '(주)문화콩' 등도 학교폭력 예방을 위한 뮤지컬 또는 다문화 뮤지컬을 공연한 바 있다. 이러한 뮤지컬은 바로 이 시대 한국인들의 실제생활문화가 보여주는 사회문제들의 예술적 표현인 것이다. 문화예술서비스 기업으로는 공연기획 및 문화콘텐츠 제작, 운영 시스템을 갖춘 기획 전문회사가 다수 포함되고 있거니와, 기획 대상에는 전통적인 문화예술도 있고 외국의 고전예술도 있으나 현대의 실제생활문화를 대상으로 한 것이 더 많은 편이다.

이들 문화예술서비스 사업의 특성은 무엇보다 문화의 일상성에 대한 강조이다. '문화는 일상'(culture is ordinary)이라는 명제는 이미 일찍이 윌리엄스가 분명하게 밝힌 바 있다. 그는 문화란 내가 태어나고 자란 곳, 나를 둘러싼 가족들 그리고 내가 겪었던 체험 등 바로 그 지점에서 형성되기 시작하는 것으로 단정한다. 그러나 문화는 구성원들이 이러한 환경을 통해 익숙해진 이미 알려진 의미와 방향, 그리고 앞으로 배우게 되고 겪게 될 새로운 관찰과 의미라는 두 가지 면을 갖고 있다고 본다. 따라서 문화의 속성은 항상 전통적이면서도 창조적이고, 가장 일상적인 공통의 의미를 갖고 있으면서도 가장 훌륭한 개별적인 의미를 보여준다는 것이다. 그러나 윌리엄스는 사람들이 공유하는 삶의 방식만을 중시하거나 특별한 개인들의 창조적 노력과 과정의 산물인 예술과 학문만을 중시하지 않는다. 그는 문화란 이 두 가지 모두이며, 동시에 이 두 가지가 결합된 것이라고 주장한다(Williams, 2001: 10-24).

이것은 일반사람들의 일상적 삶 속에 뿌리박힌 것들, 그러면서도 그 안에서 일어나고 있는 창조 행위를 주목한 것이다. 문화를 생활화한다는 것은 일상을 새롭게 만들어갈 수 있는 힘이기도 하다. 구체적으로 서울 '일상예술창작센터'는 시장기획 전문기업으로, 대표적인 사업의 하나가 홍대 앞 프리마켓이다. 프리마켓은 어린이 놀이터라는 시민들의 일상적 공간에서 1인 창작자들이 작품을 생산하고 바로 이곳에서 지나가던 시민들이 작품을 구입하는 자유시장으로, 놀이터가 곧 문화예술의 생산, 유통 공간으로 탈바꿈된 시장이다. 이것은 진정한 문화는 오히려 우리의 구체적이고 일상적인 삶의 모습이며 그 일상을 통해 드러난 우리의 구체적인 관계와 상징이라는 점에서 결국 문화도 일상생활을 떠나서 논의할 수 없음을 의미한다(김상우, 2006: 94). 따라서 프리마켓은 일상적 공간에서 창작가와 소비자의 일상이 만나는 문화공동체를 형성하거니와, 이 마켓은 예술가를 일상문화로 끌어들임으로써 문화생산자인 예술가들에 대해서도 관심을 보여준다.

이러한 점에서 문화의 일상성은 상품화와 상통한다. 사회적기업은 사회적 특성과 경제적 특성이라는 양 날개를 갖고 있는데, 이러한 특성은 문화서비스 기업에서도 마찬가지이다. 먼저 경제적 특성으로 사회적 기업의 경우 수익성이 확보되어야 한다는 점에서 그 추구하는 이윤이 좀 더 즉각적이고 지속적으로 창출되어야 한다. 중요한 것은 수익성에 대한 고려가 문화상품의 질이나 유형을 결정하는 요인이 될 수도 있다는 것이다. 프리마켓에 등장하는 예술문화 상품은 대부분 높지 않은 가격으로 구매가 가능하며, 가볍고 운반하기 쉬운 것들로, 주로 일상에서 쉽게 만날 수 있는 대중적 가치를 지니면서도 창의성을 지닌 작품이어야 한다. 2014년 프리마켓 주제는 '손으로 만드는 세상'이다. 시장에서는 각종 금속 공예품, 인물 수묵초상화, 캐리커처 같은 미술품, 수제 도장, 모자와 같은 생활창작 디자인제품, 직물, 편물 등 손으로 만든 물건들만 거래되었다.[5] 2018년 슬로건은 'Play Ground'[놀이터]이다. 문제는 이들이 단지 상품인지 문화예술작품인지의 경계가 명확하지 않다는 것이다. 이처럼 문화예술 전문회사들이 기획하는 문화는 주로 관람, 체험, 관광, 구매의 대상이어서 문화가 관람객을 동원하거나 구매 대상이 되기 위해서는 먼저 문화소비자들의 기호를 고려해야 한다는 것으로, 문화서비스 기업은 이와 같이 인위적으로 기획된 문화의 상품화를 촉진할 것으로 간주된다.

상품화는 자연스럽게 대중성으로 연결된다. 사회적기업 '극단 날으는 자동차'는 어린이, 청소년, 대학생, 주부, 직장인, 어르신이 참여하는 시민극단이다. 이 기업은 "평범했던 사람들이 소위 말하는 '예술'을 하고,

5) 프리마켓의 자료는 해당 홈페이지(http://www.freemarket.or.kr/)와 필자의 실제참여 관찰에 기반을 둔다.

그들의 평범했던 일상이 예술이 되는 것"이고, "그들이 본인들의 평범한 일상을 다양한 방법으로 바라보기 시작했고 평범했던 일상이 풍요로워지기 시작했다는 것"임을 자부한다(극단 날으는자동차 홈페이지). 이것은 이러한 예술 문화의 참여가 생성하는 동력을 의미하는 것으로, 이러한 문화의 생산자가 특정 엘리트, 상층인사가 아니라 보통 사람들이라는 것이다. 사회적기업은 이처럼 문화가 반드시 '고급문화'라는 의식에서 벗어나 그 대중화에 기여하고 있거니와, 그것은 일상문화가 기존 문화에 부여했던 고급스러움, 신비함을 벗긴다는 의미이다.

문화예술서비스가 갖는 이러한 상품화, 대중화, 일상화의 특성은 문화 형태의 불균형을 극복하는 데에 한 몫을 할 것으로 보인다. 먼저 예술행사 관람률의 시대별 변화를 살펴보자.

〈표 1〉 문화예술행사 관람률 변화추이(문화체육관광부, 2016: 24) (단위 : %)

문화예술행사	2003년	2006년	2008년	2010년	2012년	2014년	2016년	2014년 대비 증감률(%p)
전체	62.4	65.8	67.3	67.2	69.6	71.3	78.3[1]	7.0
							79.3[2]	8.0
문학행사	4.0	4.4	4.0	3.8	6.1	6.2	5.8	-0.4
역사, 철학 강의 및 역사탐방	-	-	-	-	-	-	11.4	-
미술전시회	10.4	6.8	8.4	9.5	10.2	10.6	12.8	2.2
서양음악	6.3	3.6	4.9	4.8	4.8	4.9	4.5	-0.4
전통예술	5.2	4.4	4.4	5.7	6.5	5.7	7.6	1.9
연극	11.1	8.1	11.0	11.2	11.8	12.6	13.0	0.4
뮤지컬					11.5	11.5	10.2	-1.3
무용	1.1	0.7	0.9	1.4	2.0	2.4	1.3	-1.1
영화	53.3	58.9	61.5	60.3	64.4	65.8	73.3	7.5
대중음악/연예	10.3	10.0	8.2	7.6	13.5	14.4	14.6	0.2

주 1) 역사, 철학 관련 강의 및 역사탐방 제외.
2) 역사, 철학 관련 강의 및 역사탐방 포함.
※ 2012년 조사부터는 연극과 뮤지컬을 세분화하여 구성함.
※ 2016년 조사부터는 '역사, 철학 관련 강의 및 역사탐방'이 추가됨.

<표 1>에서 보이는 바와 같이 예술행사의 관람률은 전체적으로 증가했다. 2003년 62.4%에서 2016년 78.3%로 15.9%가 증가한 것이다. 2016년도 관람률을 중심으로 살펴보면 영화의 관람률 비중이 압도적인데, 영화는 2003년도와 비교해 볼 때 20%가, 2014년도에 비해서는 7.5%가 증가해서 일반 국민의 문화향수가 너무 한 장르에 편중된 느낌을 준다. 그 다음으로 관람률이 증가한 것은 연극과 대중음악/연예이고, 서양음악, 전통예술, 무용 등은 그보다 훨씬 낮은데, 그중 무용은 전체 예술행사 중 가장 낮다. 전술한 대로 사회적기업 중 공연예술의 기획, 제작 전문회사가 많고 그 기획에는 전통 및 대중예술, 문학, 연극, 영화, 뮤지컬, 춤 등이 많아지고 있어, 이러한 관람률의 전체적인 증가와 예술 분야별 편차의 축소에는 어느 정도 사회적기업의 역할이 있었을 것으로 판단된다.

관람률의 편중은 예술 분야 사이에서뿐만 아니라 전통문화와 현대예술 사이에서도 드러난다. 2012년도 역사문화유적지 방문율은 2003년 49.1%였던 것이 45.3%로 감소된 것으로 나타났다. 조사 시점을 기준으로 향후 1년(2012년 9월-2013년 8월) 이내 역사문화유적지방문의 장애요인은 시간부족이라는 응답이 가장 높게 나타났으며 관심 유적지 부족, 교통 불편 등의 순이었다. 그러나 향후 1년 이내 역사문화유적지 방문 장애 요인의 변화추이는 2010년 조사에 비해 시간적인 측면은 7.7% 감소한 반면, '관심 있는 유적지 부재'는 4.3% 증가했다(문화체육관광부, 2012: 78-83). 2014년도에는 역사문화유적지 방문율이 크게 증가했다가 2016년도 조사에서는 약간의 감소를 나타낸 것을 보면 문화예술서비스를 제공하는 사회적기업들이 지속적으로 전통문화 프로그램을 보완하거나 새롭게 개발하는 노력을 경주한 것과 무관해 보이지 않는다. 예로 2014년에 노동부 인증을 받은 '사단법인 둘레'는 생태와 역사문화 예술의 공존을 시도하면서 백제가요 정읍사 오솔길 조성 사업을

시작하여 '백제가요 정읍사 오솔길 문화체험 행사'를 개최한 바 있다(둘레 홈페이지). 정읍사는 유일하게 남아있는 백제가요로, 그 해석이 학자에 따라 다양하나 행상 떠난 남편의 안위에 대한 두려움과 그에 대한 아내의 기원을 표출한 작품으로 알려졌다. 과거 문화에서 현존하는 건축물, 공예, 조각뿐만 아니라 이러한 무형의 자원을 재창조하는 작업을 시도한다면 전통문화에 대한 관심을 증진시키면서 현대와 고전 사이에서 문화예술 분야에 대한 관심의 불균형을 극복할 수 있을 것이다.

2. 문화복지의 특성

사회적기업은 영리라는 경제적 의미와 함께 취약계층에 대한 배려라는 공공성, 사회성의 측면을 동시에 지닌다. 문화를 복지의 차원에서 접근하는 문화복지가 '문화적 복지'라는 용어로 최초로 등장하는 시기는 전두환 정부 때이며, 노태우 정부 또한 '문화복지국가'를 기본방향으로 설정하였다. 그 후 김영삼 정부는 삶의 질 향상과 문화공간의 확대, 김대중 정부는 창의적 문화복지국가의 건설 등으로 문화는 정치권이 주목하는 분야가 되었다(서보람 외, 2011: 103-113; 임학순, 2003: 104-124). 이와 발맞추어 1980년대 '문화복지'라는 용어가 학술 논문에서 처음 등장했으나 본격적인 논문 발표는 2000년대에 들어와서로(이현서, 2014: 65) 이것은 문화복지에 관한 정권의 지향이 학문적 성과에 반영되고 있음을 보여준다.

이들 문화서비스 사회적기업에서 가사지원, 사회복지, 보육, 교육, 환경과 같은 다른 서비스기업처럼 취약계층의 고용을 내세운 기업은 많지 않은 편이다. 전통문화에 초점을 둔 기업들은 대부분 지역의 역사적 특성에 기반하고 있어 이러한 유형의 사업은 주로 지역사회와 지역민의 삶의 질을 제고하는 데에 초점을 둔다. 그러나 자세히 살펴보면 이러한 기업들도 '사회적 기여'를 내세우고 있는데, 아마도 이것이 사회적기업으로 인증 받게 된 중요한 요건이 되었을 것이다. 첫째, 문화예술서비스기업의 사회적 기여는 주로 '문화나눔'에 초점을 둔다. 2012년도 문화체육관광부의 문화향수실태조사에 의하면 그 향수의 정도는 경제력과 관련이 있다. 즉 수입이 낮아질수록 향수비율이 낮아진다는 것인데, 이 점은 2006, 2008, 2010, 2012, 2014, 2016년도 조사에서도 모두 동일하게 나왔다.

그렇다면 경제적 취약계층과 문화적 취약계층은 동일한 것일까. 잘 알려진 대로 부르디외(Pierre Bourdieu)는 문화소비가 사회계급을 구분짓는 차별화기제로 작용하면서 문화가 어떻게 가난과 불평등의 재생산에 영향을 미치는지를 설명한다. 문화자본이란 모든 형태의 문화적으로 파생된 권력을 의미한다. 부르디외는 문화자본을 내면화된 개인적 성향으로 체화된 것, 서적, 음악, 과학도구처럼 구매하여 읽거나 감상할 수 있는 객관화된 것, 신빙성 있는 교육체계 안에서 제도화된 것이라는 세 가지 상태로 분류한다. 그는 문화자본의 소유, 분배, 교환정도를 계급 구분의 기준으로 보면서 문화자본을 문화적 불평등을 통한 계급 간의 구조적 불평등을 재생산하는 데에 핵심적인 요인으로 설명하고 있다.[6] 문화복지가 최근 더 중요성을 갖게 된 계기 중 하나는 현재의 빈곤이 소득만의 문제가 아니라 다차원적 빈곤의 성격을 갖고 있다는 인식이 확산됨에 따른 것이다(서우석 · 양효석, 2013: 166).

문화자본을 부르디외처럼 세 가지 상태로 본다면 현재 문화적 취약계층의 문화향수율을 단지 경제소득만을 대상으로 살펴보기는 어렵다. 문화향수는 가정에서의 성장 배경이나 문화 활동, 그리고 학력 등 다양한 요인들이 연계될 수 있을 것이기 때문이다. 그럼에도 경제적 취약계

6) 부르디외의 문화자본에 관한 내용은 Rao and Walton, 2004: 14-16을 참고했다.

층의 경우 문화적 취약계층이 될 가능성이 크다. 가장 최신의 자료인 2016 문화향수실태조사의 소득별 예술행사 관람률을 보면 소득이 많을수록 관람률이 높게 나오는 것이 분명하게 드러난다. 소득 100만 원 미만 가구는 관람률이 30.9%, 100-200만 원은 45.7%, 200-300만 원은 71.2%, 300-400만 원은 81.0%, 400-500만 원은 86.7%, 500-600만 원은 89.1%, 600만 원 이상은 89.5%이다. 이 점은 문화예술행사 관람 걸림돌로 비용이 많이 든다(31.9%), 시간이 좀처럼 나지 않는다(26.2%)가, 문화예술행사에서 보완이 필요한 것이 관람비용을 낮추어야 한다(34.0%), 작품의 질을 높여야 한다(29.6%)가 가장 큰 두 가지 요인으로 제시된 데에서도 드러난다(문화체육관광부, 2016: 85, 87). 이와 같이 문화예술의 향수는 비용의 문제와 긴밀히 연관되고 있으나 더 주목되는 것은 관람자들이 비용만큼 문화예술의 질적 제고에 큰 관심을 드러내고 있다는 것이다.

만약 경제적 취약계층이 문화적 취약계층이 될 가능성이 높다면 그 간극을 조금이라도 메꾸는 데에는 문화예술서비스 관련 사회적기업의 역할이 클 것으로 판단된다. 사업 유형에 따라 다르지만 오케스트라, 뮤지컬, 전통놀이에 기반을 둔 사회적기업은 '찾아가는 서비스', '무료공연 초청' 등 사회적 취약계층의 문화향수를 증진하는 문화나눔과 이를 통한 문화 민주화에 기여하고 있기 때문이다. 사회적기업들 중에는 무엇보다 고급예술로 인식된 오케스트라 연주나 뮤지컬 등 관람비가 높아 취약계층이 쉽게 접근하기 어려운 예술분야 관련 사업을 운영하는 기업이 상당수가 있어 저소득층의 이들에 대한 향수를 부분적으로나마 충족시키고 있는 것이다. 예로 오케스트라 사회적기업으로 '뉴서울필하모닉오케스트라', '부산인코리안심포니오케스트라', '대구국제오페라오케스트라', '포항아트챔버오케스트라' 외 여러 기업이 있으나 문제는 이들이 서울, 부산, 대구처럼 대부분 큰 도시에 집중되어 있어 지역에 따른 관람 장애요인이 있다는 것이다.

둘째, 문화서비스 사업에서 취약계층은 단지 문화나눔의 수혜자일 뿐만 아니라 나눔의 주체가 된다. 그들은 문화 향수의 대상이면서 동시에 좀 더 적극적으로 문화의 생산자로 활동하고 있다는 것으로, 이것은 그동안 주로 수혜적 관점에서 접근하던 취약계층에 대한 인식을 넘어서게 한다는 점에서 매우 의미 있는 변모이다. 물론 고용 노동자로서의 취약계층 역시 한편으로 제품을 생산하는 생산자이기는 하지만 이것은 예술작품의 제작과 공연 참여와는 다른 것으로 보인다. 다문화극단 '샐러드', '장애인문화예술 판'은 다문화인과 장애인의 시선으로 새롭게 써낸 이야기를 뮤지컬로 만들어서 이들 취약계층에 대한 지역사회의 잘못된 인식을 개선하는 데에 기여한다. '샐러드'는 직원이나 극단 단원 대부분 다문화인이고 연출 역시 다문화인이 맡으며, 뮤지컬 소재도 다문화가정의 이야기를 다루면서 우리 사회의 문제를 짚는다. '장애인문화예술 판'은 장애인과 비장애인이 작품을 쓰고 공연하며 서로 어울리는 소통의 장을 마련하고 있다.

셋째, 문화서비스 사회적기업 중 취약계층의 일자리 창출에 관심을 갖고 설립된 기업은 '색동회 대구지회', '신라배움나눔공동체' 등 많지 않으나 다른 한편 문화생산자로서의 취약계층의 활동은 새로운 형태의 일자리 창출을 보여준다. 앞의 다문화극단의 단원들은 전업주부도 있고 직장인도 있으나 그들의 참여는 일자리를 위해서라기보다는 새로운 예술 영역에 대한 도전으로 볼 수 있다. 그러나 '사회복지법인 한빛재단 효정'은 시각장애인으로 구성된 전문연주단이고 단원들은 불편한 몸으로 예술 활동에 참여하고 있거니와, 이 활동은 곧 그들의 '일자리'이기도 한 것이다. 이 점은 새로운 일자리 모델을 제시하여 시각장애인들의 자립을 돕는다는 예술단의 설립목표에서 보인다(한빛예술단 홈페이지). '㈜아트브릿지'가 문화생산자인 예술인들을 교육연극 제작에 참여시켜 다양한 일자리를 제공하는 것도 같은 맥락에서 이해된다.

넷째, 문화서비스 사회적기업은 문화교육에 기여하고 있다. 사회적으로 문화적 실천과 소비에 대한 관심이 커질수록 문화적 영역에서의 상대적 박탈감이 증가하는 것을 예상할 수 있다(서우석 · 양효석, 2013: 173-176). 문화예술 관람률의 조사를 수행한 문화체육관광부는 보도자료에서 특히 100만 원 미만 저소득계층의 관람률의 증가는 문화바우처 제도와 문화예술교육 경험과 관계있는 것으로 판단했다(《문화체육관광부 보도자료》 2013. 1. 3). 문화바우처 이용자의 경우 비이용자에 비해 문화예술 향수율이 높은 것으로 나타났다. 문화바우처 사업에 대해서는 현재 여러 문제점이 지적되고 있으나(용호성, 2012: 110-116) 이에 대한 국민의 인식을 보면 이 사업을 현재보다 확대(56.1%)해야 한다는 의견이 현재처럼(32.8%) 하거나 또는 현재보다 축소(11.1%)해야 한다는 의견보다 더 많은 것으로 나타났다(조현성, 2011: 30). 그러나 무엇보다 과거의 문화예술교육 경험이 미래의 문화예술 경험에 보다 긍정적인 영향을 미친다는 점에서 문화예술교육에 대한 사회적기업의 역할을 높이 평가할 만하다. 예로 '사단법인 문화예술교육협회'는 뮤지컬을 활용한 교육프로그램을 연구 · 개발하고, '날으는자동차'는 성북구청 및 마을공동체와의 협약으로 저소득 초등학생 예술교육학교인 성북문화예술학교를 운영하면서 환경뮤지컬을 가르친다.

다섯째, 사회적기업 문화서비스의 사회적 기여에는 문화를 통한 사회치유가 있다. 취약계층 중에는 학교폭력과 왕따로 시달리는 청소년, 새로운 사회에 적응하지 못하는 외국이주민과 탈북자들, 치매로 고생하는 노인들이 있다. '경계없는예술센터'는 예술의 대 사회적 치유기능에 관심을 가지며, 교육연극, 예술치료를 기반으로 한 창의성 개발 및 소통을 위한 다양한 융 · 복합예술교육 프로그램을 개발하여 문화 소외계층 및 일반인을 대상으로 운영하고 있다(경계없는예술센터 홈페이지). '날으는자동차'는 치매노인, 폭력청소년을 대상으로 교육과 공연을 통해 그들의 문제를 해결하는 데에 목표를 두고, '주식회사 문화콩'은 "마음을 움직이는 문화 만들기"를 모토로 하는 부산 문화콘텐츠 기획, 제작, 유통 전문회사로 2013년 7월 학교폭력예방을 위한 자체 브랜드 샌드아트 뮤지컬 〈한아이〉를 제작하여 극장에서 공연했으며, 2018년 9월에는 소통이 어려운 노인들의 대표 축제인 실버문화페스티벌(제4회) "샤이니 스타를 찾아라"의 본선 대회를 개최한 바 있다. 사회적기업의 이러한 사회 치유에 대한 관심은 앞으로 좀 더 확대시킬 필요가 있어 보인다.

이러한 점에서 볼 때 문화복지는 취약계층에 대한 복지활동의 수행이라는 점에서 크게 사회복지에 포함되기는 하지만 주로 이들의 문화적 욕구에 초점을 두면서 이 시대의 사회문제를 해결하려 한다는 점에서 그 고유의 영역을 보유하고 있다.

III. 문화예술서비스 사업과 종교의 자리

1. 문화와 종교의 관계

문화와 종교의 관계는 매우 긴밀한 것으로 고찰되었다. 문화와 종교를 어떻게 정의하느냐에 따라 다르기는 하지만 종교가 인간 존재에 대한 궁극적인 관심에서 출발한다면 문화의 많은 양상이 이러한 궁극적인 관심을 반영한다는 점에서 문화는 종교로 읽혀지기도 한다(Hecht and Biondo III, 2012: ix). 일부 사회학자와 신학자들이 현대인들이 야구나 축구에 열광하는 문화를 '스포츠 종교'(sport religion)로 부르는 것도 그 한 예이다. 종교를 중심으로 볼 때 종교는 문화의 부분이 되기도 하고, 문화를 조직하며, 문화를 포함하고, 그리고 초월한다. 또한 종교는 문화에 의해 영향을 받고, 문화를 형성하며, 인식, 정서, 행위에 영향을 주면서 문화와 상호 교류한다(Saroglou and Cohen, 2011: 1309-1311). 그러나 요약하면 핵심은 종교가 문화를 포용하는 것과 달리 문화는 반드시 종교를 포함하는 것은 아니라는 점이다. 따라서 종교는 문화의 범주 내에서 다루어질 수도 있으나, 문화와 상호 교류하는 독립 영역으로 설정하는 것이 더 필요해 보인다.

앞에서 진술한 대로 문화예술서비스는 최근 사회적기업에서 가장 활발하게 다루는 영역이 되었다. 이것은 문화예술서비스의 장점과 과제가 우리 사회적기업의 미래와 연계된다는 의미로, 이 서비스는 우선 우리나라 전통문화에 대한 관심에서 출발하는 것이어서 무엇보다 과거의 종교적 유산을 먼저 주목하게 된다. 종교적 유산에 대한 고찰은 문화의 특성을 이해하는 길이 된다는 점에서 과거 불교문화가 왕성했던 신라 경주의 문화유산들이나 체험관광 프로그램은 우리 전통문화를 이해하는 매우 중요한 대상이 될 것이다. 그러나 불교는 신라뿐만 아니라 백제와 고구려에서도 역시 가장 중요한 문화적 기반이었고, 이들은 일본으로 건너가기도 했다. 특히 백제는 일본 문화의 원형이 된 중요한 문화유산을 넘겨주었다. 따라서 종교문화유산서비스는 불교를 중심으로 동아시아적 범위로 확대가 가능함을 보여주거니와, 그렇기 때문에 문화에서 종교[불교]를 분리하여 접근할 필요가 있어 보인다.

더욱 문화와 종교를 분리해서 접근하면 상호 이해에 보완적인 역할을 하면서 좀 더 분명하게 문화예술의 특성을 이해하는 데 크게 기여할 것이다. 신라의 불교나 조선조의 유교는 당대인의 사유와 정서, 영적·윤리적 지향이 함축된 건축, 공예, 서화 등의 예술작품과 음식, 의례 등의 생활문화를 남겼다. 전통문화와는 다르지만 현대문화에서도 종교의 역할이 작지 않은데, 종교는 많은 대중문화, 그중에서도 영화, 회화, 문학작품 속에 중심 모티프, 또는 부차적인 모티프가 되기도 한다. 후술하겠지만 특히 18세기 후반부터 19세기 말까지 가톨릭과 개신교의 수용과 전개는 한국의 근대문화를 이해하는 필수적인 자료이다. 이러한 외래 종교가 수용되면서 형성된 문화유산들은 이미 학계나 관광업계의 주목을 받고 있지만 이들을 사회적기업에서 활용한다는 것은 한편으로 문화유산들을 상품화하면서 다른 한편 그 유산들의 사회적 기여를 위한 자리를 마련한다는 의미여서 또 다른 의의를 지닌다.

따라서 만약 종교가 서비스 영역에 첨가된다면 문화예술서비스 중심 사회적기업은 이윤을 추구하면서도 복지서비스를 제공하는 이념적 철학적 깊이가 보완될 수 있을 것으로 이것이 바로 문화예술과 함께 종교를 독립서비스 항목으로 세우는 것이 필요한 이유이다.

2. 문화예술서비스에 포함된 종교기반 단체의 복지활동

종교는 이념적으로 어려운 이들을 돌보려는 복지적 시선을 갖고 있다. 종교복지란 종교적 가치를 복지활동을 통해서 구현하는 것으로, 대부분 그 활동은 일단 종교기반 법인이나 단체에 의해서 수행된다. 말할 것도 없이 복지활동은 종교 신자건 아니건 개별적으로 수행하는 예가 많은 것도 사실이다. 그러나 로버트 우드노우(Robert Wuthnow)는 무엇보다 이러한 복지활동이 지속적인 것이 되기 위해서는 종교기관의 참여가 반드시 필요하다고 본다. 이것은 종교 참여가 자선행동을 강화한다는 것이 아니라, 오히려 이러한 자선행위가 개별 신자들이 종교기관[교회] 안에서 보고 듣는 것에 의해 이끌어진다는 것이다. 요약하면 무엇이 필요를 구성하는지, 언제 돌보는 것이 적당한지에 대한 규정은 자신이 다니는 조직/기관에 의해 형성된다는 주장이다. 이러한 점에서 종교와 영성을 구분하거니와, 영성(spirituality)이란 보이지 않는, 내면의, 전적으로 개인주의적인 신앙의 다양성을 의미하는데, 문제는 이러한 종류의 영성이 어떻게 지속될 수 있는지에 관한 것이다. 어떤 종교공동체에도 참석하지 않으면서 이웃을 돌보는 일에 참여한 개인들 중에는 그들 자신을 '영적'으로 간주하는 이들이 적지 않다. 만약 이처럼 영성이 어떤 조직적인 종교공동체에도 참석하지 않고 고양될 수 있는 개인주의적인 신앙을 의미한다면 그것은 오래 지속할 수 없다는 것으로, 우드노우는 사례연구를 통해서 영성도 그러한 종교공동체의 맥락 안에서 발생할 때에만 남을 돌보는 활동에 도움이 된다는 것을 증명한다(Wuthnow, 1991: 126-127, 153-156).

우드노우의 이러한 논의에 근거하면 복지기관이나 사회적기업의 복지활동이 주로 종교기반 단체나 법인이 운영주체가 되어 활발하게 수행되고 있는 이유가 이해된다. 단지 문화예술서비스 사회적기업에는 그 운영주체가 종교기반 기관이나 단체인 것은 많지 않을뿐더러 오래 지속되지 못하고 중단된 사업들이 많다. 그동안 개신교단체인 YMCA의 '부산YMCA네오필하모닉오케스트라'는 노인복지관, 장애인복지관, 대학병원을 찾아 공연하고, YWCA의 '부산YWCA브라스밴드' 역시 찾아가는 음악회로 매우 저렴한 입장료로 사회기여 활동을 벌였으나 현재 2018년도 사회적기업 리스트에는 보이지 않거나 운영 주체가 비종교단체로 바뀌었다. 그 이유는 다양하겠으나, 적어도 종교가 빈곤을 경제적 소득의 선상에서 접근하고 이를 극복하는 문화의 힘에는 덜 주목한 것처럼 보인다. 전술한 대로 취약계층을 포함해서 관람자들은 비용과 함께 문화예술의 질적 문제, 다시 말해서 상품성의 질적 제고에 거의 비슷한 정도의 관심을 보여주고 있기 때문이다.

종교기반 문화예술서비스 사회적기업으로 초청법회와 불교문화대학을 열고 있는 불교기반 단체인 신라문화원이 운영하는 '경주고택', '성공회 푸드뱅크 이바지사업단'의 〈주먹밥콘서트〉같은 것들이 보인다. 특히 수요 주먹밥콘서트는 2004년 일반대중에게 결식에 대한 문제의식을 고취하고 새로운 기부문화의 장을 개척하기 위해 시작된 것이다. 점심을 사회적기업에서 마련한 주먹밥으로 대신하게 하고 점심 식사비를 기부함으로써 이를 취약계층을 돕는 일에 사용하는 것이다. 그러나 이 음악회는 단순히 기부만을 위해서가 아니라 대중음악가들의 재능기부를 통해 찾아온 이들의 문화향수에도 부족함이 없도록 노력함으로써 문화와 복지를 접목한 매우 모범적인 공익 문화행사이다. 그러나 이 콘서트 역시 한동안 중단되었던 데에서 드러나듯이 종교기반 단체의 문화예술서비스 사업은 그렇게 쉽지는 않아 보인다. 대체로 이 사업들은 운영 주체들이 기반을 두는 종교적 가치를 표명하지 않는 경우도 있고, 또한 그 사업내용이 비종교기반 법인이나 단체의 활동과 별로 차이가 없는 것도 있다. '영남필하모니오케스트라'는 비종교기반 사회적기업이지만 취약계층 청소년오케스트라를 지원하고, 문화소외지역 주민을 위한 찾아가는 음악회, 저소득층 청소년 예술영재 육성을 위한 재능기부 등 문화나눔 행사를 열고 있다. 그럼에도 종교기반 단체나 법인들이 운영하는 사회적기업의 복지활동에는 그들이 지향하는 종교적 가치가 투영된 것으로 보인다.

이로 보면 문화예술서비스에서 종교와 관련된 예술 공연은 취약계층을 위해, 더 나아가 취약계층에 의해 이루어지는 것도 있어 문화가 종교복지의 한 면을 담당할 수 있음을 보여준다. 그러나 이들 종교단체의 복지활동을 문화복지의 내용과 비교하면 '문화나눔'이라는 기본적으로 공유하는 특성 외에는 더 확장시켜야 할 측면이 많은 것으로 나타난다. 그 중 대표적인 것이 상품화이다. 문화는 관광상품으로 다시 태어나면서 각광을 받고 있으나 종교는 불교의 템플스테이 외에는 큰 주목을 받는 상품이 별로 보이지 않는다. 이것은 종교복지가 취약계층에 대한 종교적 시선에서 그들을 돌봄의 대상으로만 간주하고 종교가 매우 중요하고 거대한 [문화]자원이라는 사실을 간과했기 때문이다. 대중문화가 영화,

음악, 서적 등에서 종교를 주제로 한 작품들을 산출하고 있는 것과 달리 복지에서 종교는 언제나 취약계층의 수혜에만 초점을 둔 것이다.

종교문화자원의 상품화가 사회적기업에서 수익성과 연관된다면 종교를 통한 사회치유는 사회적기업의 공공성을 담당하게 될 것이다. 일반적으로 종교기반 복지법인이나 단체가 수행하는 복지활동은 비종교기반 복지법인이나 단체의 그것과 별로 다르지 않으나 종교기반 복지기관들은 대부분 가족이나 지역사회와 관련된 청소년의 폭력, 약물복용, 비행의 문제와 새터민, 다문화가족들의 문제를 다루면서 수익성이 있는 사업을 병행하는 경우가 많다. 사회적기업을 운영하는 개신교, 가톨릭, 불교, 원불교 관련 단체들은 이미 이러한 청소년, 노인, 장애인, 다문화인, 새터민 등을 대상으로 하는 복지 프로그램들을 운영하는 경험을 지니고 있거니와, 이와 같이 복지 활동에서 축적된 경험과 성취는 문화예술 사회적기업에서도 종교의 역할과 의의를 드러내면서 수익성을 충족시키는 동력이 될 수 있을 것으로 기대된다.

Ⅳ. 종교문화자원의 활용과 과제

문화예술서비스에 종교를 독립서비스 항목으로 첨가해야 하는 의의는 충분하지만 문제는 종교가 문화예술처럼 복지의 자원이 될 수 있는지, 그래서 사회적기업에서 요구되는 영리를 위한 상품화와 사회적 기여 모두에서 성공할 수 있는지에 있다. 지금까지 종교복지는 주로 복지수혜자들에 대한 종교적 시선을 다루면서 그 종교적 가치를 어려운 이들에 대한 보살핌으로 구현하는 데에 초점을 두었을 뿐, 문화예술처럼 자원으로서의 역할이나 사회적 기여에 대해서는 주목하지 않았다고 볼 수 있다. 다시 말해서 그간 종교는 복지활동의 기반이 되거나 가치 구현의 장이 되기는 했지만 여기서 종교 자체가 자원이 된 것은 아니다.

이러한 점에서 문화예술서비스에서 종교가 한 자리를 확보하기 위해서는 종교문화자원에 대한 고찰이 선행되어야 할 것이다. 위에서 언급한 대로 우리나라 전통문화나 근대문화는 유교와 불교, 그리고 기독교, 또는 우리나라 고유 종교인 동학, 원불교 등의 역사적 전개와 자취를 좇아가면 그 형성과 전개가 좀 더 분명하게 드러난다. 이러한 전통시대 또는 근대에 형성되거나 수용된 종교는 과거부터 현재까지 한국의 정신세계와 문화변동을 이해하는 중요한 자료가 될 것이고, 이를 위해 적극적으로 각 종교의 문화자원을 발굴하고 활용해야 할 것이다.

문제는 이러한 자원들을 사회적기업의 사업 테마로 삼으려면 이들을 기반으로 경제적 이윤 창출과 사회적 기여를 동시에 도모할 수 있는 전망이 보여야 하기 때문에 그렇게 쉬운 일은 아니라는 점이다. 불교문화상품으로서, 또는 종교복지 연구의 일환으로 가장 관심을 끌고 있는 것은 템플스테이에 관한 것으로, 이에 관한 연구는 꾸준히 수행되어 왔다.[7] 현재 템플스테이는 한국의 대표적인 문화관광상품으로 국가지원사업의 하나로 추진되고 있으며, 외국인 상설 국제선체험센터가 건립되기도 했다. 그러나 템플스테이는 단지 문화관광상품으로서의 성격을 넘어 최근 이를 문화복지 프로그램으로 활용하려는 노력에도 불구하고 (권경임, 2011: 79-108) 아직 사회적기업의 대상은 되지 못했다. 관련 프로그램으로는 사찰 내에서의 명상, 타종, 참선 등 각종 수행과 생활방

---

7) 조태영 · 석기현, “불교사찰 문화관광 개발실태에 관한 연구: 경주지역 불교사찰을 중심으로”, 『관광정보연구』 22, 2006; 여태동, “템플스테이의 운영실태와 향상화방안”, 『선문화연구』 3, 2007; 김영훈, “전통문화콘텐츠로서의 템플스테이 개발에 관한 연구”, 『복지행정연구』 23, 2007; 유승무, “한국사회의 ‘또 하나의’ 여가 트렌드: 불교적 여가활동을 중심으로”, 『불교사상과 문화』 1, 2009; 김재걸, “복지관광 현황과 활성화 방안”, 『계간 사회복지』 185, 2010; 허남진, “한국 종교성지의 현대적 의미”, 『종교문화연구』 14, 2010; 배금란, “현대종교문화 현상으로서 템플스테이 고찰”, 『종교학연구』 29, 2011 등 다수가 있다.

식을 경험하거나, 사찰의 자연과 문화환경을 활용하여 마음의 휴식을 얻으면서 생태체험을 하는 것들이 있어 템플스테이를 포함해서 사찰 체험은 사회적기업이 앞으로 시도해볼 만한 불교문화자원이다.

사찰은 불교종단 소속이면서 동시에 국가의 문화재이기 때문에 사회적기업의 운영은 쉽지 않을 것이나 이러한 점에서 사회적기업을 운영하는 (사)한옥문화원의 예는 템플스테이나 사찰체험에 좋은 참고가 될 수 있을 듯하다. 한옥문화원은 교육・출판・연구・건축 등의 활동을 통해 한옥의 가치와 아름다움을 계승・발전시키려 한다는 목표를 보여준다(한옥문화원 홈페이지). 거주용 또는 보존형 한옥들 중 많은 것이 국가 또는 지방 문화재로 지정되거나 이미 관광상품으로 이름난 건축물이라는 점에서 사찰과 유사하다. 더 나아가 사찰은 불교 이념이나 가르침의 측면에서뿐만 아니라 건축, 조각, 공예와 소장 문화재 등에서도 체험, 연구의 대상이다. 이와 함께 사찰은 화재로 인한 소실과 재건 등 국가 재난이나 화재에 따른 역사를 갖고 있고, 사찰음식은 채소를 선호하는 식사문화의 출현에 따라 새롭게 부각되어 각광을 받고 있는 소중한 문화자원이다. 이처럼 사찰이 단순히 관광의 대상을 넘어 교육・연구・건축・음식 등 사회적기업의 아이템으로서의 필요성이 제기되는 것은 종교문화자원의 '사회적 기여'가 요구되기 때문이다.

종교문화자원 가운데에는 시대문화에 해당하는 것이 많다. 불교는 왕조에 따라 다르기는 하지만 일찍이 한반도에 들어와 토착화되면서 사람들의 일상과 정신세계를 지배했다. 이와 달리 18세기에 들어온 천주교는 극심한 박해 속에 많은 순교자가 나오면서 당시 순교했던 이들과 그 순교지가 성인과 성지로 존숭되고 있다. 대표적으로 병인박해(1866) 때의 절두산, 김대건 신부 등 11명의 성인이 순교한 새남터 등이 있거니와, 대전의 해미는 1,000여 명, 황새바위는 220여 명의 천주교인들이 순교한 성지이다(성기숙, 1988: 184-187). 이러한 순교지는 단지 특정 종교의 수난사를 보여줄 뿐만 아니라 동서문화 충돌의 현장이면서 그 시대의 정치사회 현실을 반영하고 있는 것이다. 19세기 말에 들어온 개신교 선교사들이 제물포에 입항한 후 전국으로 퍼져간 발자취는 생활 · 교육 · 의료 · 사회제도 개혁 등 문화전이의 현장이다. 일예로 정동교회, 성공회 대성당이 있고 이화학당, 배재학당이 세워졌던 서울 정동은 우리나라 근대교육이 시작된 곳, 처음으로 신식 결혼식이 거행된 곳, 처음으로 서양악기가 연주된 곳, 처음으로 활자에 기름을 묻혀 책을 박아낸 곳, 처음으로 순한글 신문을 발행하여 근대 언론의 시작을 알린 곳이어서(이덕주, 2002; 유영서, 2010: 102-131) 바로 근대문화의 형성배경과 내용을 집약적으로 보여준다.

이상은 종교기반 사회적기업의 사업 주제와 영역에 관한 것이다. 이들을 영리화하는 것은 주로 연구, 관람, 체험, 관광 등에 기반할 것으로, 여기서 복지적 성격이 취약계층의 고용이 될지, 관찰 체험 교육의 무료 혜택이 될지, 정신적으로 힘든 이들의 치유나 다른 서비스 제공이 될지는 사업자들의 기획에 따라 다를 것이다. 특히 종교의 수행은 여행과 긴밀하게 연관되거니와(Norman, 2012: 175), 성지순례는 종교의 유무와 관계없이 우리나라 과거에 대한 훌륭한 역사교육의 장이 될 것이다. 적어도 종교문화자원의 적극적인 활용이 각 종교적 특성뿐만 아니라 우리나라 전통문화와 근대문화의 이해를 심화시킨다는 사실은 분명해 보인다.

아마도 앞으로의 과제는 종교자원의 문화적 이해를 어떻게 증진할 수 있을지, 자원으로서의 종교와 돌봄에 초점을 둔 종교가 어떻게 조화를 이룰 수 있을지, 사회적기업으로서 종교자원의 활용이 어떻게 수익률과 공공성을 확대시키면서 그 균형을 맞출 수 있을지, 특히 종교의 중요한 임무인 '사회치유'에 어떻게 기여할 수 있을지, 그리고 그러한 목표들이 어떻게 선교에 대한 우려 없이 이루어질 수 있을지가 될 것이다.

V. 결론

본 연구는 문화 · 복지 · 종교의 상호관계를 고찰하고, 사회적기업의 문화 · 예술 · 관광 · 운동 서비스에 종교 유형을 첨가하는 방안에 대한 시론적 접근이다. 사회적기업의 서비스에는 문화예술 항목이 있으나 종교 항목은 없으므로 그동안 종교는 이 서비스에 포함된 것으로 볼 수 있다.

최근 문화상품에 대한 관심이 고조되면서 한편으로 새로운 상품을 개발하고 다른 한편 문화적 취약계층에게 문화향수를 증진시키려는 노력이 다각도로 경주되고 있다. 특히 사회적기업의 문화서비스가 의미 있는 것은 문화가 단지 영리의 대상일 뿐만 아니라 취약계층을 위한 공공성에도 기여할 수 있다는 점을 주목했기 때문이다. 비록 문화적 취약계층과 사회적 취약계층이 반드시 일치하는 것은 아니지만 사회적 취약계층이 비용 때문이든 시간 때문이든 문화향수의 혜택에 취약한 이들이라는 점은 분명해 보인다. 그렇기 때문에 사회적기업의 문화서비스는 문화복지의 측면에서 이해될 수 있을 것이다.

앞에서 고찰한 바와 같이 종교는 문화와 긴밀한 관계를 갖고 있다. 그럼에도 불구하고 종교를 문화에서 분리시켜 특히 서비스의 독립 항목으로 제시하려는 시도는 우리나라 문화에서 차지하는 종교의 중요성 때문이다. 먼저 우리나라의 종교인구가 기성종교만을 대상으로 하더라도 전체인구의 과반 이상을 넘는다. 또한 현대 한국대중문화에는 종교가 문학, 영화, 음악, 스포츠 등에 숨겨진 또는 표명된 것이 매우 많고 다양하다는 것도 이를 소홀히 할 수 없는 이유가 된다. 그러나 무엇보다 전통사회에서, 그리고 근대에 들어오면서 종교가 수행한 문화예술적 역할과 의미가 매우 크다는 점을 간과해서는 안 될 것이다.

그렇다면 이제 종교는 더 이상 돌봄의 행위에서 그 가치를 구현하는 데에 머무르지 않고 그 자체로 자원이 되고 있다는 점을 주목해야 할 것이다. 종교문화는 한국사회에서 최대 문화자원이자 사회적 자산이며, 국가발전의 동력으로서 많은 잠재력을 가지고 있는 것으로 평가된다(윤승용, 2014: 196). 그러나 문화예술서비스 속의 종교는 전혀 그 자체가 갖고 있는 자원으로서의 가치를 구현하지 못하고 있다. 일반적으로 종교문화 유산이라 불리는 것들이 그것이거니와, 이러한 점에서 종교는 문화의 울타리를 벗어나 독립적으로 추구될 때 우리나라 곳곳에 숨겨진 다양한 종교문화자원들을 발굴하고 그 가치를 새롭게 인식하게 하는 데에 적지 않은 공헌을 할 것이다.

제9장 문화와 공공성의 확장:

복지 · 종교의 문화적 전환과 공공성의 실천적 과제*

우리는 한 사회의 종교를 이해하지 않는 한 그 사회의 내면 형태를 이해할 수 없고, 그들 뒤에 놓인 종교 신앙을 이해하지 않는 한 그 문화적 성취를 이해할 수 없는 것이다.

– Dawson, 2013: 37

Ⅰ. 문제제기

우리가 희망하는 나라는 경제대국일 수도, 아니면 우리 생활 모든 측면에서 민주주의가 철저하게 수행되는 나라일 수도 있다. 어느 사회든 완벽한 것은 없겠으나 적어도 삶의 만족도를 기준으로 한다면 그것은 문화국가이며 동시에 복지국가인 문화복지국가일 것으로 생각된다. 문화현상의 자율성을 존중하면서 문화정책을 문화복지정책의 차원에서 접근하고, 문화의 향유가 가능한 경제적 기반, 향유자 간 불평등의 배제가 전제된 나라일 것이다.

그렇기 때문에 문화복지사회의 지속은 공공성에 달려있는 것으로 보인다. 본 연구는 공공성의 확장에 있어 문화는 중요 변수가 아니며, 문화의 역할은 매우 제한적이라는 보편적인 견해들에 대한 의문에서 출발

* 이 장은 『신학과 사회』 제32집 2호(2018)에 게재된 내용을 수정 보완한 것이다.

한다. 사전적인 의미로 문화는 첫째, "행동 양식, 예술, 신앙, 제도들과 특히 특정 공동체나 시기에 표현된 것으로서의 인간의 일과 생각의 모든 다른 산물들", 둘째, "지적 그리고 예술적 활동들과 산출된 작품들"로 정의된다(*The American Heritage Dictionary*, 2001: 213). 그러나 문화는 현재 남용되거나 심지어 오용되기까지 하는 단어 중 하나이다. 기존에 사용된 문화의 용례로 전통, 정신적 바탕, 정서, 발전한 것, 고급스러움, 고유함, 일상, 생활, 생활양식, 의미 있는 일상거리, 예술 감상 및 여행의 11가지가 추출된 바 있거니와(최옥채, 2007: 96-100), 이를 문화 개념의 인플레이션으로 부르기도 한다(박성환, 2013: 113).

위의 논의들을 정리하면 문화와 공공성에 대한 접근은 문화의 향유자 또는 창조자와 문화의 토대가 되는 배경을 두 축으로 삼을 수 있다. 전자는 집단, 지역사회, 사회 구성원들이 대상이 되는 문화복지정책과 관계가 있고, 후자는 믿음, 가치관, 규범들로 전통적 사상이나 이념과 연관된다. 본고에서는 전자의 예로 복지문화를, 후자의 예로 종교문화를 논의의 대상으로 삼고자 한다. 우리 사회의 궁극적인 목표가 문화복지사회의 구현임을 전제하면 복지문화와 종교문화의 중요성이 부각되기 때문이다. 코베트(Julia M. Corbett)는 종교를 "사람들이 거룩하고, 신성하고, 가장 높은 가치가 있다고 여기는 것을 지향함으로써 그들의 삶에서 의미를 발견하는 믿음 · 라이프스타일 · 의례적 행위들과 제도의 종합적 체계"로 보았다(Corbett, 1997: 7). 이것은 종교가 그 자체로 '문화성'을 지니고 있고, 문화성은 종교의 가장 기본적이면서도 고유한 특성이라는 의미로 이해된다.

본고에서는 복지 및 종교문화를 대상으로 무엇보다 이들의 문화적 토대에 주목할 것이다. 복지는 전통적으로 우리 문화에 오랜 기반을 형성하고 있고, 반면 종교는 이미 우리나라 전통문화의 일부가 되고 있는 불교는 말할 것도 없고 새로이 근대에 수용된 기독교 역시 점차 우리 문화에 편입되고 있어서 복지와 종교에서 이러한 문화적 토대를 소홀히 해서는 안 될 것이다. 특히 복지에서는 동력을 제공하고 방향을 조절하는 문화정책을, 종교에서는 일상생활에서 필요한 윤리적 측면을 중심으로 이 두 분야가 어떻게 상호 보완하면서 공공성의 역할을 수행할 수 있는지 탐색할 것이다. 이들의 공공성 연구는 크게 문화와 공공성 연구의 기반으로 삼을 수 있을 것으로, 이를 통해 문화와 공공성의 관계와 특성, 그리고 그 실천적 과제를 확인해 보고자 한다.

Ⅱ. 공공성의 논의와 문화적 전환

우리나라 학자들의 논문에서는 대체로 공공성을 publicness로 번역하기는 하지만 이것이 우리의 공공성이 지니는 모든 의미를 포괄하는 보편적으로 확립된 술어는 아닌 것으로 보인다. 영어권에서 자주 사용되는 public은 공공성의 의미 외에 공중, 공적인 것, 공적 영역 등의 의미를 포함하고 있으나(듀이, 2014: 1) 대체로 공적인 것(being public), 공개성(publicity), 공익성(public interest) 등 우리의 공공성이 포괄하는 의미를 세분해서 쓰는 편이다.

이것은 우리나라의 경우 '공공성'이란 한 단어의 개념이 얼마나 광범위한가를 말해주는 것으로, 현재 공공성은 문화와 마찬가지로 거의 남용되는 술어 중 하나이다. 그러나 문화와 달리 공공성은 공적인 것과 사적인 것, 옳고 그름, 정의와 불의 등의 의미를 함축시키고 있어 그 힘이 절대적이다. 공공성의 개념은 분야에 따라 조금씩 차이가 드러나기는 하지만 대체로 다음 몇 가지를 주목하고 있다. 먼저 공공성의 주체로, 특히 사회학 측에서는 공동체, 시민사회를 거론한다. 시민들이 자율적으로 참여하여 단체들을 만들고 이들의 사회적 활동이 곧 공공성의 진정한 주체가 될 수 있다고 간주한다. 그러나 시민사회의 책임과 역할이 단순히 정치적인 측면뿐만 아니라 시민에게 요구되는 도덕성을 키우는 것도 있다는 점에서 도덕성을 공공성의 중요한 측면으로 보기도 한다(김동노, 2014: 86-87). 반면 공공성의 주체를 계급적 측면에서 접근하거나(조희연, 2007: 55) 주체가 시민이냐 노동이냐에 따라 적극적 공공성을 시민 중심적 공공성과 노동 중심적 공공성으로 나누기도 한다(채장수, 2014: 176-180). 다음 공공성을 구성하는 핵심 요소에 기반을 둔 개념 설정이다. 구혜란은 공공성을 공익성, 공정성, 공민성, 공개성 등 네 개 요소들의 총합으로 파악하고(구혜란, 2015: 25), 이에 비해 임의영은 공공성을 민주주의적 과정을 통해서 추구하는 정의 및 평등 가치로 정의한다(임의영, 2010: 5-7). 민주와 평등을 거론한 점에서 신정완의 경우도 위와 크게 다르지 않으나 자원배분의 문제를 좀 더 세분화시켜 논의하면서 특히 시장주의를 배척하고 국민 참여를 중시한다는 점이 부각된다(신정완, 2007: 41-42).

그러나 이러한 공공성의 개념 규정에 대한 문제제기도 주목된다. 하나는 공공성의 주체에 관한 것으로, 여기서 국가, 기업, 시민사회가 모두 포함되고, 공공성의 실현 도구로서 법, 제도, 언론이 함께 거론되어서 주로 시민사회의 입장에서 공공성을 규정하는 주장과 상반된다. 동시에 시민사회를 공공성의 주체로 내세우더라도 시민사회 내부의 이념적 대립에 의한 시각의 차이를 어떻게 극복할 수 있는지도 논의의 대상이다. 가장 적극적인 문제제기는 공공성의 핵심 요인인 공(公)에 관한 것이다. 공은 위에서 거론한 대로 공익, 공정, 공개, 공민 등 여러 의미를 담고 있지만 그 핵심은 이것이 사(私)와 대립되는 개념이라는 점이다. 문제는 공과 사의 구분이 그렇게 분명한 것은 아니라는 데에 있다. 사이토 준이치는 공공적 영역과 사적 영역의 경계는 고정된 것이 아니고, 무엇을 '사적'이라고 하는가 하는 담론에 따라 달라질 수 있다고 했다(사이토 준이치, 2009: 35). 이와 달리 이승환은 공과 사는 동심원적 관계망을 형성하면서 그 구분은 상대적이고 연속적이라 규정한다. '공'이란 언제나 "작은 범위를 둘러싸고 있는 큰 범위"를, '사'란 "큰 범위 안에 있는 작은 범위"를 의미하는 것이어서 이러한 점에서 보면 적어도 공과 사는 대립적일 수는 없다고 주장한다(이승환, 2002: 57). 염승준이 '공적인 것'과 '사적인 것'의 경계 너머의 초월적 공공성을 종교적 공공성으로 규정한 것도 구분이 모호한 공과 사의 개념을 인식했기 때문이다(염승준, 2017: 22-26).

위에서 간략하게 분야별 차이를 거론한 데에서 드러나듯이 공공성의 개념이 다차원적이라는 점은 공공성 개념의 유형별 분류가 자주 제시되는 데에서도 알 수 있다. 이승훈은 일상에서 사용하는 공과 사의 개념 구분에 따라, 공공성 개념을 '절차적 공공성', '내용으로서의 공공성', 그리고 '주체로서의 공공성'의 세 가지 차원으로 분류하면서 이러한 차원들이 서로 보완관계에 있으면서, 동시에 모순과 갈등관계에 있는 것으로 보았다(이승훈, 2008: 21-26). 홍성태가 공공성의 개념을 7가지 이미지로 나누어 설명한 것을 보면 그 다차원성이 더 잘 드러난다. 그 일곱 가지는 첫째, 공공정책의 가치를 의미하는 국가공공성, 둘째, 모든 사람이 공동으로 이용할 수 있는 재화와 서비스를 의미하는 공공재, 셋째, 기업의 사회적 책임, 넷째, 사회정의와 공익 운동, 다섯째, 언론매체에 투영된 공적 성격, 공개성과 의사소통, 여섯째, 법적 · 제도적 측면에서 구현된 문화적 공공성, 일곱째, 개인으로서 행위자의 공적인 책임성이다(홍성태, 2012: 875-877). 이러한 점에서 홍성태가 "공공성은 그것을 인식하는 주체에 따라 다양한 규범적 의미를 갖는 다차원적인 개념"(홍성태, 2012: 873)으로 본 것은 매우 설득력 있는 주장이다. 이것은 공공성의 개념이 유동적임을 의미하는 것이다.

위에서 제시한 것은 주로 공의 입장을 강조한 것이지만 공공성은 공

(公)뿐만 아니라 공(共) 역시 한 축을 차지한다. 公이 共을 이미 포함하고 있다는 주장이 보이기는 하지만(김정현, 2008: 46-71) 공공성에서 특히 共을 별도로 강조하는 것은 행정학, 종교학 측의 논문에서 보인다. 전자의 경우 공공성 연구에서 가장 큰 문제가 정부를 지나치게 公과 私의 관계 속에서만 해석해왔다는 것으로, 정부가 근거하는 공공성은 公과 共을 아우르는 말로 공적인 것과 공동적인 것을 모두 포함해야 한다고 본다(이동수 편, 2015). 종교학 측에서는 공공성의 논의에서 公과 함께 共을 제시한 논문이 여러 편 보인다. 한국사회에서의 종교의 위치는 사적인 영역을 넘어 늘 공적 영역에 머물러 있었다는 점에서(전명수, 2016a: 197) '公'의 역할은 논의의 여지가 없으나, 종교는 어느 것이나 나와 타자의 공존을 의미하는 교리를 담고 있어 共에 대한 강조가 나타난다. 다시 말해 '공(共)'은 집단 내 구성원들 간에 또는 개인과 사회가 서로 함께 공존하며 소통하는 것을 의미하는데, 이 점은 신종교의 개벽사상에서도(박광수, 2014: 116-117), 생태영성의 계발에서도(유기쁨, 2016: 27) 드러난다는 것이다.

공공성 담론에서 드러나는 문제점과 관련해서 주목해보아야 할 것이 문화이고, 문화가 사회학과 정치학을 포함한 각종 분야의 토대를 이루고 있다는 관점이다. 문화적 전환(cultural turn)이라 불리우는 토대로서의 문화에 대한 주목은 대체로 포스트모더니즘이 출현하던 시기에 나타났다. 중요한 것은 각 분야에서 문화적 전환을 수용할 경우 의미 해석이 강조된다는 것으로, 후술하겠지만 이것은 공과 사의 대립적 개념이나 시민사회가 야기하는 공공성의 문제에도 영향을 미칠 것이다. 예컨대 이제까지 사회학은 문화를 설명의 변수에서 자주 완전히 배제하거나 단순히 종속변수 정도로 취급했으나 문화사회학은 이러한 경향에 맞서 인간의 행위, 과정, 산물에 대한 외면적 접근에 만족하지 않고 그 내면적 차원까지 깊숙이 들어가 그것의 의미를 밝히기 위해 실제 사람들의 윤리적 상황을 타개하고 새로운 삶의 의미를 탐색하는 데 도움을 주는 것을 목적으로 한다(최종렬, 2009: 14-17). 기어츠(Clifford Geertz)는 일찍이『문화의 해석』(1973)에서 문화의 분석이 '의미를 추구하는 해석적 과학'이 되어야 한다고 보면서, 끊임없이 만들어지는 과정 중에 있는 '의미의 그물'로서의 문화를 거론하여 그 의미 해석의 중요성을 선도한 바 있다(Geertz, 1973: 5).

각 분야의 문화적 토대를 확인하는 이러한 작업은 지금까지 논의된 공공성의 개념이나 이론을 재검토할 수 있는 기회를 제공하거니와, 일단 문화공공성은 공이 사와의 대립적 개념으로 형성되는 것이 아니라는 것이다. 문화적 전환에서 공은 사적인 것과 대립되는 의미에서 공적인 것이 있다는 로마의 전통보다는 공적인 것은 사적인 것들이 모두 직접 참여해서 구성이 되는 '실체'라는 그리스 문화에 가까운 편이다. 따라서 문화공공성은 공적 구성과 사적 구성이 이원론적으로 구별되는 것이 아니고, 다만 한 '같은 실체'의 두 '기능적 운용'만이 있는 것이라는 관점이다(임상훈, 2015: 98-100). 마찬가지로 公과 共 역시 서로 분리되기보다는 결합되어 운용되는 것으로, 복지문화와 종교문화 양자의 결합을 통해 문화의 공공성이 형성되는 것이다.

III. 공공성 이론에 기반을 둔 복지 · 종교문화의 특성과 기여

1. 公의 측면에서 본 사회복지정책과 복지문화의 특성

문화적 토대에 대한 관심은 복지 분야에서도 점차 증가하고 있다. 20세기 말 복지국가에 초점을 두었던 스웨덴의 사회학에서도 복지 상황의 변화로 더 이상 그 나라의 독특함과 잠재적 우월성을 유지할 수 없게 되자 대학원생과 젊은 층을 중심으로 문화적 이슈에 대한 관심이 증가하면서 '문화적 전환'으로의 초점 이동이 일어나고 있다는 것이다(Esseveld and Acker, 1997: 285-288).

문화적 관점에 의한 복지의 본격적인 논의는 조남경의 영문으로 된 "복지와 복지태도의 문화적 토대 사이에서"(Jo, 2011: 5-19)와 이를 번역 보완한 논문(2013)에서 시작되었다. 저자는 한 사회의 문화적 사상적 전통이, 그것과 충돌하지 않고 양립 가능한 방향으로, 혹은 더 나아가 그러한 전통을 강화하는 방향에서 정책이 형성되도록 하는 배경적인 요인으로 작용한다고 본다(조남경, 2013: 241). 사회복지정책이란 사회복지서비스를 실행하기 위해 적용된 수단과 방법을 지시하는 행위 전략으로(Dubey, 1973: 640), 최근 사회정책에서 문화 분석이 개발되지 않은 점에 대한 많은 비판은 바로 문화와 사회정책에 대한 관심이 성장하고 있다는 의미이다. 역사적으로 주변부 국가들에서 만연했던 사회적 불평등은 주로 경제전문가들이 중심이 되어 발전 정책을 다룬 결과인데, 이것은 모든 시민들을 위한 복지와 번영을 성취하는 서구 도구적 합리성이 우월하다는 믿음이 확산된 데에 기반을 둔 것으로 간주된다. 이를 대안하는 폭넓은 모델이 바로 문화적 접근(cultural approach)으로(Licha, 2000: 151-152) 그간 복지정책에서의 문제가 경제적 또는 정치적 측면에서 효율성에 치중하여 오랜 문화적 전통이나 관습으로 이루어진 문화적 토대와 정책 이해 당사자에게 내재되어 있는 문화적 속성을 중시하지 않고 입안한 데에 있다는 관점이다.

구체적으로 클라크(J. Clarke)는 문화를 '자산으로서의 문화(culture as property)'와 '실천으로서의 문화(culture as practice)'로 구분하고 이에 따른 사회정책의 특성을 제시한다. 자산으로서의 문화적 관점으로부터 수행하는 사회정책의 분석은 문화를 정치, 경제 그리고 제도적 요인들을 따라 그 영향력을 행사하는 객관적 변수로서 다룬다. 이 접근의

한 예는 가톨릭 또는 개신교 문화의 존재가 복지제도에서의 상이한 발전으로 이끄는지 어떤지를 고찰하는 것이다. '실천으로서의 문화'에서 중요한 것은 문화가 가치와 규범의 초개인적이고 폐쇄적이며 정적 체계라는 것을 부인하고 오히려 그들 일상의 삶에서 사람들에 의해 적극적으로 조정되고 생산되며 재생된다는 사실이다. 이러한 관점으로부터 사회정책의 문화적 분석은 문화와 매일의 실천에 대한 사회정책의 영향에 대해 다른 어느 것보다 좀 더 많은 관심을 갖는다. 클라크는 예로 어떻게 사회정책들이 사람들의 생활세계에 영향을 미치는지, 어느 정도 정책 입안자, 행정가와 고객들의 문화 사상과 실천들이 어울리는지와 같은 것을 거론한다. 이 접근에서는 사회정책을 정책 엘리트들의 손에서 의미의 산출을 위한 도구로 간주하는 경향이 강하고, 반면 사회정책의 문화적 분석의 기능은 그렇게 창안된 실재를 해체하고 정체를 드러내는 것이다(Clarke, 2004: 34-40; van Oorschot, 2007: 136). 사회정책에서 실천으로서의 문화가 우선하는 것은 사실이지만 반 오르쇼트(Wim van Oorschot)의 주장처럼 문화와 사회정책 간의 관계 연구에 대한 자산과 실천 접근의 차이가 과장될 필요는 없어 보인다. 그것은 자산으로서의 문화와 실천으로서의 문화는 충분히 양립할 수 있고, 상호 보완적일뿐더러 실천으로서의 문화 역시 그렇게 새로운 것은 아니기 때문이다(van Oorschot, 2007: 129-130).

실제로 노인보호 복지정책에서 문화가 어떤 역할을 하는지에 대한 연구를 수행한 로크하트(C. Lockhart)는 엑스타인(Harry Eckstein)이 "문화라는 술어는 사회과학에서의 그 중심적인 역할에도 불구하고 정확한 정착된 기술적 의미를 갖고 있지 않다"(Eckstein, 1988: 801)라고 한 구절을 인용하면서 "사회 분석에서 문화의 중요성은 문화를 어떻게 정의 내리느냐에 크게 의존한다"(Lockhart, 2001: 8)라고 주장한다. 문화를 '자산'과 '실천'으로 이원화시킨 클라크와 달리 로크하트는 이를 '다차원적인' 개념으로 보고 있는 것이다. 이 점은 로크하트가 이론적 틀로 삼고 있는 grid-group 문화이론을 수많은 문화적 접근의 단지 하나일 뿐이라고 강조한 데에서도 드러난다. 본고에서는 이 grid-group 이론에 초점을 두어 우리나라 노인복지정책에서의 문화적 역할을 고찰하는 기반으로 삼고자 한다.

Grid-group 분석, 문화이론, 또는 사회문화적 경제성(viability) 이론 등으로 불리기도 하는 이 grid-group 문화이론(Mamadouh, 1999: 395)은 간단히 말해서 모든 문화를 외부적 처방의 증가하는 합법성[grid]과 집단 친연성의 점점 더 강력해지는 정서[group]라는 두 차원에 대한 정도의 차에 따라 두 차원 모두 강한 계층제적 문화, 두 차원 모두 약한 개인주의적 문화, group 차원에만 강한 평등주의적 문화, 그리고 grid 차원에만 강한 운명주의적 문화의 네 유형의 문화로 구분한다(Lockhart, 2001: 6-8). 다시 말해서 세로축의 grid는 개인의 삶에 대한 사회적 규범이나 규제를, 가로축의 group은 집단 속에서 개인의 정체성을 의미한다. 규제가 강한 것은 운명주의와 계층제, 약한 것은 개인주의와 평등주의이고, 반면 집단 친연성이 강한 것은 계층제와 평등주의, 약한 것은 운명주의와 개인주의이다. 로크하트는 이들 중 운명주의는 정치 이론의 작업 구성이 드물다는 관점에서 제외하고 특히 사회정책에 초점을 둔 에스핑 앤더슨(Esping-Andersen)의 복지국가의 세 유형에 의존하면서(Lockhart, 2001: 74-79) 어떻게 사회가 1980년대 노인층에 대한 공공 사회보장을 괴롭히는 문제들에 대응하는가를 고찰한 결과 문화적 개념이 그것을 설명하는 핵심 변수를 제공한다는 것을 발견한 것이다(Lockhart, 2001: 5). 그러나 로크하트는 계층제, 개인주의, 평등주의와 이들 간의 조합이라는 이들 네 사례의 grid-group 이론이 노인층을 보호하는 공공 사회정책을 사용하는 약속과 위험이 있음을 분명히 한다. 계층제, 개인주의, 평등주의 또는 그 조합으로 이루어진 각 문화는 상대적인 강점과 약점을 갖고 있고, 각각은 그 강점에 영합하는 환경에서 더 잘 할 것이기 때문에 어느 문화가 노인층에 대한 가장 믿을 수 있는 방어를 제공할 수 있을지를 단정하기는 어렵다는 것이다(Lockhart, 2001: 234-238).

로크하트뿐만 아니라 우리나라에서도 이러한 grid-group 이론에 기반을 두어 계층제, 개인주의, 평등주의, 운명주의로 나눈 문화적 연구가 나온 바 있다(주재현, 2004: 279-296; 박병현, 2005: 277-304). 그러나 로크하트 자신은 단지 문화유형을 통해 실제 세계의 복잡성을 충분히 반영할 수 있는가에 대해 스스로 문제를 제기하고 있는바(Lockhart, 2001: 227-229), 실제로 이러한 유형론이 한 개별 국가의 복지정책에 영향을 미치는 문화적 속성을 대변하기에는 너무 광범위해 보이는 것이 사실이다. 그럼에도 그의 연구는 각국의 문화가 복지정책에 반영된다는 점, 역으로 말하면 문화는 사회정책을 형성한다는 점, 그리고 이 네 가지 문화 특성과 잘못 연계되었을 때 발생하는 문제들을 인식하는 데에 기여했다는 점이 인정된다. 단지 이러한 거시적인 문화 분류와 함께 각국의 독특한 문화적 속성 역시 고려해야 할 필요가 있는 것이다. 로크하트가 원용한 grid-group 이론에 근거하면 우리나라는 전통적으로 사회적 규제가 강하고 집단 친연성이 강한 계층제적 국가이지만 특히 효친과 경로를 최고의 윤리로 삼은 나라라는 문화적 특성도 함께 주목해야 한다는 것이다. 전통사회에서는 노인에 대한 국가적 관심이 표명되어 왔거니와, 조선왕조실록에는 왕이 80세 이상 노인에게 잔치를 베풀었다는 기사들이 도처에서 보이고 있다.

그러나 주목해야 하는 것은 현재 우리나라가 과거의 규범적이고 규제에 강한 전통적인 계층제라는 문화적 특성이 규제는 약하고 집단적 정체성이 강한 평등주의적인 사회로 점차 옮겨가고 있다는 점이다. 노인복지정책을 중심으로 대학생의 노인세대 인식을 살펴본 설문조사

[2013]에서도 이러한 문화적 속성의 변화가 잘 나타나고 있다. 먼저 대학생들은 자신들이 노인세대와 심각한 갈등관계에 있는 것으로 간주하지 않고 그들의 기여를 긍정적으로 인식한 것으로 나온 것은 여전히 전통적인 문화적 속성을 보여주는 것이다. 그러나 이와 함께 이 설문 결과는 대학생과 노인 간의 상호작용을 통해 상호 간의 이익을 증진할 수 있는 프로그램 개발이 요청된다는 점을 시사한다. 구체적으로 국민연금, 기초연금 도입 등 노인세대를 위한 복지정책만큼 일자리 정책처럼 청년세대를 위한 정책을 확대해서 균형을 유지할 필요가 있다는 것이다(최유석 외, 2015: 228-241). 우리나라 노인복지법에서는 국가와 국민은 경로효친의 미풍양속에 따른 건전한 가족제도가 유지 · 발전되도록 노력하여야 한다(제3조)라고 되어 있어 경로효친의 전통적인 문화적 속성이 잘 반영되어 있다. 그러나 현행 노인복지관련법은 최근의 노인 복지 수요에 효과적으로 대응하지 못한다는 주장이 제기된 바 있는데, 그것은 취약계층으로서 노인들 스스로가 자신들의 권리에 대한 주도적인 행사를 부인하는 입장이기 때문이라는 것이다. 과거 경로효친의 사상에 기반을 두어 노인들이 스스로 움직이지 않아도 단지 젊은 사람들이 그들의 권리를 존중하고 배려하던 시기는 이미 지났다는 의미이다(김태한 · 고준기, 2013: 167-198). 로크하트가 평등주의자들이 계급주의자들과 긴밀히 연결해서 일할 때 노인을 보호하는 데에 최선을 다하는 것 같다고 한 점은(Lockhart, 2001: 237) 우리나라 노인복지에서도 나타나고 있다.

장애인의 경우는 이와 달리 우리 전통문화에서 배제되고 있어, 이러한 점에서 보면 특수학교 건립을 둘러싸고 지역구민과의 마찰을 일으킨 원인 역시 재고의 여지가 있다. 강서구민들이 인근에 장애인 특수학교의 설립을 허용하지 않으려 하자 이들에게 무릎을 꿇은 장애인 부모들의 모습이 뉴스에 등장, 많은 이들의 공분을 샀다. 대체로 논조는 강서구민들이 재산권의 불이익 때문에 벌인 행태라고 보면서 이들을 비난했으나 이러한 갈등은 다른 지역에서도 발생한 바 있다. 2015년 서울시교육청이 동대문구에 발달장애인 직업훈련센터를 설립할 때 일부 주민들이 공사를 물리력으로 방해했다. 주목되는 것은 그곳 주민들이 처음에는 발달장애인은 위험하고, 집값이 하락한다는 주장을 했으나 그들이 위험하지도 않고 객관적 정보를 통해 집값에 영향을 주지 않는다는 사실이 알려지면서 결국 발달장애인이 들어오는 게 싫다는 막연한 혐오가 작용한 것이라는 분석이 나왔다(프레시안. 2017. 9. 30).

이러한 분석 역시 틀리지 않으나, 그 마찰의 배경에는 역사적으로 우리나라에 장애인의 권리와 보호에 대한 문화적 토대가 없다는 원인도 있을 것이다. 현재 장애인에 대한 차별을 철폐하기 위한 다양한 활동들은 오히려 종교계의 노력에 의한 것으로, 따라서 후술하겠지만 장애인의 문제는 종교적인 또는 종교문화적 접근이 요구된다. 그러나 여기서 중요한 것은 일단 장애인의 특수학교는 그들의 권리라는 측면에서 접근해야 한다는 것으로, 장애인을 포함해서 모든 복지는 취약계층에 대한 배려나 도움이라는 측면에서가 아니라 그들의 권리 보장과 사회의 공익이라는 '公'의 측면에서 다루어져야 한다는 것이다. 이것이 바로 복지의 공공성이다. 이를 반대하는 집단의 이해 역시 온전히 사적 이해에 기인한다고 볼 수 없는 것은 그것이 한 지역 내 주민들의 합일된 입장에 근거하기 때문으로, 이러한 점에서 장애인의 권리를 중시하고 이를 공익의 측면에서 접근하는 것은 한 개인 또는 집단의 사익을 포함한 큰 틀의 公을 의미하는 것으로 간주될 수 있다.

덧붙여 사회복지가 빈곤층에 초점을 맞춤으로써 사회계층을 이원화시키고 사회적 낙인을 찍음으로써 사회복지가 오히려 사회적 배제를 강화한다는 점도 유념해야 할 것이다(최종혁 외, 2010: 291-316). 장애인복지가 오히려 장애인의 배제로 이어질 수 있다는 것이 그 예로, 따라서 장애인복지는 취약계층 배려라는 측면이 아닌 법적인 문제로 접근해야 한다. 그동안 취약계층에게 기회 균등을 위해 문화바우처와 같은 다양한 혜택을 주었는데, 복지는 이를 시혜의 차원이 아닌 당당한 법적인 권리라는 측면에서 이루어져야 한다는 것으로, 복지의 공공성 역시 그러한 방향에서 논의되어야 할 것이다.

2. 共의 측면에서 본 종교적 긍휼과 종교문화의 기여

종교는 그 정의에 따라 문화의 일부로 보거나 문화와 동일시되는 편이다. 더 나아가 "종교는 문화의 부분일 수도 있고, 문화를 구성하고, 문화를 포함하고 그리고 초월하며, 문화에 의해 영향을 받고, 문화를 형성하거나 인지, 정서와 행동에 영향을 주면서 문화와 상호작용할 수도 있다"는 관점이 제기된 바 있다(Saroglou and Cohen, 2011: 1309-1319).

문화와 종교의 이러한 긴밀한 관계는 그 이유로 다음 몇 가지가 거론된다. 먼저 사회문화는 공통의 전통에 기반을 둔 그리고 공통의 환경에 의해 조절되고 조직된 생활양식으로, 공통의 생활양식은 공통의 생활관, 공통의 행동 수준과 공통의 가치 수준을 포함하고, 결과적으로 문화는 공통의 믿음과 공통의 사고방식의 덕을 크게 입고 있는 영적 공동체로 간주된다. 따라서 그 종교를 이해하지 않는 한 한 사회의 내면 형태를 이해할 수 없고, 그들 뒤에 놓인 종교 신앙을 이해하지 않는 한 그 문화적 성취를 이해할 수 없는 것이다(Dawson, 2013: 35-37). 이러한 관점은 종교를 궁극적 관심(ultimate concern)으로 폭넓게 정의한 개신교 신학자 틸리히(Paul Tillich)에게서 잘 드러난다. 우리에게 가장 의미 있는 활동들, 사상들과 존재방식은 바로 이 궁극적 관심의 표현으로, 틸리히는 종교적 전통뿐만 아니라 당대 예술과 영화를 포함한 문화의 많은 측면들이 이 궁극적인 관심을 반영하는 것으로 본다. 이것은 문화가 종교로 읽혀질 수 있다는 의미이다(Hecht and Biondo III, 2012: ix).

다음으로 종교는 종교적 전통과는 떨어져 존재할 수도 있는 상징과 의미의 종합적 체계이고, 이들 상징과 의미들은 가치와 윤리, 자아와 사회적 이해의 방식을 결합할 수도 있는 것이다(Hecht and Biondo III, 2012: viii-ix). 이러한 의미의 중시는 종교와 문화를 이어주는 중심 논리이다. 위에서 거론한 틸리히와 인류학자 기어츠의 유사성이 언급된 것도 두 학자 모두 의미의 문제를 천착한 데에서 드러난다. 기어츠는 인간을 상징화하고 개념화하는 의미를 찾는 동물로서 보는 것은 종교분석에 대한 총체적인 새로운 접근이고, 문화의 책임 있는 분석 또한 의미의 범주를 다루어야만 한다고 주장했다(Morgan, 1977: 363-364에서 재인용). 이와 유사하게 틸리히는 의미를 영혼의, 과학적이고 미학적이며, 법적이고 사회적인 구조의 이론적 실제적 영역에서의 공통된 특징적이고 궁극적인 단일체로 설명했다(Morgan, 1977: 365에서 재인용). 이처럼 의미의 패턴으로서의 문화, 인간의 존재 의미와의 만남으로서의 종교라는 정의는 문화의 체계로서의 인류학과 종교의 체계로서의 신학을 의미하면서 문화인류학과 종교[신학]의 긍정적인 대화 가능성을 보여준 것으로 설명되고 있다(Morgan, 1977: 375). 종교의 문화적 전환은 1990년대 이후 전 지구적 차원으로 펼쳐지고 있는 근본주의적 종교 부흥 현상과도 관련되거니와, 송재룡은 이 종교 부흥 운동이 단순히 근대화에 대한 저항과 반동의 결과로만 이해될 수 없고, "근본적으로 모던적 서사에 의해 압살되어 왔던 종교적 상징 및 의미 체계의 차원에 대한 존재론적 회귀 현상으로 이해되어야 한다"라고 보았다(송재룡, 2005: 108).

종교 연구에서 일어나고 있는 이러한 두드러진 변모는 위의 틸리히와 기어츠가 보여준 것처럼 인류학, 사회학 등 상이한 분야에서 일어나고 있는 변동의 반영이다. 종교의 문화적 전환은 특히 종교를 일상문화와 깊이 연관된 것으로 보는 종교계의 변화라는 측면에서 이루어지고 있는 것으로, 종교의 문화적 전환에서 종교윤리의 측면을 주목하는 것도 생활종교(lived religion)로의 전환이 무엇보다 평범한 삶의 윤리를 소홀히 하고 교리에 치중한 것에 대한 반성에 기반을 두고 있기 때문이다. 밀러(Richard B. Miller)는 종교윤리에서의 상당한 작업이 일상생활 경험의 틀에 박힌 문화, 즉 관습과 코드, 사회화 과정들, 제례적 행위들, 친족체계, 전문지식의 범주(criteria of expertise), 민속지혜(folk wisdom), 노동의 분업과 이들 요인들이 상호작용하는 경쟁적 방식들을 소홀히 한다고 비판한다. 밀러는 문화적 관습 그리고 성격과 행위에 대한 그들의 관련성에 대한 주목이 종교윤리에서의 새로운 작업을 촉진할 수 있으며, 이러한 문화 연구에서의 이슈들을 돌보는 것이 종교윤리의 아젠다를 넓히고 그 분야의 기본적 교리와 가정들에 대한 우리 인식을 심화시킬 수 있다고 본다(Miller, 2005: 410-411). 이러한 논리는 종교문화에서 종교윤리가 오직 유용성만을 고려하여 옳고 그름을 결정하는 교리가 아닌 일반 보통사람들의 생활윤리여야 된다는 의미로 해석된다.

기성종교의 핵심 윤리를 요약하기는 어렵지만 적어도 이들 종교의 윤리는 일상에 초점을 두고 있음이 드러난다. 구체적으로 화이트힐(J. Whitehill)은 덕 윤리적 관점에서 불교윤리를 이해하는 것은 불교의 핵심에 접근하는 것이라고 본다. 그는 덕 윤리를 원칙이나 행위 중심적이라기보다는 성품에 근거한, 실천 지향적, 목적론적, 공동체 특유의 윤리라고 규정하면서, 불교 도덕을 '깨침의 덕', 보다 구체적으로는 '깨침의 자비의 덕 배양'으로 규정한다(Whitehill, 1994: 2-5). 그가 불교윤리를 개인적인 성품뿐만 아니라 여기에 공동체 개념을 함께 강조한다는 점이 주목되거니와, 이것은 불교가 생활윤리로서 공존의 가치를 제시하는 것으로 볼 수 있다. 기독교윤리는 좀 더 적극적으로 나와 타인과의 공존의 윤리를 제시한다. 타인은 남이 아니라 '나'이고, 따라서 타인의 고통은 바로 '나의 고통'이라는 것이다. '나의 고통'으로서의 타인의 고통을 이해하고 그를 도와주는 가까운 이웃이 되는 것은 일종의 '대리행위'로, 이 대리행위가 교회의 공적 책무로서 한국교회의 과제로 주어졌다는 인식이다. 한국교회가 힘들고 어렵게 사는 주변부 사람들과 이웃이 되어야 한다는 것 역시 기독교윤리가 보통사람들의 생활윤리임을 보여주는 것이다(이동춘, 2015: 233-261).

이로 보면 종교의 문화적 전환은 우리의 삶에서 자아와 타자, 개인과 사회, 사람과 제도, 나의 종교와 타종교 간의 공존을 가능하게 하는 것이다. 이 점은 종교의 양대 핵심 가치인 '돌봄'과 '정의'의 균형과 공존을 주장한 것과도(전명수, 2017b: 179-215) 연결됨으로써 더 나아가 동일 종교 내에서의 이념적 대립을 극복하게 하는 기반이 될 수도 있다. 이러한 종교의 문화적 전환이 보여주는 중요한 결과는 무엇보다 종교 연구가 종교 지도자나 종교의 추상적 교리보다 오히려 그 교리가 실제로 어떻게 보통 사람들에 의해 경험되거나 경험되었는지 쪽으로 향하기 시작했다는 것이다. 생활종교는 이러한 초점을 재조정하기 위해 점점 더 많은 학자들이 사용하게 된 술어로, 이것은 바로 종교문화의 공공성이 지향하는 共, 즉 공존의 의미를 보여주는 것이다. '공(共)'은 집단의 구성원들이 공존하며 소통하는 것이어서, 이러한 점에서 종교의 공공성은 보편적 실천윤리인 것이다.

현재 불교와 기독교-가톨릭과 개신교 그리고 기성종교가 이단시하는 종교나 신종교 등을 포함하면 우리나라는 종교 신자가 전체 인구의 과반에 가까운 종교 국가이다. 그러나 장애인에 관한 경우 우리나라 전통문화에서뿐만 아니라 각 종교 교리에서도 별로 다루어지지 않고 있을 뿐더러 오히려 이를 죄악시하는 교리도 보인다. 다른 한편 위에서 논한 대로 장애인들에게 사회적 취약계층의 권익이라는 공의 측면과 함께 그들에 대한 긍휼이 함께 요구되거니와, 이 긍휼은 바로 종교 교리가 추구하는 공존의 윤리로 이러한 종교문화 역시 이제는 우리 문화적 토대의 일부를 형성하고 있는 것이다. 그것은 장애인 관련 단체, 종합사회복지관이나 기타 복지시설들이 대부분 종교기관들에 의해 운영되고, 이들 기관들이 장애인들의 정상적인 사회활동을 통해 '더불어' 살 수 있는 사회를 만드는 것을 목표로 삼는 데에서도 드러난다. 종교는 불교건 기독교건 타인과의 거리를 좁히는 역할을 하거니와, 이것은 경로효친처럼 수직적인 문화를 수평화시키는 역할을 할 수 있을 것이다.

Ⅳ. 문화복지사회의 구현과 공공성의 실천적 과제: 복지 · 종교 시민단체의 역할과 과제

우리가 지향하는 문화복지사회는 처음 1980년대 전두환 정부가 중요한 국정운영의 기본방향 중 하나로 '복지국가의 실현'을 제시하면서 시작되었다. 노태우 정부는 정부주도의 '문화복지국가'의 실현을 정책의 기본방향으로 삼았고, 김영삼 정부는 삶의 질을 증진시키기 위한 「문화복지 중장기실천계획」을 수립하여 적극적으로 추진하였으며, 김대중 정부는 '창의적 문화복지국가의 건설'을 목표로 하는 「국민의 정부 새문화관광정책」을 발표하였다. 노무현 정부는 문화복지정책의 목적을 대상계층인 취약계층의 향수 기회의 확대로 설정하여 추진하였으며, 이명박 정부는 일상속의 문화복지를 강화하기 위해 지역문화 활성화, 문화활동 순환시스템 구축, 생활권 문화인프라 확대 등의 세부 추진 과제를 진행하였다(김영준, 2017: 45-62).

이와 같이 제시된 정책 과제들이 어떻게 어느 정도 실천되었는지는 또 다른 문제이기는 하지만 그럼에도 이들은 몇 가지 의미를 지닌다. 무엇보다 문화가 갖는 의의로, 이들 과제들은 문화가 삶의 질 향상의 핵심 요인이고, 지역 간의 갈등, 취약계층의 불평등을 해소하며, 민족통합과 보편적 세계주의를 성취할 수 있는 기제가 된다는 점을 보여준다. 실제로 문화정책은 문화 소외계층을 위해 문화시설의 설치를 지원하고 문화 자원봉사자를 육성하며, 모든 국민이 평생 동안 공평한 문화혜택을 받도록 하는 것을 목표로 하기 때문에 문화는 무엇보다 평등성을 지향한다. 그럼에도 이 과제를 세심하게 살펴보면 여기에 숨겨진 불평등을 발견하게 된다. 먼저 문화과제에 등장하는 사람은 문화행정 전문 인력, 문화 자원봉사자, 문화 소외계층으로, 정책 입안자는 엘리트, 자원봉사자는 중간계층, 수혜자는 소외계층인 취약계층이다. 취약계층은 언제나 수동적으로 자원봉사자의 지식과 입을 통해 문화를 수용한다는 한계가 있고, 더 나아가 소외계층에 대한 문화적 배려도 자산으로서의 문화에 해당하는 것이어서 단순한 향유를 넘어 창조적 예술활동을 위한 여건 조성과 같은 혜택은 배제되는 것이다.

위에서 복지문화와 종교문화의 공공성을 '공익'과 '공존'으로 정의했거니와 '공익의 수직성'과 '공존의 수평성'이 통합적으로 이루어지는 나라가 문화복지국가이다. 문화의 모든 것을 복지와 종교로 포괄할 수는 없으나 일단 복지문화와 종교문화의 결합은 공익을 지향하는 사회복지 정책과 공존을 기반으로 하는 종교윤리가 상호 보완하면서 문화복지사회의 발전에 중추적인 역할을 할 것이다. 공공성의 실현에서 시민단체의 활동이 중시되는 것은 이미 전술한 바 있거니와, 이것은 특히 시민단체가 여전히 가장 신뢰받는 단체라는 점과도 무관하지 않다.[1] 단지 공공성의 강화를 위해서는 특정 집단을 배제하지 않으면서 시민들의 참여 기반을 공고히 하는 것이 요구되는데(구혜란, 2015: 20), 여기서 특정 집단은 장애인 집단이 될 수도 있고 이념적으로 대립하는 어떤 집단이

1) 2017년도 기독교윤리실천운동 조사에서 가장 신뢰하는 기관으로 시민단체(29.9%)가 2013년(27.8%)과 동일하게 1위였고, 언론기관(10.9%)이 2위, '종교기관'은 9.7%로 3위였다(기독교윤리실천운동, 2017: 19-20).

될 수도 있을 것이다.

먼저 公에 초점을 둔 사회정책 중심의 복지문화 시민단체로 '한국사회복지정책연구원'(시민운동정보센터, 2012: 2065)을 예시해본다. 이 단체는 소외된 이웃의 권익을 대변하고, 사회복지시설 등을 설립, 운영, 지원함은 물론 사회복지정책을 개발하며, 나아가 선진복지국가 건설에 기여하는 것을 목표로 한다. 이와 함께 이 단체는 시혜적 복지에서 생산적 복지, 능동적 복지로 나아가는 목표를 갖고, 당사자 중심의 재활과 자립의 결실을 이루어낼 수 있도록 노력한다는 뜻을 표명하고 있다. 노인복지정책이 당사자들 자신보다 정책입안자인 상층의 엘리트들의 관점이 오히려 반영되었다는 점에서 비판을 받은 것을 보면 이러한 목표는 적절해 보인다. 다음 이 연구원은 우리 문화와 정서에 맞는 복지시스템을 개발하는 목표를 내세웠는데, 이것은 노인복지정책에서 우리 경로효친의 문화전통과의 관계를 중시한다는 의미일 것이다. 그러나 이 단체의 연혁을 보면 대체로 정부, 지자체, 공기업으로부터의 많은 프로젝트를 수행한 점이 드러난다. 서울형 사회적기업 지정(서울특별시), 여성장애인 독서치료사 교육(여성부, 서울시 지원), 장애아동, 청소년의 삶의 질 향상을 위한 문화 · 예술 · 체육 지원방안 연구(한국청소년정책연구원), 청년사업단 운영(보건복지가족부), '장애인의무고용률 적정성 연구'(한국장애인고용촉진공단) 같은 것이 그 일부이다. 정부나 시장의 논리에 정면 대결하면서 '당사자 중심'으로 적극적인 정책적 지원을 수행해야 하는 시민단체의 입장에서는 이러한 국가로부터의 지원을 받는 것은 심각한 문제가 될 수 있다.[2)]

다음 윤리 중심 종교문화 시민단체인 '기독교윤리실천운동'[이하 기

2) 홈페이지에 게시된 연혁은 1992년부터 2010년 4월까지만 올라와 있다. 게시판에는 최근의 기사가 있으나 연구원 자체가 적극적으로 활동을 지속하고 있는지는 분명하지 않다. 한국사회복지정책연구원 홈페이지(http://www.kswi.or.kr/)(2018. 1. 8 접속).

윤실]은 1987년 12월, 기독교 지도자들이 앞장서서 사회의 도덕적 수준을 높이는 운동을 펼쳐보자는 뜻에서 시작한 것으로 그동안 주로 정치, 교육, 교회 개혁 운동이 중심이 되었다(기독교윤리실천운동 홈페이지). 기윤실의 중요한 활동 중 하나는 '한국교회의 사회적 신뢰도 여론조사'로, 2017년도 조사 결과에서 한국교회가 더욱 신뢰받기 위해 해야 할 가장 중요한 사회활동을 묻는 질문에 대한 응답으로 '윤리와 도덕 실천 운동'이 45.3%로 가장 높게 나왔고, 이어 '봉사 및 구제활동'(31.6%), '환경, 인권 등 사회운동'(10.8%), '교육사업활동'(5.4%), '문화예술활동'(3.0%) 순이었다. 2008년부터 수행한 지난 5차례의 조사 중 3차까지는 봉사 및 구제활동이 1위였고 그중 2차인 2009년도에는 60.3%였다. 그러나 2017년 5차 조사에서는 봉사 및 구제활동이 2차에 비해 거의 절반 수준으로 떨어졌고, 반면 윤리와 도덕에 대한 것은 2차의 19.9%에서 2배 이상 증가해서 4차, 5차까지 1위를 차지했다(기독교윤리실천운동, 2017: 35-36). 이것은 한국교회 신뢰도 제고를 위한 국민들의 인식이 확실히 '사회복지활동'에서 '윤리실천운동'으로 옮겨가고 있다는 것으로, 이 점은 기윤실이 윤리실천운동을 시작한 지 30년이 되는 시점에서 그 출발 시보다 오히려 윤리실천에 대한 요구를 받았다는 것이어서 그동안의 활동성과에 대한 반성과 종합적 재검토가 요구된다.

이러한 검토의 필요성은 '한국교회가 더욱 신뢰받기 위해 가장 먼저 개선되어야 할 것'을 묻는 질문에 '불투명한 재정사용'이 26.1%로 가장 높고, 다음으로 '타종교에 대한 태도'(21.9%), '교회 지도자들의 삶'(17.2%), '교인들의 삶'(14.5%), '교회성장 제일주의'(12.3%) 등의 순으로 나온 데에서도 보여진다(기독교윤리실천운동, 2017: 33-34). 여기서 특히 타종교에 대한 태도가 2위에 오른 것이 주목되는데, 이 점은 종교윤리의 핵심요인인 공존의 지향이 소홀했음을 보여주는 것이다. 공존은 개인과 개인, 개인과 집단 간의 관계에서도 요구되는 것이지만 적어도 이 단체가 생활종교로서의 기독교에 대한 관심이 크지 않음을 보여주는 것이어서 이 점은 기윤실이 앞으로 지향해야 할 방향을 제시해주는 것이다. 단지 관심이 가는 것은 기윤실이 전개했던 '자발적 불편운동'(2017. 3-11)이 일종의 생활종교적 활동으로 가정 · 교회 · 사회에서 불편과 손해를 감수하며 고통 받는 이웃과 사회적 약자에게 이익을 전하며 살 것을 제안하는 운동이라는 점이다. 이 운동은 총체적으로 그리스도인으로서의 삶을 위한 것인데, 하나는 물자 절약이나 정직함 같은 신자로서의 개인적인 삶과, 다른 하나는 이웃에게 베풀거나 돕는 더불어 사는 삶으로 이루어진다. 이것은 기독교의 오랜 덕목인 절제와 나눔으로 요약되는데, 절제는 나눔을 가능하게 하는 기반이 되고 나눔은 바로 이웃과의 공존을 의미한다는 점에서 강서구 특수학교 설립을 반대하는 주민들의 시위는 이 단체가 바로 약자와 더불어 사는 종교윤리적 관점에서 적극적으로 개입했어야 할 사건이었다. 이것이야말로 '종교공공성'의 실천운동이기 때문이다.

V. 결론

본 연구는 복지문화와 종교문화를 중심으로 공공성의 특성과 기여를 살펴보고 문화복지사회의 구현을 위한 공공성의 실천적 과제를 살펴보기 위해 수행되었다. 공공성의 개념은 분야별로 상당히 많은 성과가 축적되었으나 특히 대부분의 분야에서 문화적 토대에 주목하는 '문화적 전환'이 나타나고 공공성의 논의 역시 새롭게 검토될 필요가 제기되고 있다. 본 연구에서는 복지 · 문화 · 종교의 상호 긴밀한 관계를 확인하면서 특히 복지문화와 종교문화가 함축하는 공공성의 특성과 기여를 살펴보고 이를 통해 문화와 공공성의 문제를 고찰했다. 복지에서는 정책,

종교에서는 윤리를 중심으로 접근한 결과 복지는 공익, 공정, 공평의 의미를 포괄하는 公이 요구되고, 종교문화는 共存이 중심이 된다. 公은 私와 대립되기보다는 이를 포함하고, 共은 개인과 공동체, 타종교 역시 포함하는 것이어서 이것은 공공성의 세로축인 公과 가로축인 共, 수직과 수평의 통합으로 공공성이 완성될 수 있다는 의미를 지닌다.

따라서 우리가 지향하는 문화복지사회는 실제로는 '종교적 보완'이 있어야 더 충실할 수 있다는 것이다. 복지의 대상인 사회 취약계층 중 아동, 노인들의 돌봄은 이미 우리 사회에 문화적 토대가 되어 있으나 장애인의 경우 그렇지 않아서 이들을 배타적으로 대하는 현상이 나오게 되는 것이다. 종교 교리 역시 장애인을 별로 주목하지 않고 있으나, 일단 종교는 사회에서 소외된 약자들에 대한 관심이 지극해서 이들에 대한 돌봄은 종교문화의 영역에서 성실하게 수행되고 있는 것으로 보인다. 장애인 관련 단체는 물론이지만 그밖에 복지관, 복지시설 등의 다수가 종교기관이 운영하고 있는 것에서도 이 점이 드러난다. 여기서 중요한 것은 종교의 문화적 전환으로 종교의 초점이 교리 중심에서 일상에 대한 중시로 옮겨지고 있으나, 문화적 전환은 심지어 학자들로 하여금 어떤 분명한 종교적 특성들을 갖지 않았을 수도 있는 현상 속에 함축된 사회의 종교적 지향을 해석하도록 허용한다는 점이다. 로프톤(Kathryn Lofton)의 오프라 윈프리(Oprah Winfrey)에 관한 연구는 그러한 예의 하나로 거론된 매우 흥미 있는 성과이다. 저자는 윈프리의 TV 프로그램이 그녀의 목회(ministry)라고 주장하고, 그녀의 목회에서 가장 중요한 부분은 그녀가 출연한 작품들을 통해 변화되고 변화하도록 고취된 많은 생명들이라고 말한다. 그들은 지나친 풍요와 물질주의와 같은 근대성의 혼란 속에서 길을 잃었으나 윈프리가 제공하는 삶의 방향과 의미를 통해 어려움을 극복하고 살아남게 되었다는 것이다(Hecht and Biondo III, 2012: xv에서 재인용).

이와 같이 종교의 문화적 전환이 초점을 둔 일상은 일반적으로 간주되는 종교성과는 다른 것으로, 이러한 점에서 본고가 복지문화 및 종교문화를 대상으로 했으나 이것이 반드시 종교에 기반을 둔 문화복지국가를 지향한다는 의미는 아닌 것이다. 그러나 종교[기독교]가 사회적 신뢰를 받지 못할 때 사회는 종교기관이 수행하는 봉사 및 구제활동보다 윤리적 실천을 더 요구한다는 것은 매우 중요한 문제이다. 종교윤리가 추구하는 공존의 목표가 성취되기 위해서는 먼저 종교 측의 자기 갱신이 요구된다는 것으로, 이러할 때 비로소 '공익'과 '공존'의 총합으로서의 '문화공공성'은 구현될 것이다. 본고는 일단 복지문화와 종교문화를 중심으로 문화와 공공성 연구의 이론적 틀을 만드는 데에 초점을 두었고, 우리나라 문화복지정책에 대한 전반적인 검토와 종교윤리의 역할에 대한 보다 광범위하고 세밀한 고찰은 앞으로 단계별로 수행될 것이다.

참고문헌

강문규. 2016. “한국 사회갈등의 요인들에 대한 화해의 기독교 교육적 모색.” 『신학과 실천』 51: 461-499.

강일조. 2002. “원불교 교전을 통해서 본 원불교의 장애인관.” 『원불교학』 8: 269-300.

고려대 학생회. 1997. “정의의 횃불을 들자(1978년 11월 9일 선언문).” 『암흑속의 횃불: 7,80년대 민주화운동의 증언 제3권』. 서울: 기쁨과 희망 사목연구소. pp.302-304.

고병철. 2011. “한국 종교계 사회복지의 쟁점과 과제.” 『종교문화비평』 19: 244-284.

구혜란. 2015. “공공성은 위험수준을 낮추는가?: OECD 국가를 중심으로.” 『한국사회정책』 22(1): 19-47.

국민연합. 1997. “3.1운동 60주년에 즈음한 민주구국선언(1979년 3월 1일 선언문).” 『암흑속의 횃불: 7,80년대 민주화운동의 증언 제3권』. 서울: 기쁨과 희망 사목연구소. pp.523-525.

권경임. 2003. “시민사회에 있어서 불교사회복지의 역할.” 종교사회복지포럼 편. 『시민사회와 종교사회복지』. 서울: 학지사.

______. 2011. “문화복지 프로그램으로서 템플스테이에 관한 고찰.” 『국제사회복지학』 1(1): 79-108.

권혁주. 2016. “한국의 사회갈등과 사회통합 방안: 사회구조적 관점에서.” 『행정논총』 54(2): 93-116.

기독교윤리실천운동. 2014. 2013년 한국교회의 사회적 신뢰도 여론조사 결과발표 세미나 자료집. 기독교윤리실천운동.

________________. 2017. 2017년 한국교회의 사회적 신뢰도 여론조사 결

과발표 세미나 자료집. 기독교윤리실천운동.
김경만. 2011. "분과 학문적 가치와 사회학: 공공사회학(public sociology)의 가능성에 대한 비판적 고찰." 『사회과학연구』 19(1): 8-33.
김경재. "[시론] 대화와 소통의 목자, 강원용." 「한겨레」(http://www.hani.co.kr/) 2016. 8. 18.
김기식. 2001. "시민단체와 사회복지계의 새로운 연대를 모색하며." 『한국사회복지학회 2001년도 춘계학술대회 자료집』. pp.169-179.
김대중 · 김영삼 8.15공동선언. 1990. "민주화투쟁은 민족의 독립과 해방을 위한 투쟁이다(1983년 8월 15일)." 『선언으로 본 80년대 민족 · 민주운동』. 신동아 1990년 1월호 별책부록. 동아일보사. pp.30-35.
김동노. 2014. "개인주의, 공동체주의, 그리고 한국사회의 공공성." 『사회이론』 45: 77-108.
김상우. 2006. "'일상생활의 사회학'의 현황과 전망." 『문화와 사회』 1: 91-122.
김상준. 2004. "부르디외, 콜만, 퍼트남의 사회적 자본 개념 비판." 『한국사회학』 38(6): 63-95.
김수환. 1997. "부활절에 생각하는 그리스도의 정의(1978년 3월 22일 메시지)." 『암흑속의 횃불: 7,80년대 민주화운동의 증언 제3권』. 서울: 기쁨과 희망 사목연구소. pp.103-106.
김승태. 2011. "『친일인명사전』에 수록된 개신교 지도자들." 『기독교사상』 632(2011. 8): 35-45.
김영준. 2017. "국내 문화복지정책의 전개과정 연구." 『지역과 문화』 4(2): 45-62.
김영훈. 2007. "전통문화콘텐츠로서의 템플스테이 개발에 관한 연구." 『복지행정연구』 23: 123-148.
김원. 2009. 『87년 6월 항쟁』. 서울: 책세상.
김은규. 2013. "기독교의 사회통합: 구약 예언자들의 사회정의와 평화운동을 중심으로." 『종교문화학보』 10: 5-34.
김인영. 2013. "정부 사회통합위원회의 한계와 바람직한 사회통합의 방향." 『정치 · 정보연구』 16(2): 145-170.
김재걸. 2010. "복지관광 현황과 활성화 방안." 『계간 사회복지』 185.
김정남. 2016a. "그는 또 하나의 정부였다-김수환." 『이 사람을 보라: 인물로 보는 한국 민주화운동사 1』. 서울: 두레. pp. 11-54.
______. 2016b. "길을 내면서 간 사람-지학순." 『이 사람을 보라: 인물로 보는 한국 민주화운동사 1』. 서울: 두레. pp. 55-75.
______. 2016c. "부록: 암흑 속의 횃불-천주교정의구현전국사제단." 『이 사람을 보라: 인물로 보는 한국 민주화운동사 2』. 서울: 두레. pp. 583-619.
김정현. 2008. "동아시아 公 개념의 전통과 근대 공동체의식." 『민주사회와 정책연구』 13: 46-71.
김종서. 1990. "종교의 현실참여 논쟁: 정치운동인가 종교운동인가." 『90년대 한국사회의 쟁점(월간 사회와 사상 편)』. 서울: 한길사. pp. 201-210.
김종인 · 원석조. 2000. "사회통합을 위한 복지정책." 『보건과 복지』 3(2000. 12): 162-187.
김준영 · 김혜영. 2012. "사회통합 지표 개발 및 16개 광역시도별 사회통합 수준 평가." 『복지행정논총』 22(2): 71-104.
김춘진. 2006. "알코올이 야기하는 문제와 정책적 과제." 『2006년 한국알코올과학회 추계국제학술대회 자료집』. pp. 9-19.
김태한 · 고준기. 2013. "고령화에 따른 노인복지관련법의 문제점 및 향후 개선 과제." 『법학연구』 16(1): 167-198.
김학태. 2015. "다문화사회의 사회통합을 위한 법정책 연구: 한국과 EU의 사회통합 모델을 중심으로." 『유럽헌법연구』 18: 127-170.
노길명. 2002. "광복 이후 한국 종교와 정치 간의 관계: 해방공간부터 유신시기까지를 중심으로." 『종교연구』 27: 1-23.
______. 2010. "종교사회복지의 성격과 과제." 『종교와 사회』 1: 191-215.
노대명. 2009. "사회통합의 현황과 향후 정책과제." 『보건복지포럼』 150(2009. 4): 6-19.
노재성. 1990. 『WCC와 현실정치: WCC 역대 대회에 나타난 교회의 사회참여관 연구』. 서울: 나눔사.
노치준 · 강인철. 1995. "해방 후 한국사회 변동과 종교." 『해방 후 한국사회의 구조적 변동과 사회발전』. 한국사회학회·한국사회사학회 공동 주최 광복 50주년 기념 학술대회 발표논문집(1995. 5. 26).
대한불교조계종 불교사회연구소. "2012년 한국의 사회 · 정치 및 종교에 관한 대국민 여론조사 결과보고서." in: http://www.jsbs.kr/ (2012.

11.15).

______________. "2014년 한국의 사회 · 정치 및 종교에 관한 대국민 여론조사 결과보고서." in: http://www.jsbs.kr/ (2014. 9. 30).

______________. "2015년 한국의 사회 · 정치 및 종교에 관한 대국민 여론조사 결과보고서." in: http://www.jsbs.kr/ (2015. 10. 29).

듀이, 존 / 정창호 · 이유선 옮김. 2014. 『공공성과 그 문제들』. 서울: 한국문화사.

문영석. 1999. "종교적 편견이 인간관계와 사회적 통합에 미치는 역기능에 관한 고찰." 『한국인간관계학보』 4(1): 141-162.

문지영. 2007. "한국의 민주화와 '정의' 담론." 『정치사상연구』 13(2): 31-55.

문화체육관광부. 2012. "2012 문화향수실태조사." 문화체육관광부.

______. 2016. "2016 문화향수실태조사." 문화체육관광부.

밀러, 도날드 · 테쓰나오 야마모리 / 김성건 · 정종현 옮김. 2008. 『왜 섬기는 교회에 세계가 열광하는가?: 기독교적 사회참여의 새로운 모델, 성령운동』. 서울: 교회성장연구소.

박경서 · 이나미. 2010. 『WCC창으로 본 70년대 한국민주화인식』. 파주: 지식산업사.

박광수. 2014. "한국 신종교의 개벽사상과 공공성(公共性)." 『종교문화비평』 26: 116-149.

박병진 · 김병수. 2013. "사회균열의 축으로서의 종교: 종교 간 가치 및 태도의 차이를 중심으로." 『동양사회사상』 27: 221-252.

박병현. 2005. "복지국가 발달의 문화적 분석." 『한국사회복지학』 57(3): 277-304.

박성환. 2013. "'문화적 전환'에 관한 단상: 독일 사회학의 경우를 중심으로." 『문화와 사회』 15: 79-132.

박영신. 2010. "제3장 종교, 삶의 문화, 그리고 시민사회." 박영신 · 이승훈 공저. 『한국의 시민과 시민사회: 사사로운 개인에서 공공의 시민으로』. 서울: 북코리아. pp.85-111.

박일영. 1988. "1970년대 한국 가톨릭교회의 정의구현운동: 사회 참여의 근거로서 그리스도 이해를 중심으로." 『현상과 인식』 12(3): 9-30.
박정수. 2004. "실직노숙인 재활 그룹홈 '한울타리 사람들'과 홈리스 주거지원." 『도시와 빈곤』 66: 116-124.
배금란. 2011. "현대종교문화 현상으로서 템플스테이 고찰." 『종교학연구』 29: 23-44.
버거, 피터 엮음 / 김덕영 · 송재룡 옮김. 2002. 『세속화냐? 탈세속화냐?: 종교의 부흥과 세계 정치』. 서울: 대한기독교서회.
벨라, 로버트 엔. / 박영신 옮김. 1981. 『사회변동의 상징구조』. 서울: 삼영사.
사이토 준이치 / 윤대석 · 류수연 · 윤미란 옮김. 2009. 『민주적 공공성』. 서울: 이음.
사회적기업연구원 편집부. 2010. "[고마워요 사회적기업_YMCA '마당']삶의 지혜와 여유를 배우는 YMCA '마당'." 『사회적기업』 12: 28-29.
새가정 편집부. 1988. "'생기는 것 없는 일'에 자신을 던진다 - 한국자원봉사능력개발연구원." 『새가정』 1988/4: 88-89.
샌델, 마이클 / 이창신 옮김. 2014. 『정의란 무엇인가』. 파주: 김영사.
시보림 외. 2011. "문화복지정책 발달사 연구." 『한국행정사학지』 29: 95-124.
서우석. 2006. "종교단체의 사회참여 및 봉사활동 실태 분석." 한도현 외 지음. 『종교와 시민공동체: 자원봉사, 참여, 신앙』. 서울: 백산서당. pp.53-97.
서우석 · 양효석. 2013. "문화적 박탈감을 통해 살펴본 문화복지 대상 범위 연구." 『문화정책논총』 27(1): 164-197.
서울대 학생회. 1997. "정의와 진리를 위한 학원 민주선언(1978년 6월 12일 선언문)." 『암흑속의 횃불: 7,80년대 민주화운동의 증언 제3권』. 서울: 기쁨과 희망 사목연구소. pp.293-296.
서울YMCA 편[책임집필 민경배]. 1993. 『서울YMCA 운동사 1903-1993: 개화 · 구국 · 시민운동 90년사』. 서울: 路출판.
서울YMCA[책임집필 민경배]. 2004. 『서울YMCA운동 100년사 1903-2003』. 서울YMCA.
서울YMCA. 2012. 『2011 종합사업보고서』. 서울YMCA.
서울YWCA. 2002. 『(한국YWCA 창립 80주년)YWCA 100년을 향하여: 여

성이 만드는 건강한 사회』. 서울: 대한YWCA연합회.
성기숙. 1988. 『한국의 성지: 순교자의 발자취』. 서울: 크리스챤출판사.
송연석. 2014. "사회현상으로서의 제도적 번역과 제도권 번역: <뉴스프로> 사례를 중심으로." 『통역과 번역』 16(3): 37-58.
송재룡. 2005. "포스트모던 성찰성과 '문화적 전환': 종교 이해의 새로운 전망을 위한 시론." 『사회이론』 27: 91-116.
스카치폴, 테다 / 강승훈 옮김. 2010. 『민주주의의 쇠퇴: 미국 시민생활의 변모』. 파주: 한울아카데미.
시민운동정보센터. 2012. 『2012 한국민간단체총람』. 서울: 시민운동정보센터.
신정완. 2007. "사회공공성 강화를 위한 담론전략." 『시민과 세계』 11: 40-53.
신종석. 2010. "[우리동네 착한기업_청수아리랑김치/ 제주YWCA 다인]제주도에서 만난 따뜻한 마음 하나, 둘." 『사회적기업』 14: 14-15.
심대섭. 2003. "시민사회에 있어서 원불교 사회복지의 역할: 한국의 시민사회와 원불교의 사회봉사." 종교사회복지포럼 편. 『시민사회와 종교사회복지』. 서울: 학지사.
안승오. 2011. "선교의 목적으로서의 '정의'에 대한 연구." 『신학과 목회』 35: 31-58.
양명수. 1997. 『기독교 사회정의론』. 천안: 한국신학연구소.
양점도 외. 2013. 『자원봉사론』(1판 2쇄). 파주: 양서원.
에드워즈, 마이클 / 서유경 옮김. 2005. 『시민사회: 이론과 역사, 그리고 대안적 재구성』. 서울: 동아시아.
여태동. 2007. "템플스테이의 운영실태와 향상화방안." 『선문화연구』 3: 225-269.
염승준. 2017. "종교적 '공공성'의 개념과 의미 고찰." 『원불교사상과 종교문화』 72: 7-36.
오경환. 1990. 『종교사회학』(개정판). 서울: 서광사.
오세일. 2015. "한국천주교회와 사회 참여: 제2차 바티칸 공의회로 인한 성찰적 근대화." 『한국사회학』 49(2): 93-123.
용호성. 2012. "문화 바우처 정책의 쟁점과 방향." 『문화정책논총』 26(1): 99-124.
우드노우, 로버트 / 정재영 · 이승훈 옮김. 2014. 『기독교와 시민사회』. 서

울: 기독교문서선교회.
윌리엄스, 레이먼드 / 성은애 옮김. 2007. 『기나긴 혁명』. 파주: 문학동네.
유기쁨. 2016. "현대 종교문화와 생태 공공성: 부유하는 '사적(私的)' 영성을 넘어서." 『OUGHTOPIA』 31(2): 5-34.
유성희. 2008. "시민운동을 통한 지역공동체 형성과정 연구: 부산YWCA의 차황면 생태마을 조성사례를 중심으로." 『시민사회와 NGO』 6(1): 149-185.
유승무. 2003. "시민사회의 등장과 새로운 종교사회복지모델의 모색." 종교사회복지포럼 편. 『시민사회와 종교사회복지』. 서울: 학지사.
______. 2009. "한국사회의 '또 하나의' 여가 트렌드: 불교적 여가활동을 중심으로." 『불교사상과 문화』 1: 255-281.
유영서. 2010. 『대한민국 기독문화유산 답사기』. 서울: 강같은평화.
유장춘. 2009. "영락교회를 넘어서 한국사회를 섬긴 한경직 목사의 사회봉사 연구." 『교회사회사업』 9: 123-171.
유종호. 2014. "[시론]사려 깊지 못한 종교 지도자들 탄원서." 조선일보. 2014. 8. 2.
윤승용. 2014. "한국의 정교분리와 종교정책." 『종교문화비평』 25: 195-241.
이나영. 2010. "[우리동네 착한기업_서울YMCA아가야]아가야, 우리와 함께 놀자." 『사회적기업』 12: 12-13.
이덕주. 2002. 『개화와 선교의 요람 정동이야기』. 서울: 대한기독교서회.
이동수. 2014. "시민사회, 파트너십 그리고 공공성." 이동수 편. 『시민사회 파트너십과 공공성』. 고양: 인간사랑.
이동수 편. 2015. 『정부의 재발견: 공공성과 공동성 사이에서』. 고양: 인간사랑.
이동춘. 2015. "타인의 고통을 대하는 한국교회의 태도에 대한 기독교윤리적 반성." 『선교와 신학』 37: 233-261.
이상구. 2015. "포스트 세속 사회에서 종교와 사회통합." 『2015년도 한국사회학회 후기사회학대회 발표논문집』. p. 255.
이승환. 2002. "한국 및 동양의 공사관과 근대적 변용." 『정치사상연구』 6: 45-65.
이승훈. 2008. "근대와 공공성 딜레마: 개념과 사상을 중심으로." 『민주사회와 정책연구』 13: 13-45.

______. 2010. “계급과 공공성: 공공성 주체로서 노동계급의 가능성과 한계.” 『경제와 사회』 88: 12-34.

이원규. 2013. “종교와 정치, 그리고 사회통합.” 한국종교사회학회 엮음. 『한국의 종교사회학』. 서울: 늘봄. pp. 29-56.

______. 2015. 『종교사회학의 이해』(개정2판). 파주: 나남.

이은주. 2002. “YMCA의 특수성이 스포츠센터에 미치는 영향에 관한 연구.” 『한국체육과학회지』 11(2): 65-74.

이재열. 2015. “사회통합과 사회의 질.” 『보건복지포럼』 221(2015. 3): 2-5.

이진구. 2014. “미국의 문화전쟁과 ‘기독교미국’의 신화.” 『종교문화비평』 26: 79-115.

이진수. 2009. “착한기업, 사회적기업을 비판한다.” 『정세와 노동』 49: 77-84.

이태수. 2003. “시민사회 내에서의 가톨릭사회복지의 역할과 과제.” 종교사회복지포럼 편. 『시민사회와 종교사회복지』. 서울: 학지사.

이현서. 2014. “‘문화복지’ 개념 정의에 대한 내용 분석: 학술지를 중심으로.” 『여가학연구』 11(3): 61-80.

이형기. 1990. 『WCC. Vatican Ⅱ, WARC, 해방신학 및 민중신학이 지향하는 교회의 사회참여』. 서울: 성지출판사.

임상훈. 2015. “글로컬 시대의 문화 공공성에 대한 철학적 성찰.” 『글로컬창의문화연구』 4(1): 96-108.

임의영. 2010. “공공성의 유형화.” 『한국행정학보』 44(2): 1-21.

임학순. 2003. 『창의적 문화사회와 문화정책』. 서울: 진한도서.

임희국. 2008. “동 · 서 냉전시대, 화해와 해방을 위한 에큐메니칼 운동.” 대한예수교장로회 총회 에큐메니칼위원회 엮음. 『21세기 한국교회의 에큐메니칼 운동』. 서울: 대한기독교서회. pp. 89-93.

임희섭. 2007. “한국시민사회의 자율성과 공공성에 관한 연구.” 『대한민국학술원 논문집(인문 · 사회과학편)』 46(1): 189-221.

장용석 외. 2011. “지표를 통한 한국의 사회통합 분석: 국제사회와의 비교를 중심으로.” 『국제 · 지역연구』 20(4): 1-38.

장용석 외. 2012. “사회통합의 다원적 가치와 영향요인에 관한 탐색적 연구: 국가주의, 개인주의, 공동체주의, 세계시민주의를 중심으로.” 『한국사회학』 46(5): 289-322.

장윤선. 2003. “풀뿌리시민운동을찾아1-독립문 평화의 집 박문수 신부.” 『월간 참여사회』(2003년 1월) in: http://www.peoplepower21.org/

장윤재. 2014. “한국기독교청년회(YMCA) 운동의 발자취와 나아갈 길.” 『기독교사상』 664: 46-53.

전광진. 2009. “[경영의 시각으로 본 교회] 제2차 바티칸 공의회(1962~1965), 가톨릭교회를 구하다.” 『사목정보』 2(7): 58-61.

전광현 외. 2015. 『사회봉사의 이해: 교회의 실천적 관점으로』(2판 1쇄). 파주: 양서원.

전두환대통령 취임사(1980년 9월 1일). 1990. 『선언으로 본 80년대 민족 · 민주운동』. 신동아 1990년 1월호 별책부록. 동아일보사. pp.280-285.

전명수. 2005. “현대적 불안의식과 종교의 역할에 관한 사회학적 연구.” 『종교연구』 41: 37-59.

______. 2010. “1960-70년대 한국 개신교 민주화운동의 특성과 한계: 종교사회학적 접근.” 『한국학연구』 35: 329-359.

______. 2011a. “1980년대 한국 개신교 민주화운동의 특성과 한계: 6월 항쟁에서의 교회 공론장을 중심으로.” 『담론201』 14(3): 117-142.

______. 2011b. “종교사회복지에 대한 비판적 고찰: 종교종합사회복지관의 특성과 과제를 중심으로.” 『종교연구』 64: 221-246.

______. 2012. “아동 유괴 영화의 종교사회학적 접근: 영화 〈그놈 목소리〉와 〈밀양〉을 중심으로.” 『신학과 사회』 26(2): 9-41.

______. 2013. “종교사회복지담론의 재고찰: 비판적 성찰과 전망.” 『종교문화연구』 20: 279-312.

______. 2014. “종교기업의 경영 윤리와 사회적 평가에 대한 일 고찰: 이해관계자 이론을 중심으로.” 『신학과 사회』 28(1): 9-43.

______. 2015a. “종교사회복지의 이념과 실천 방식에 대한 재성찰: 종교사회복지의 이론화작업의 일환으로.” 『담론201』 18(2): 65-92.

______. 2015b. “한국의 종교와 정치참여.” 송재룡 외. 『종교와 사회진보』. 서울: 다산출판사. pp.55-82.

______. 2015c. “좋은 사회를 위한 종교의 역할과 종교기반 시민단체의 의의: 로버트 벨라의 재성찰.” 『종교연구』 75(4): 145-174.

______. 2015d. “종교기반 시민사회단체의 사회적기업, 그 특성과 과제:

YMCA와 YWCA를 중심으로." 『신학과 사회』 29(3): 9-42.
______. 2016a. "정치발전과 종교의 공적 역할: 종교기반 시민사회단체의 정치참여를 중심으로." 『한국학연구』 56: 191-218.
______. 2016b. "종교기반 시민사회단체의 복지활동과 시민사회의 발전: 종교 사회적 자본을 중심으로." 『종교와 문화』 30: 1-31.
______. 2016c. "'좋은 사회'와 정의 이념의 종교적 기반: 민주화운동부터 시민사회운동까지." 『신학과 사회』 30(4): 259-293.
______. 2017a. "공공성 강화를 위한 종교의 사회적 역할: 종교공공사회학적 접근." 『종교와 문화』 32: 61-92.
______. 2017b. "좋은 사회를 위한 사회통합의 실천과 종교의 역할: 종교공공사회학적 접근." 『신학과 사회』 31(3): 179-215.
전상진. 2006. "통합은 사회갈등과 문제의 해결책?: 통합에 대한 사회학적 고찰." 『한 · 독 사회과학논총』 16(2): 229-256.
정상호. 2017. 『한국시민사회사: 산업화기 1961~1986』. 서울: 학민사.
정수복. 2014. "서평: 사회학의 위기에 응답하는 사회학(노명우. 『세상물정의 사회학』. 사계절, 2013)." 『문화와 사회』 16: 275-324.
정의구현전국사제단, 시국선언 참여 사제 명단(http://juggernaut.tistory.com/155)
정일준 · 김상돈. 2010. 『한국 공공사회학의 전망: 사회학 전공자들의 학문관, 사회의식, 사회참여』. 서울: 새물결.
정재영. 2015. 『교회 안 나가는 그리스도인』. 서울: 한국기독학생회출판부.
정종훈. 2004. "기독교 사회운동과 한국 기독교의 과제." 『신학논단』 37: 353-384.
정해식. 2015. "사회통합의 결정 요인: 통합 상태를 중심으로." 『보건복지포럼』 221(2015. 3): 23-35.
조남경. 2013. "사회복지의 문화적 토대, 복지태도, 그리고 문화적 문맥: 사회복지정책 연구에 있어 세 가지 문화적 접근의 현황과 과제." 『비판사회정책』 39: 235-273.
조대엽. 2006. "한국사회의 전환과 사회통합의 패러다임." 『한국사회』 7(1): 5-39.
조대엽 · 홍성태. 2013. "공공성의 사회적 구성과 공공성 프레임의 역사적 유형." 『아세아연구』 56(2): 9-43.
조철민. 2013. "기독교청년회(YMCA)의 시민참여적 시민운동의 흐름: 시민감시와 캠페인 활동을 중심으로." 『기억과 전망』 29: 225-262.
조태영 · 석기현. 2006. "불교사찰 문화관광 개발실태에 관한 연구: 경주지역 불교사찰을 중심으로." 『관광정보연구』 22: 1-19.
조한상. 2010. 『공공성이란 무엇인가』. 서울: 책세상.
조현성. 2011. "문화복지 인식과 수요조사 결과." 한국문화관광연구원 2011 개원기념심포지엄 자료집.
조훈성. 2013. 「마당극의 사회의식 변화에 관한 연구: 대전 · 충청지역을 중심으로」. 공주대학교 대학원 박사학위논문.
조희연. 2007. "새로운 사회운동적 화두, 공공성의 성격과 위상." 『시민과 세계』 11: 54-69.
주성수. 2005. 『자원봉사: 이론, 제도, 정책』. 서울: 아르케.
주재현. 2004. "사회복지와 문화: 복지국가 유형론에 대한 문화이론적 해석." 『한국정책학회보』 13(3): 279-296.
지방자치분권실[사회통합지원과]. 「2016년 지방자치단체 외국인주민 현황」 (2017. 11).
채장수. 2014. "'적극적 공공성'의 두 가지 경향: 한국의 경우." 『사회과학연구』 25(1): 167-185.
천주교정의구현전국사제단. 1997. "민주, 민족, 민생의 민중복음을 선포한다(1979년 3월 1일 성명서)." 『암흑속의 횃불: 7,80년대 민주화운동의 증언 제3권』. 서울: 기쁨과 희망 사목연구소. pp. 382-383.
최도선. 2007. 「알코올 중독 대상자들의 퇴원 후 사회적응 실태조사」. 한양대학교 임상간호정보대학원 석사학위논문.
최보연. 2010. "[고마워요 사회적기업_제주YWCA 다인]계속해서 공부할 수 있게 도와준 제주YWCA 다인." 『사회적기업』 15: 30.
최옥채. 2007. "사회복지실천에서 문화복지의 개념화: 문화의 용례에 따른 해석학적 접근." 『한국사회복지질적연구』 1(1): 87-106.
최유석 외. 2015. "대학생의 노인세대 인식: 세대갈등, 노인의 기여, 노인복지 정책 인식을 중심으로." 『한국콘텐츠학회논문지』 15(5): 228-241.
최종렬. 2009. 『사회학의 문화적 전환』. 파주: 살림.

최종혁 외. 2010. “사회적 취약계층의 사회적 배제에 대한 문화복지 프로그램의 기능: 문화복지실천가 대상 질적 연구.” 『한국사회복지학』 62(1): 291-316.

퍼트넘, 로버트 D. & 데이비드 E. 캠벨 / 정태식 외 옮김. 2013. 『아메리칸 그레이스: 종교는 어떻게 사회를 분열시키고 통합하는가』. 서울: 페이퍼로드.

하선규. 2013. “땅과 생명을 살리는 안전한 먹거리 운동, 생활협동조합.” 『경남발전』 129: 38-43.

한국갤럽. 2015. 『한국인의 종교 1984-2014』. 서울: 한국갤럽조사연구소.

한국갤럽 데일리 오피니언 제94호(2013년 11월 4주).

한국기독교교회협의회 인권위원회. 1987. 『1970년대 민주화운동(I)』. 서울: 한국기독교교회협의회.

한국여신학자협의회 편집부. 2006. “서울 YMCA 여성참정권을 요구하는 ‘한국여성단체연합’ 시민사회대책위원회 릴레이 성명서.” 『한국여성신학』 64: 183-184.

한국천주교정의평화위원회. 1994. “3 · 1 사건 유죄 판결에 대하여(1977년 3월 28일 성명서).” 『이땅의 정의와 평화를 위하여(한국천주교정의평화위원회 설립 25주년 기념 자료집)』. 서울: 빅벨. pp.69-71.

한국천주교중앙협의회. 1973. 『제2차 바티칸 공의회 문헌』(재판). 서울: 한국천주교중앙협의회.

한도현. 2006. “시민사회의 발전과 종교단체의 역할.” 한도현 외 지음. 『종교와 시민공동체: 자원봉사, 참여, 신앙』. 서울: 백산서당. pp.17-52.

허남진. 2010. “한국 종교성지의 현대적 의미.” 『종교문화연구』 14: 199-226.

홍성태. 2012. “공공성의 사회적 구성과 정치과정의 동학: 공론장, 의사소통, 토의정치.” 2012년도 한국사회학회 전기사회학대회 발표논문집. pp.873-891.

황경식. 1999. “왜 「자유주의와 공동체주의」인가?: 개인권과 공동선의 갈등과 화합.” 『철학연구』 45: 1-15.

Alcántara, Cynthia Hewitt de. 1995. “Social Integration: Approaches and Issues." *Development in Practice* 5(1): 61-63.

American Sociological Association Task Force. 2007. "Standards of Public Sociology: Guidelines for Use by Academic Departments in Personnel Reviews." pp.1-4.

Bane, Mary Jo and Brent Coffin. 2000. "Introduction." Mary Jo Bane, Brent Coffin and Ronald Thiemann (eds.). *Who Will Provide?: The Changing Role of Religion in American Social Welfare*[electronic resource]. Boulder, Colo.: Westview Press.

Barber, Benjamin. 1984. *Strong Democracy: Participatory Politics for a New Age.* Berkeley: University of California Press.

Becker, Penny Edgell and Pawan H. Dhingra. 2001. "Religious Involvement and Volunteering: Implications for Civil Society." *Sociology of Religion* 62(3): 315-335.

Bellah, Robert N. 1997. "The Necessity of Opportunity and Community in a Good Society." *International Sociology* 12(4): 387-393.

_______________. 2006a. "Citizenship, Diversity, and the Search for the Common Good." Robert N. Bellah and Steven M. Tipton (eds.). *The Robert Bellah Reader.* Durham and London: Duke University Press. pp.303-318.

_______________. 2006b. "Is There a Common American Culture?" Robert N. Bellah and Steven M. Tipton (eds.). *The Robert Bellah Reader.* Durham and London: Duke University Press. pp.319-332.

_______________. 2006c. "Flaws in the Protestant Code: Theological Roots of American Individualism." Robert N. Bellah and Steven M. Tipton (eds.). *The Robert Bellah Reader.* Durham and London: Duke University Press. pp.333-349.

_______________. 2006d. "Education for Justice and the Common Good." Robert N. Bellah and Steven M. Tipton (eds.). *The Robert Bellah Reader.* Durham and London: Duke University

Press. pp.434-449.

________________. 2006e. "Texts, Sacred and Profane." Robert N. Bellah and Steven M. Tipton (eds.). *The Robert Bellah Reader.* Durham and London: Duke University Press. pp.490-503.

______________. 2007. "Ethical Politics: Reality or Illusion." *Daedalus* 136(4): 59-69.

Bellah, Robert N. et al. 1991. *The Good Society.* New York: Alfred A. Knopf.

___________________. [1996]2001. *Habits of the Heart: Individualism and Commitment in American Life.* Berkeley: University of California Press. 김명숙 외 옮김. 『미국인의 사고와 관습: 개인주의와 책임감』. 서울: 나남출판.

Béteille, André. 2001. "Civil Society and the Good Society." *Sociological Bulletin* 50(2): 286-307.

Brady, David. 2004. "Why Public Sociology May Fail." *Social Forces* 82(4): 1629-1638.

Burawoy, Michael. 2004. "Public Sociologies: Contradictions, Dilemmas, and Possibilities." *Social Forces* 82(4): 1603-1618.

________________. 2005. "For Public Sociology(2004 Presidential Address)." *American Sociological Review* 70(1): 4-28.

http://burawoy.berkeley.edu/"Public Sociology"

Bynum, William B. 1995. "Journey to the Land of the Morning Calm: The Early PCUS Mission to Korea: A Pictorial Essay." *American Presbyterians* 73(2): 71-82.

Carabain, Christine L. and René Bekkers. 2012. "Explaining Differences in Philanthropic Behavior Between Christians, Muslims, and Hindus in the Netherlands." *Review of Religious Research* 53(4): 419-440.

Clarke, John. 2004. *Changing Welfare, Changing States: New Directions in Social Policy.* London: Sage.

Coleman, James S. 1990. *Foundations of Social Theory*. Cambridge, Mass.: Belknap Press of Harvard University Press.

Coleman, John A., S.J. 2003. "Religious Social Capital: Its Nature, Social Location, and Limits." Corwin Smidt (ed.). *Religion as Social Capital: Producing the Common Good*. Waco, Texas: Baylor University Press. pp.33-47.

Corbett, Julia M. 1997. *Religion in America*. 3rd ed. Upper Saddle River, N.J.: Prentice Hall.

Corporation for National and Community Service. 2009. "Volunteering in America's Faith-Based Organizations." in: https://www.nationalservice.gov/vcla/research

Crane, Diana. 1994. "Introduction: The Challenge of the Sociology of Culture to Sociology as a Discipline." Diana Crane (ed.). *The Sociology of Culture: Emerging Theoretical Perspectives*. Oxford: Blackwell.

Dawson, Christopher. 2013. *Religion and Culture*. Washington, D.C.: The Catholic University of America Press.

Dennis, James S. 1897. *Christian Missions and Social Progress: A Sociological Study of Foreign Missions*. Vol. 1. New York: Fleming H. Revell Company.

Deveaux, Monique. 1995. "Theorizing Care and Justice in Political Theory." *Hypatia* 10(2): 115-119.

Dubey, S. N. 1973. "Social Welfare Policy and Services: Some Issues." *Economic and Political Weekly* 8(13): 640-644.

Durkheim, Emile. 1965. *The Elementary Forms of the Religious Life*. New York: Free Press.

Eckstein, Harry. 1988. "A Culturalist Theory of Political Change." *The American Political Science Review* 82(3): 789-804.

Edles, Laura Desfor. 2002. *Cultural Sociology in Practice*. Malden, MA: Blackwell.

Esseveld, Johanna and Joan Acker. 1997. "From Welfare State to

Cultural Turn: Swedish Sociology." *Contemporary Sociology* 26(3): 285-288.

Etzioni, Amitai. 2000. "Creating Good Communities and Good Societies." *Contemporary Sociology* 29(1): 188-195.

Foley, M. W. & B. Edwards. 1998. "Beyond Tocqueville: Civil Society and Social Capital in Comparative Perspective." *American Behavioral Scientist* 42(1): 5-20.

Frakes, Chris. 2010. "When Strangers Call: A Consideration of Care, Justice and Compassion." *Hypatia* 25(1): 79-99.

Fukuyama, F. 1995. *Trust: The Social Virtues and the Creation of Prosperity*. New York: The Free Press.

Gans, Herbert J. 1989. "Sociology in America: The Discipline and the Public(American Sociological Association 1988 Presidential Address)." *American Sociological Review* 54(1): 1-16.

Geertz, Clifford. 1973. *The Interpretation of Cultures: selected essays*. New York: Basic Books.

Giri, Ananta Kumar. 2011. "Sociology as a Quest for a Good Society: A Conversation with Robert Bellah." *Journal of Human Values* 17(1): 1-22.

Grimm, Robert, Jr. et al. 2007. "The Health Benefits of Volunteering: A Review of Recent Research." in: http://www. national service. gov/pdf/07_0506_hbr.pdf

Habermas, Jurgen. 2006. "Religion in the Public Sphere." *European Journal of Philosophy* 14(1): 1-25.

Hartmann, Douglas. 2017. "Sociology and Its Publics: Reframing Engagement and Revitalizing the Field(2016 Midwest Sociological Society Presidential Address)." *The Sociological Quarterly* 58(1): 3-18.

Hecht, Richard D. and Vincent F. Biondo III. 2012. "General Introduction." Richard D. Hecht and Vincent F. Biondo III (eds.). *Religion and Culture: Contemporary Practices and Perspectives*.

Minneapolis: Fortress Press.

Jo, Nam K. 2011. "Between the cultural foundations of welfare and welfare attitudes: The possibility of an in-between level conception of culture for the cultural analysis of welfare." *Journal of European Social Policy* 21(1): 5-19.

Kalleberg, Ragnvald. 2005. "What is 'public sociology'? Why and how should it be made stronger?" *The British Journal of Sociology* 56(3): 387-393.

Kerlin, Janelle A. 2006. "Social Enterprise in the United States and Europe: Understanding and Learning from the Differences." *Voluntas* 17: 247-263.

Kim, Young-Il and Sung Joon Jang. 2016. "Religious Service Attendance and Volunteering: A Growth Curve Analysis." *Nonprofit and Voluntary Sector Quarterly* 1-24.

Klayman, Douglas. 2007. "Why is Public Sociology on Shaky Ground?" *Journal of Applied Social Science* 1(1): 34-41.

Krause, Neal. 2015. "Assessing the Religious Roots of Volunteer Work in Middle and Later Life." *Research on Aging* 37(5): 439-463.

Lareau, Annette and Vanessa Muñoz. 2017. "Conflict in Public Sociology." *The Sociological Quarterly* 58(1): 19-23.

Lebacqz, Karen. 1986. *Six Theories of Justice: Perspectives from Philosophical and Theological Ethics.* Minneapolis: Augsburg Publishing House.

Licha, Isabel. 2000. "A Cultural Approach to Social Policies." *Cultural Dynamics* 12(2): 151-163.

Lin, Nan. 2001. *Social Capital: A Theory of Social Structure and Action.* New York: Cambridge University Press.

Lockhart, Charles. 2001. *Protecting the Elderly: How Culture Shapes Social Policy.* University Park, PA: Pennsylvania State University Press.

Mamadouh, Virginie. 1999. "Grid-group cultural theory: an introduction." *GeoJournal* 47(3): 395-409.

Markofski, Wes. 2015. "The Public Sociology of Religion." *Sociology of Religion* 76(4): 459-475.

Merino, Stephen M. 2013. "Religious Social Networks and Volunteering: Examining Recruitment via Close Ties." *Review of Religious Research* 55(3): 509-527.

Miller, Lori K. & Lawrence W. Fielding. 1995. "The Battle between the For-Profit Health Club and the 'Commercial' YMCA." *Journal of Sport and Social Issues* 19(1): 76-107.

Miller, Richard B. 2005. "On Making a Cultural Turn in Religious Ethics." *The Journal of Religious Ethics* 33(3): 409-443.

Morgan, John. 1977. "Religion and Culture as Meaning Systems: A Dialogue between Geertz and Tillich." *The Journal of Religion* 57(4): 363-375.

Mouzelis, N. 1974. "Social and System Integration: Some Reflections on a Fundamental Distinction." *The British Journal of Sociology* 25(4): 395-409.

Musick, M. A. & J. Wilson. 2008. *Volunteers: A Social Profile* [ebook]. Bloomington: Indiana University Press.

Muukkonen, Martti. 2009. "Framing the Field: Civil Society and Related Concepts." *Nonprofit and Voluntary Sector Quarterly* 38(4): 684-700.

Nahser, F. Byron. 2013. *Learning to Read the Signs: Reclaiming Pragmatism for the Practice of Sustainable Management.* Sheffield: Greenleaf Publishing.

Norman, Alex. 2012. "Tourism." Richard D. Hecht and Vincent F. Biondo III (eds.). *Religion and Culture: Contemporary Practices and Perspectives.* Minneapolis: Fortress Press.

Noy, Darren. 2009. "The Contradictions of Public Sociology: A View from a Graduate Student at Berkeley." *The American Sociologist* 40(4): 235-248.

Pager, Devah. 2002. "The Mark of a Criminal Record." Ph.D. dissertation. University of Wisconsin-Madison.

Park, J. Z. & C. Smith. 2000. "To Whom Much Has Been Given...: Religious Capital and Community Voluntarism Among Churchgoing Protestants." *Journal for the Scientific Study of Religion* 39(3): 272-286.

Polumbaum, Judy. 2002. "From Evangelism to Entertainment: The YMCA, the NBA, and the Evolution of Chinese Basketball." *Modern Chinese Literature and Culture* 14(1): 178-230.

Portes, A. 1998. "Social Capital: Its Origins and Applications in Modern Sociology." *Annual Review of Sociology* 24: 1-24.

Putnam, Robert D. 2000. *Bowling Alone: The Collapse and Revival of American Community.* New York: Simon & Schuster.

Putnam, Robert D., Robert Leonardi, Raffaella Y. Nanetti. 1993. *Making Democracy Work: Civic Traditions in Modern Italy.* Princeton, N.J.: Princeton University Press.

Rao, Vijayendra and Michael Walton. 2004. "Culture and Public Action: Relationality, Equality of Agency, and Development." Vijayendra Rao and Michael Walton (eds.). *Culture and Public Action.* Stanford, Calif.: Stanford University Press.

Redekop, Calvin. 1967. "Toward an Understanding of Religion and Social Solidarity." *Sociological Analysis* 28(3): 149-161.

Roszak, Theodore. 1972. *Where the Wasteland Ends.* Garden City, N.Y.: Anchor Books.

Rudy, David R. and Arthur L. Greil. 1989. "Is Alcoholics Anonymous a Religious Organization?: Meditations on Marginality." *Sociological Analysis* 50(1): 41-51.

Ruiz, Blanca Rodríguez. 2005. "Caring discourse: The care/justice debate revisited." *Philosophy & Social Criticism* 31(7): 773-800.

Saroglou, Vassilis and Adam B. Cohen. 2011. "Psychology of Culture and Religion: Introduction to the *JCCP* Special Issue." *Journal of Cross-Cultural Psychology* 42(8): 1309-1319.

Schuller, Tom et al. 2010. "Social Capital: A Review and Critique." Stephen Baron et al. *Social Capital: Critical Perspectives*. Oxford University Press. pp. 1-38.

Sen, Amartya. 2004. "How does Culture Matter?" Vijayendra Rao and Michael Walton (eds.). *Culture and Public Action*. Stanford, Calif.: Stanford University Press.

Shahzad, Khuram et al. 2014. "Integrating Principles of Care, Compassion and Justice in Organizations: Exploring Dynamic Nature of Organizational Justice." *Journal of Human Values* 20(2): 167-181.

Skocpol, Theda & Morris P. Fiorina. 1999. "Making Sense of the Civic Engagement Debate." Theda Skocpol & Morris P. Fiorina (eds.). *Civic Engagement in American Democracy*. Washington, D.C.: Brookings Institution Press. pp. 1-23.

Smidt, Corwin. 2003a. "Introduction." Corwin Smidt (ed.). *Religion as Social Capital: Producing the Common Good*. Waco, Texas: Baylor University Press. pp. 1-18.

____________. 2003b. "Religion, Social Capital and Democratic Life: Concluding Thoughts." Corwin Smidt (ed.). *Religion as Social Capital: Producing the Common Good*. Waco, Texas: Baylor University Press. pp. 211-222.

Smith, D. H. 1981. "Altruism, Volunteers, and Volunteerism." *Journal of Voluntary Action Research* 10: 21-36.

Son, Joonmo and John Wilson. 2011. "Generativity and Volunteering." *Sociological Forum* 26(3): 644-667.

Spera, Christopher et al. 2013. "Volunteering as a Pathway to Employment: Does Volunteering Increase Odds of Finding a Job for the Out of Work?" in: http://www.nationalservice.gov/volunteering-pathway-employment-report

Staples, Brent. 2014. "The Racist Origins of Felon Disenfranchisement."

The New York Times(https://www.nytimes.com/) NOV. 18, 2014.

The American Heritage Dictionary. 4th ed. New York, N.Y.: Dell Publishing Co. 2001.

Thoits, Peggy A. and Lyndi N. Hewitt. 2001. "Volunteer Work and Well-Being." *Journal of Health and Social Behavior* 42(2): 115-131.

Uggen, Christopher and Jeff Manza. 2002. "Democratic Contraction? Political Consequences of Felon Disenfranchisement in the United States." *American Sociological Review* 67(6): 777-803.

Uslaner, Eric M. 2002. "Religion and Civic Engagement in Canada and the United States." *Journal for the Scientific Study of Religion* 41(2): 239-254.

van Oorschot, Wim. 2007. "Culture and social policy: a developing field of study." *International Journal of Social Welfare* 16: 129-139.

Volf, Miroslav. 2000. "Forgiveness, Reconciliation, and Justice: A Theological Contribution to a More Peaceful Social Environment." *Millennium: Journal of International Studies* 29(3): 861-877.

Wagner, Antonin. 2008. "Religion and Civil Society: A Critical Reappraisal of America's Civic Engagement Debate." *Nonprofit and Voluntary Sector Quarterly* 37(4): 626-645.

Whitehill, James. 1994. "Buddhist Ethics in Western Context: The Virtues Approach." *Journal of Buddhist Ethics* 1: 1-22.

Williams, Raymond. 1983. *Keywords: A Vocabulary of Culture and Society*. Revised edition, New York: Oxford University Press.

__________. 2001. "Culture is Ordinary." John Higgins (ed.). *The Raymond Williams Reader*. Oxford: Blackwell.

Wilson, John. 2000. "Volunteering." *Annual Review of Sociology* 26: 215-240.

Wilson, John and Marc Musick. 1997. "Who Cares? Toward an Integrated Theory of Volunteer Work." *American Sociological Review* 62(5): 694-713.

Wingfield, Adia Harvey. 2017. "Public Sociology When the 'Public' Is under Attack: Response to Hartmann." *The Sociological Quarterly* 58(1): 24-27.

Wogaman, J. Philip. 1990. "Toward a Christian Definition of Justice." *Transformation: An International Journal of Holistic Mission Studies* 7(2): 18-23.

Wuthnow, Robert. 1991. *Acts of Compassion: Caring for Others and Helping Ourselves*. New Jersey: Princeton University Press.

________________. 1999. "Mobilizing Civic Engagement: The Changing Impact of Religious Involvement." Theda Skocpol and Morris P. Fiorina (eds.). *Civic Engagement in American Democracy*. Washington, D.C.: Brookings Institution Press. pp.331-363.

________________. 2003. "Can Religion Revitalize Civil Society?: An Institutional Perspective." Corwin Smidt (ed.). *Religion as Social Capital: Producing the Common Good*. Waco, Texas: Baylor University Press. pp.191-209.

Zald, Mayer N. and Patricia Denton. 1963. "From Evangelism to General Service: The Transformation of the YMCA." *Administrative Science Quarterly* 8(2): 214-234.

《교수신문》(http://www.kyosu.net/) 2018. 8. 27.

《국민일보》(http://www.kmib.co.kr/) 2012. 7. 22. "NGO와 연대해 역량 'UP' 강원도 교회의 힘… 월드비전 강원지회연합회, 교회연합 새 모델로 주목"

《금강신문》(http://www.ggbn.co.kr/) 2013. 3. 6. "불국사자원봉사단 동행에 3천만 원 전달"

《기독신문》(http://www.kidok.com/) 2009. 7. 31. "미국 종교단체는 자원

봉사 중심"
《뉴시스》(http://www.newsis.com/) 2014. 9. 22. "대한민국수호천주교인 모임, '정의구현사제단 해체 요구' 기자회견"
《데일리굿뉴스》(http://www.goodnews1.com/) 2017. 3. 3.
《동아일보》(http://www.donga.com/) 2014. 1. 13. "염수정 대주교, 정의구현사제단 등 사제 정치참여 비판한 '원칙론자'"
《매일신문》(http://www.imaeil.com/) 2012. 5. 30. "[사설] '사회적기업' 비리 파행 철저히 조사해야"
《문화체육관광부 보도자료》 2013. 1. 3. "'2012 문화향수실태조사' 결과 발표"
《법보신문》(http://www.beopbo.com/) 2013. 3. 4. "불국사 자원봉사단, 자비나눔기금 3000만원 전달"
《부산일보》(http://www.busan.com/) 2013. 10. 11. "[동네방네] 이주민과 아시아문화축제"
《세계일보》(http://www.segye.com/) 2015. 4. 13. "세계에서 종교인구가 가장 많은 나라는"
《시민사회신문》(http://ingopress.tistory.com/) 2007. 7. 2.
《시흥저널 259》 2013. 7. 1.
《안전행정부 보도자료》 2014. 7. 3. "2014년 지방자치단체 외국인주민 현황(2014. 1. 1. 기준)"
《울산매일》(http://www.iusm.co.kr/) 2015. 5. 14. "'쇠부리축제' 달천철장 고유제로 팡파르"
《일요주간》(http://www.ilyoweekly.co.kr/) 2013. 6. 17.
《전라매일》(http://www.jlmaeil.com/) 2013. 11. 25. "천주교 정의구현사제단 시국미사에 대한 규탄대회"
《조선일보》(http://www.chosun.com/) 2018. 7. 16.
《중앙일보》(http://joongang.joins.com/) 2014. 9. 26.
《중앙일보》(http://joongang.joins.com/) 2015. 9. 18. "'기본으로 돌아가자'... 대한민국 자원봉사 10대 과제 발표"
《평화신문》(http://www.cpbc.co.kr/newspaper/) 2015. 4. 12.
《프라임경제》(http://www.newsprime.co.kr/) 2014. 8. 7. "[사회적기업 탐방 101] 똑똑한 엄마들의 따뜻한 영어수업 '월드맘'"

《프레시안》(http://www.pressian.com/news/) 2017. 9. 30. "특수학교 반대 이유가 발달장애아동은 위험해서?"
《한국일보》(http://www.hankookilbo.com/) 2017. 2. 13. "알코올 중독, 10~20년 지나 뒤늦게 치료해 사회문제"
《The Economist》(http://www.economist.com/) 2013. 6. 22. "Hiring ex-convicts: Between a rock and a lawsuit"

가나안쉼터 홈페이지(http://www.canaanhomeless.or.kr/)
개척자들 홈페이지(http://wcfgw.nayana.kr/xe/)
경계없는예술센터 홈페이지(http://www.casf.or.kr/)
굿뉴스코해외봉사단 홈페이지(http://www.iyf.or.kr/new/?c=4)
기독교윤리실천운동 홈페이지(http://cemk.org/)
날으는자동차 홈페이지(http://www.nalja.net/)
높은뜻푸른교회 홈페이지(http://www.igodswill.com/)
둘레 홈페이지(http://www.dulle.or.kr/xe/)
불교시민사회네트워크 카페(http://cafe.daum.net/buddanet)
불국사자원봉사단 카페(http://cafe.daum.net/bulguksajawon/Jys3/5)
비전케어서비스 홈페이지(http://www.vcs2020.org/)
사랑터 홈페이지(http://www.sarangter.co.kr/)
서울YMCA 홈페이지(http://www.seoulymca.or.kr/)
선한사마리아인운동본부 홈페이지(http://www.kgsn.org/)
솔솔송자원봉사대 홈페이지(http://www.solsolsong.com/)
영성과 사회복지학회 홈페이지(http://www.kassw.net/)
예수살기 홈페이지(http://www.withjesus.or.kr/)
원주제일감리교회 홈페이지(http://www.wjmc.or.kr/)
월드맘 블로그(https://blog.naver.com/worldmomjjan)
월드비전강원지부 홈페이지(http://worldvisiongw.or.kr/home/main/index.php)
자원봉사애원 홈페이지(http://www.aewon.org/)
전국목회자정의평화실천협의회 홈페이지(http://www.ccjp.or.kr/)

주먹밥콘서트 홈페이지(http://www.joocon.net/)
천주교서울대교구정의평화위원회 홈페이지(http://www.catholicjp.or.kr/)
천주교정의구현전국사제단 홈페이지(http://sajedan.org/sjd/)
천주교정의구현평신도단 카페(http://cafe.daum.net/cjgp)
풀빛문화연대 홈페이지(http://gcnet.or.kr/)
프리마켓 홈페이지(http://www.freemarket.or.kr/)
한국YWCA연합회 홈페이지(http://www.ywca.or.kr/)
한국사회복지정책연구원 홈페이지(http://www.kswi.or.kr/)
한국사회적기업진흥원 홈페이지(http://www.socialenterprise.or.kr/)
한국자원봉사연합회 홈페이지(http://www.volunteer.or.kr/)
한빛예술단 홈페이지(http://www.hanbitarts.co.kr/)
한옥문화원 홈페이지(http://www.hanok.org/)
회정치료공동체 홈페이지(http://www.alcohol119.co.kr/)
희망자전거제작소 '아트바이크제작팀' 카페(https://cafe.naver.com/bikeart)

찾아보기

주제어

인명

시민사회단체 · 사회적기업